2019
中国新媒体大会

China New Media Conference

中国记协新媒体专业委员会 编

学习出版社

图书在版编目（CIP）数据

2019中国新媒体大会 / 中国记协新媒体专业委员会编. --北京：学习出版社，2021.8

ISBN 978-7-5147-1039-7

Ⅰ. ①2… Ⅱ. ①中… Ⅲ. ①传播媒介—发展—中国—文集 Ⅳ. ①G219.2-53

中国版本图书馆CIP数据核字(2021)第058579号

2019中国新媒体大会

2019 ZHONGGUO XINMEITI DAHUI

中国记协新媒体专业委员会 编

责任编辑：宋 飞 沈潇萌

技术编辑：刘 硕

出版发行：学习出版社

北京市崇外大街11号新成文化大厦B座11层（100062）

010-66063020 010-66061634 010-66061646

网 址：http://www.xuexiph.cn

经 销：新华书店

印 刷：北京建宏印刷有限公司

开 本：710毫米×1000毫米 1/16

印 张：24.5

字 数：388千字

版次印次：2021年8月第1版 2021年8月第1次印刷

书 号：ISBN 978-7-5147-1039-7

定 价：76.00元

突出政治引领　聚焦内容建设 形成品牌效应

——2019中国新媒体大会成功举办

2019年11月29日至30日，经中宣部批准，中国记协和湖南省委宣传部在长沙共同主办2019中国新媒体大会。中国新媒体大会是新媒体行业的重要盛会，是新媒体领域的国家级品牌活动。

举办2019中国新媒体大会是中国记协落实习近平总书记在中共中央政治局第十二次集体学习时重要讲话精神的重大举措，旨在顺应全媒体时代传播大势，研讨媒体融合发展大计，提高新媒体传播力、引导力、影响力、公信力，扩大主流舆论覆盖面。

本届大会以“有容乃大，深融致远”为主题，聚焦内容建设，引领媒体以权威信息营造主流舆论；聚焦队伍建设，推动新媒体提升队伍素质，促进新闻工作者不断增强“脚力、眼力、脑力、笔力”；聚焦标杆建设，发挥新闻评奖示范引领作用；聚焦平台建设，展现媒体融合发展成就，推动传统媒体和新兴媒体共同构建全媒体传播体系。

本届大会由中央网信办、国家广电总局、湖南省人民政府指导。大会分为领导致辞、主论坛、分论坛、专题研讨等主要环节，穿插举办了业务培训、精品展示、成果发布、案例征集、应用体验、公开倡议等系列活动。

中宣部、中央网信办、国家广电总局、中国记协、湖南省委负责同志出席开幕式并致辞。大家表示，要深入学习习近平总书记重要论述指示，认真贯彻中央决策部署，牢牢把握正确政治方向，突出内容建设、队伍建设，更好地团结引领各级各类新媒体工作者，推动媒体融合发展，建设全媒体传播体系，扩大主流价值影响力版图，让正能量更强劲、主旋律更高昂。

人民日报社、新华社、中央广播电视总台、"学习强国"学习平台相关负责同志到会作了主题演讲。与会嘉宾围绕贯彻落实习近平总书记关于全媒体时代和媒体融合发展的指示要求，顺应全程媒体、全息媒体、全员媒体、全效媒体传播大势，研讨媒体融合大计，总结融合发展趋势，探讨内容建设规律。

大会成果丰硕。会上举办了"融合发展中的内容创新创优"、"5G时代的新媒体变革"、"县级融媒体中心建设与发展"专题研讨等3场分论坛，还开展了新媒体增强"四力"专题培训班、新媒体专业委员会年度工作会议、"看见马栏山"视频产业分享、"中国新媒体社会责任"研讨会等4场专项活动。"学习强国"学习平台的全国红色视频制作中心、广电5G国家高新视频交互式应用重点实验室项目、国家高新视频节目制作中心等一批重点项目和长沙马栏山视频创业园区签署长期合作协议。

论坛中穿插有6场发布活动。包括发布《2019中国新媒体研究报告》、《中国新媒体年鉴2018》、全国视频文创产业发展指标体系、国庆70周年融合精品十大创新案例、"中国新媒体社会责任倡议"、2019中国新媒体公益优秀案例。

本届大会得到业界广泛关注。来自新闻宣传主管部门、新闻媒体、新闻行业组织、新闻教研机构的800余名代表参加大会，就传播内容创新创优、新媒体社会责任等热点话题开展深入研讨。新华社播发消息通稿，人民日报刊登消息和综述，中央广播电视总台“新闻联播”播出消息，聚焦2019中国新媒体大会盛况。各级各类媒体采取专题、直播、访谈、短视频等形式跟进报道。据初步统计，截至2019年12月4日，380多家各级新闻网站、1200多个新媒体平台转发了相关报道。百度查询“2019中国新媒体大会”词条，搜索结果超过578万条。

2019中国新媒体大会
China New Media Conference

目录

CONTENTS

◎ 领导致辞

◎ 主题演讲

◎ 权威发布

◎ “融合发展中的内容创新创优”分论坛

创作分享（一）

庆祝新中国成立70周年融合报道创新案例

◎ “5G 时代的新媒体变革”分论坛

圆桌论坛

◎ 县级融媒体中心建设与发展专题研讨

◎ “中国新媒体社会责任”专题研讨

◎ “看见马栏山”分享盛典

◎ 媒体报道

CNMC

2019中国新媒体大会

China New Media Conference

领导致辞

提高网络治理能力　推动媒体融合发展

杜家毫

媒体是一个古老而全新的行业，媒体变革历来是推动社会进步、文明演进的重要力量。伴随现代信息和互联网技术的深入发展，媒体传播发生了从“铅与火”到“光与电”再到“微与云”的跨越，新兴媒体正在越来越深刻地改变舆论生态、影响社会生活、驱动产业转型、促进经济发展。目前我国网民规模已达 8.54 亿人，湖南网民规模达 4000 多万人，其中手机网民占 99% 以上。这种情况下，新闻客户端和各类社交媒体已成为干部群众特别是年轻人的首要信息来源和传播渠道。

信息革命方兴未艾，传播技术日新月异。提高网络治理能力、推动媒体融合发展，使互联网这个最大变量变成事业发展的最大增量，已经成为我们这个时代面临的一项紧迫课题。近年来，湖南省认真落实习近平总书记重要讲话指示精神，制定出台《关于鼓励移动互联网产业发展的意见》《推动传统媒体和新兴媒体融合发展的实施方案》等文件，积极推进媒体融合，在新媒体阵地建设、内容创新、县级融媒体中心建设等方面取得了积极成效。新湖南、芒果 TV、红网融合发展加速推进，地域覆盖面、人群覆盖面、内容覆盖面不断扩大；互联网岳麓峰会影响力日益提升，“冬有乌镇，春有岳麓”成为业界佳话；马栏山视频文创产业园成功升级为国家级园区，“北有中关村、南有马栏山”广为流传；长沙获评世界“媒体艺术之都”。2018 年湖南省移动互联网企业及基础电信企业实现营业收入 1527 亿元，数字经济总量达 8970 亿元。可以说，移动互联网和新媒体越来越成为湖南高质量发展的重要驱动力。

2019 年新媒体大会以“有容乃大，深融致远”为主题，体现了 5G 时代新媒体变革的最新趋势，顺应了构建全媒体传播格局的发展大势。湖南将以此为新的起点，坚持导向为魂，加强内容建设，壮大主流舆论，让党的声音和主流价值观传得更开、更广、更深入，牢牢占据舆论制高点；坚持创新引领，依托马栏山视频文创产业园建设优质视频内容供应基地，引导更多新媒体企业、人才、资金向文创园区集聚，以物理集群催生化学反应、激发内生动力；坚持开放合作，通过流程优化、平台再造，有效整合各种媒介资源、生产要素，实现各类媒体共融互通；坚持融合发展，突出移动优先，建好主流新媒体集团，抓好县级融媒体中心建设，实现应融尽融、能融尽融，加快打造在国内具有一定影响力的新媒体高地。我们愿与国际国内新媒体行业的各位专家、“大咖”和领军人物携手努力，共同推动构建全媒体格局，不断提升主流舆论传播力、引导力、影响力、公信力。

（作者时任湖南省委书记、省人大常委会主任）

重拾“开门办报”这一看家本领

张小国

当前，随着信息技术迅猛发展，舆论生态、媒体格局、传播方式正在发生深刻变革，互联网新应用新业态不断涌现，极大丰富了媒体的内涵。“什么是新媒体”，成为一个众说纷纭的话题。我认为，新媒体之新，主要体现在传播载体、呈现形态、表现方式、应用场景等方面，更多运用先进技术，更加重视精准传播，更好实现传播效果。在全媒体时代，如何办好新媒体、用好新媒体，是大家都在思考和探索的一个课题。我们认为，当前亟需重新拾起“开门办报”这一看家本领、传家法宝。毛泽东同志早在1948年就提出，我们的报纸也要靠大家来办，靠全体人民群众来办，靠全党来办，而不能只靠少数人关起门来办。习近平总书记强调，办报要走群众路线，不能坐在办公室里想点子，靠简报、会议材料编稿子。现在，我们更有必要、更有条件弘扬这一传统，开门办报、办台、办网。

第一，开门搞生产。现在，网上的信息过剩、过载，但优质信息稀缺。我们主流媒体要始终保持内容定力、专注内容质量，充分发挥专业生产、品牌声誉等优势，担起推出准确权威、正能量充沛的优质内容之重任。同时要看到，仅仅依靠媒体自己的力量来生产，无论数量还是种类，都不能充分满足人们对信息的海量需求。要积极学习借鉴商业传播平台的好经验、好做法，在内容聚合上下功夫、做文章，调动一切积极因素，整合一切可用资源，大力解放和发展新闻生产力。要相信“高手在民间”，建好全媒体时代的“通联部”“群工部”，让亿万网民特别是正能量“网红”“草根作者”都成为我们的“写手”“拍客”。2018 年以来，我们在全国大力建设县级融媒体中心，目前已建成 1800 多家，吸引集聚广大基层群众提供大批带露珠、冒热气的鲜活信息，在新中国成立 70 周年等重大主题宣传以及热点引导、舆论监督中发挥了独特的作用，有的报道还获得了 2019 年的中国新闻奖。

第二，开门建平台。平台是信息生产传播的基本依托，有了自主可控、传播力强的平台，才能聚集海量用户、积累数据资源、提升造血机能、筑牢安全根基。这几年，人民日报社推出“人民号”、新华社推出“现场云”、中央广播电视总台推出“央视频”，还有不少地方媒体也在发力，如湖南广电推出“芒果 TV”，这都是打造自有平台的有益探索。这样的平台也要打开门来建。我们有体制优势、党政资源，应当坚持共建共享理念，打通上下左右，把文化资源、数据资源、政策资源注入其中，支撑“媒体 + 政务”“媒体 + 服务”等模式，建成层次多样、功能丰富的综合性平台。2019 年元旦上线的“学习强国”学习平台，就是这样一个聚集各方资源的大平台，累计下载量、注册量、用户日活跃度与日俱增，认证的学习组织达到 390 万个，每天浏览量近 5 亿人次，传播力影响力不断扩大。开门建平台，主流媒体还要在合法合规的前提下，加强与商业化、社会化传播平台的合作，实现优势互补、共同发展。

第三，开门强技术。要保持对新技术的高度敏感，紧盯 5G、大数据、云计算、物联网、人工智能、区块链等前沿技术，将其大胆运用到新闻采集、生产、分发、接收、反馈中，同时用主流价值驾驭和改进“算法”。研发新技术专业性极强、投入也非常高，关起门来搞是行不通的。我们必须开阔视野、敞开胸襟，主动联手科研机构、科技企业、商业平台，共同推动关键核心技术不断实现突破，加快抢占全媒体时代的技术高地。不久前，在科技部的大力支持下，人民日报社、新华社、中央广播电视总台分别设立媒体融合国家重点实验室，聚集和培养优秀科研人才，主攻信息生产、传播、呈现等技术基础研究，相信这将有力推动媒体融合技术创新与应用，更好地为媒体深度融合发展提供贴心贴身的服务。

网络不是舆论飞地，更不是法外之地。无论传播技术怎么发展，无论媒体格局如何变化，无论新媒体形态如何演变，坚持党管媒体的要求不能变，把握正确舆论导向的原则不能偏，唱响主旋律、弘扬正能量的声音不能弱。

新媒体已然成为融合传播矩阵中的新锐和重兵，我们要将其作为建设强大影响力竞争力的新型主流媒体的一个主攻方向，放手拼搏、创新发展、加速壮大，书写全媒体时代属于我们的精彩！

（作者时任中宣部新闻局局长）

推动媒体融合发展　取得新突破

高建民

2019 中国新媒体大会以“有容乃大，深融致远”为主题，聚焦新时代媒体变革和融合发展，对贯彻落实中央决策部署，加快推进传统媒体和新兴媒体深度融合、一体发展，具有重大意义。近年来，新兴媒体用户规模增长迅速，网络视频用户达到 7.3 亿人，短视频用户达到 6.5 亿人，网络直播用户达到 4 亿人，网络空间已经成为人们生产生活的新空间。以习近平同志为核心的党中央深刻把握时代发展大势和媒体发展规律，作出推动媒体融合发展的重大决策，要求打造具有强大影响力竞争力的新型主流媒体，建立全媒体传播体系，强化主流舆论，巩固全体人民团结奋斗的思想基础。

全国广播电视系统坚决贯彻习近平总书记关于宣传思想工作的重要论述

和党中央决策部署，大力推动广播电视和新兴媒体深度融合，取得了积极进展。在这方面，湖南走在全国前列，特别是湖南广播电视机构主动作为，打造芒果 TV 网络平台，全面覆盖互联网、移动互联网、IPTV、OTT 等新媒体传播渠道，新用户快速增长；同时，积极创作生产精品内容，实现传统媒体与新媒体一体化传播。马栏山视频文创产业园建设迅速推进，已引入数百家文创企业落户，初步形成产业发展规模优势。

广播电视融合发展正处在关键阶段，迫切需要抢抓机遇、集中资源、攻坚克难，加快取得新突破。

要牢牢把握正确的政治方向，自觉承担举旗帜、聚民心、育新人、兴文化、展形象的使命任务，主动抢占主流舆论制高点，扩大主流价值影响力，让党的声音传得更开、传得更广、传得更深入，让正能量更强劲、主旋律更高昂。

要进一步完善体制机制，全力推动各种媒介资源、生产要素有效整合，实现信息内容、技术应用、平台终端、管理手段、人才队伍共享融通，建立起协同高效、适应竞争、推动发展的组织架构和运行机制。

要始终坚持创新驱动，充分利用大数据、云计算、人工智能、5G、区块链等现代信息技术，作为推动媒体融合发展的强大引擎，以技术创新引领媒体变革，努力实现精品化制作、可视化表达、互动化传播、超高清呈现。

要切实加强统筹协调，强化互联网思维和一体化发展理念，加紧建立“一体化资源配置、多媒体内容汇聚、多渠道内容分发、多终端精准服务”的融合传播体系，推动媒体融合从相加阶段向相融阶段迈进，更好地满足人民群众对美好生活的新期待，更好地服务党和国家工作大局。

（作者为国家广播电视总局副局长）

顺应全媒大势　共商融合大计

胡孝汉

中国记协举办新媒体大会，就是要认真贯彻落实习近平总书记关于全媒体时代和媒体融合发展的重要指示要求，顺应全程媒体、全息媒体、全员媒体、全效媒体传播大势，研讨媒体融合发展大计，更好地团结引领各级各类新媒体工作者，助推媒体融合发展，提高新媒体传播力、引导力、影响力、公信力。

为办好一年一度的中国新媒体大会，我提出以下 4 点建议。

一是紧扣内容建设，履行新媒体职责使命。全媒体时代，深入推进媒体融合，形式创新、手段创新都很重要，但最根本的还是内容创新，做好内容应当成为新媒体的主责和要务。本次大会即将发布的研究报告显示，当前新媒体内容建设面临结构性矛盾：内容海量、信息过剩与权威信息稀缺、优质内容不足等问题并存，推进新闻信息生产领域供给侧结构性改革，已经成为媒体深度融合需要下大功夫突破的重大课题。中国新媒体大会就是要促进新媒体内容建设，引领媒体以权威信息营造主流舆论，以内容优势赢得发展优势；引导新媒体工作者练好看家本领，多出融合精品，让新闻报道更快、更活、更新、更优，更加深入人心。

二是紧扣队伍建设，促进新媒体增强“四力”。不断增强脚力、眼力、脑力、笔力，是新形势下宣传思想队伍建设的总要求，对新媒体工作者有着特殊重要的意义。中国记协新媒体专业委员会成立以来，以增强“四力”为主线，组织新媒体开展系列培训、参与主题采访、参加颁奖报告会和“好记者讲好故事”等品牌活动，多方面展示新媒体工作者风采，多形式推动新媒体提升队伍素质。如中央新媒体团队、地方新媒体团队以及商业平台共同开展的“强四力　助攻坚”系列采访活动，掀起了一浪接一浪的新媒体公益热潮。实践证明，新媒体编辑记者要到基层一线增强“四力”，必须强化引领意识，在把握“时度效”上下功夫；必须强化服务意识，在努力“讲故事”上下功夫；必须强化创新意识，在做好“微宣传”上下功夫；必须强化精品意识，在创制“代表作”上下功夫。

三是紧扣标杆建设，加强新媒体引领示范。融合发展是新闻媒体回应时代挑战的自我革命，也是运用信息革命成果的迭代升级。各媒体坚持移动优先、一体化发展方向，努力推进深度融合，积极把新技术运用到新闻信息采集、生产、传播、反馈各环节，在创作融合产品、创新传播方式方面取得了丰硕成果。中国新闻奖专门设立媒体融合奖，着力打造新媒体融合发展成果的标杆，已有《点赞十九大，中国强起来》《中国一分钟》《朦子书记》等一批精品佳作获奖。中国新闻奖作为新闻作品的标杆，已评选29届；长江韬奋奖作为新闻工作者的标杆，已评选16届。在6000多篇中国新闻奖获奖作品中，新媒体作品仅有百余篇，可谓新生事物；在近300名长江韬奋奖获奖者中，新媒体工作者仅有两位，堪称凤毛麟角。希望有更多的新媒体工作者、更多的新媒体融合成果获得中国新闻界的最高奖。我们要进一步发挥新闻评奖标杆的示范引领作用，更好地适应媒体形态和传播业态的新变化，完善规则，提高质量，激励各级新闻媒体坚持正能量总要求，牢记管得住硬道理，练就用得好真本事，涌现更多富有传播力、引导力，体现影响力、公信力的精品佳作，在媒体融合上展现新气象、取得新成果。

四是紧扣平台建设，完善新媒体服务机制。记协组织是党和政府联系新闻界的桥梁和纽带。中国记协成立新媒体专业委员会，以促进和推动新媒体新闻信息传播事业为宗旨，强化政治引领，推动行业自律，加强联络服务，通过开展培训教育，组织研讨交流、采访调研、出版新媒体研究报告、新媒体年鉴、办好中国新媒体大会等各种形式，打造媒体融合工作新平台。我们将回应业界呼声，顺应发展需要，打造广泛联系的新平台，展现媒体融合发展成就，引导新兴媒体发展方向，为推进媒体深度融合鼓劲加油，为新媒体业界提供精准有效服务。我们将秉持开放理念，铺路搭桥，推动传统媒体和新兴媒体、中央媒体和地方媒体、主流媒体和商业平台、大众化媒体和专业性媒体密切合作，共同构建正能量更强劲、主旋律更高昂的全媒体传播格局。

全党全国正在兴起学习贯彻党的十九届四中全会精神的热潮，致力于坚持和完善中国特色社会主义制度、推进国家治理体系和治理能力现代化。中国记协与包括新媒体在内的新闻界同行将把学习贯彻党的十九届四中全会精神当作头等政治任务，学习好、宣传好、贯彻好全会精神，为国家治理体系和治理能力现代化营造良好舆论氛围、提供有力精神支撑；推动完善和坚持正确导向的舆论引导工作机制，更深刻地认识新闻舆论工作，更努力地做好新闻舆论工作，更广泛地凝聚人民力量；广泛联系各界朋友，精心服务媒体同行，增强群团组织活力，提升引领服务能力，把新媒体工作者更紧密地团结在党的周围，更好地谱写新时代党的新闻事业的新篇章。

（作者时任中国记协党组书记、新媒体专业委员会主任委员）

CNMC

2019中国新媒体大会

China New Media Conference

主题演讲

构建国际一流新媒体

张首映

2019 年是新中国成立 70 周年，70 年来全国各族人民同心同德、艰苦奋斗，取得了令世界刮目相看的伟大成就，为中国媒体发展创造了强大动力，为我们加快构建融为一体、合而为一的全媒体传播格局，打造具有强大传播力、引导力、影响力、公信力的国际一流新型主流媒体提供了前提。

党的十九届四中全会提出，要建立以内容建设为根本、先进技术为支撑、创新管理为保障的全媒体传播体系。2019 年 1 月 25 日，习近平总书记率中央政治局同志来到人民日报社，走进媒体融合发展第一线，就全媒体时代和媒体融合发展举行集体学习。

在习近平总书记亲自谋划、亲自部署、亲自推动下，我国媒体融合发展工作取得历史性发展，发生历史性变化。人民日报是媒体融合发展的实践者，也是受益者。目前，人民日报社已经形成涵盖报、刊、网、端、微、屏等10多种载体，综合覆盖受众超过9亿人次的新型媒体集团。2019年，人民日报新浪微博粉丝数突破1亿人，成为人民日报新媒体矩阵“亿人俱乐部”中新的一员。

当前，国际传播呈现移动化、社交化、可视化趋势，打造国际一流媒体，特别要旗帜鲜明坚持正确的政治方向、舆论导向、价值取向，加快构建国际一流新媒体。

构建国际一流新媒体，要有传播力。要拥有顶尖人才队伍，掌握前沿传媒科技，持续生产融合“爆款”“精品”，主导新闻传播，管理方式现代化，综合实力强大，具备让用户“必看必转”的强大传播力。

构建国际一流新媒体，要有引导力。要凝聚海量稳固“粉丝群”，构建移动传播“生态圈”，影响主流受众，具备让用户时刻“对标对表”的有效引导力。

构建国际一流新媒体，要有影响力。要做到设置议题掷地有声，回应议题铿锵有力，深度统筹国内国际两个舆论场，影响国际舆论，具备让用户形成“刷屏效应”的巨大影响力。

构建国际一流新媒体，要有公信力。要建立良好媒体品牌形象，得到国际权威机构和国际主流媒体同行认可，具备让用户充分信任的权威公信力。

走强媒之路，构建国际一流新媒体，对于建立国际舆论传播新格局具有重要意义。当前，中国媒体融合处于国际领先地位，“做大”已见成效，“做强”仍需奋起直追。构建国际一流新媒体，主流媒体应当何为？

以价值导向为坐标原点。媒体融合发展，任何时候都不能忘记为什么出发，不能为了流量丢了导向，为了绩效降了格调。主流媒体要当好网上的“定盘星”，用深度对抗浅薄，用正音消解杂音，特别是众声喧哗中要有思想的“坐标系”，发挥领航定向、增信释疑作用，形成最大公约数，画出最大同心圆，让正能量更强劲，主旋律更高昂。

以移动平台为主要赛道。当前我国网民规模达8.54亿人，网民使用手机上网的比例达99.1%。人在哪儿，宣传思想工作的重点就在哪儿。移动互联网已经成为信息传播主渠道，主流媒体要找准用好商业化、社会化移动传播平台，建好管好自有移动传播平台，把变量变成增量，把增量变成存量。只有让主流声音在自有平台和商业平台形成合力，在国内舆论场和国际舆论场形成呼应，才能牢牢占据传播制高点，最大限度放大主流价值。

以精品内容为制胜法宝。融合发展必须坚持内容为王，以内容优势赢得发展优势。从纸上到网上，从大屏到小屏，从纯文字到全媒体，内容生产传播的逻辑和规律大不相同。原样复制纸媒内容效果差，生搬硬套网言网语行不通，主流媒体必须开展一场内容生产领域的供给侧结构性改革，创新理念、内容、形式、方法、手段，实现分众化、差异化传播。特别要沉下心揣摩海内外用户特点，紧跟发展趋势，总结“爆款”规律，依靠源源不断、耳目一新、回味无穷的优质内容吸引人、影响人、留住人。

以前沿技术为探路明灯。当前，主流媒体要适应从“人找信息”到“信息找人”的转变，让主流价值导向驾驭“算法”，实现优质内容的精准传播、靶向传播。未来，主流媒体要继续拥抱新技术、掌握新技术、研发新技术，利用技术寻求媒体融合的临界点、突破点、转折点，不断推进媒体融合向纵深发展。

（作者时任人民日报社副总编辑）

巩固内容创新优势　建设新型主流媒体

刘思扬

2019年以来，我们和相关机构合作，采集处理卫星遥感大数据，同时融合地面、无人机拍摄画面，打造了“60万米高空看中国”系列短视频，多层次、多角度捕捉中国各个省份的自然景观、人文特点和发展变化，透视新中国成立70年来的伟大成就，引发广泛关注。在2019年国庆报道中，我们独家推出“60万米高空瞰阅兵”系列融媒体报道，以太空视角、最高机位呈现阅兵盛况，引发强烈反响。这是新华社推进系统化创新的一个成果，也是媒体融合向纵深发展的缩影。当前主流媒体要通过深度融合更好担负起“举旗帜、聚民心、育新人、兴文化、展形象”的使命任务，根本在于巩固壮大内容优势并推动转化为传播优势、发展优势。实践中，我们有以下几点体会。

巩固主流媒体内容优势，做壮大主流舆论的“领头雁”。习近平总书记指出，推动媒体融合发展，就是要做大做强主流舆论，巩固全党全国人民团结奋斗的共同思想基础。主流媒体更好地肩负使命任务、壮大主流舆论，就要不断在巩固内容创新优势上下功夫。

一是巩固党的创新理论传播“主力军”作用。近年来，我们创新叙事语态、呈现形态和报道样态，打造“第1视点”“习近平讲述的故事”“习近平的足迹”等系列品牌栏目，2019年以来共推出浏览量过亿人次的产品70余个。我们还将Vlog、数据新闻、H5等新形态应用到报道中，取得良好传播效果。

二是巩固正能量传播的“压舱石”作用。我们以壮大主流思想舆论为己任，完善优质内容生产体系，强化融合产品生产常态化、机制化、规模化态势，不断扩充主流价值影响力版图。比如在“不忘初心、牢记使命”主题教育开展前夕，独家发掘张富清典型人物的先进事迹，形成正面舆论强势。

三是巩固权威发布的“定音鼓”作用。及时提供更多真实客观、观点鲜明的信息内容，牢牢掌握舆论场主动权和主导权，是主流媒体义不容辞的职责。无论是国内外重大问题，还是当前社会热点问题，我们都及时发声、正确发声，有力有效引导了舆论。

四是巩固对外传播的“扩音器”作用。近年来，我们实施精准对外传播策略，通过在海外社交媒体上开设账号、打造多语种国别专线，推出“新华社记者说”等品牌栏目，国际传播能力建设实现突破性进展，有效增强了国际话语权和影响力。

把握媒体发展必然趋势，做技术风口上的先行者。媒体融合发展是一场以技术创新为引领的媒体变革。在2019年1月25日中央政治局集体学习时，习近平总书记指出，全媒体不断发展，出现了全程媒体、全息媒体、全员媒体、全效媒体。这个重大论断，是对媒体变革最新趋势的精辟概括，也是媒体融合发展面临的必然趋势。近年来，我们积极探索将人工智能和网络信息前沿技术运用于报道实践，一些方面取得阶段性进展和突破。

一是探索5G情境下的软硬件应用。2019年全国两会，我们进行了国内首次5G手机全流程直播。在世界园艺博览会报道中，首次使用5G背包进行移动直播。在国庆报道中，用全球首台5G—8K超高清转播车实现8K全链条实时直播。下一步，我们将继续拓展智能化硬件的应用场景，并持续在VR、AR等沉浸式新闻上探索创新，努力在场景适配、应用匹配上赢得先机、引领发展。

二是深入推进媒体智能化探索。近年来，我们的“媒体大脑”、AI合成主播等多项应用不断升级，人工智能运用在新闻采集、生产、分发、接收、反馈等各环节不断深化，人机协同、智慧协同日趋紧密，大大提升了生产传播效率和水平。未来，我们将继续在推动关键核心技术自主创新上下功夫，加快推进智能化编辑部建设，努力成为媒体行业技术应用领军者。

三是增强数据资源整合处理能力。5G环境下，谁掌握了数据，谁就掌握主动权。在新技术推动下，新闻生产方式正从单纯的采编人员采集素材、编写新闻，向人机协同的数据汇聚、智能标引、算法挖掘、机器生成的新方式逐渐拓展。新华社正在加快建设大数据中心，分阶段、有步骤实现数据资源整合处理，努力实现从“信息总汇”向“数据总汇”拓展。

探索跨界融合新模式，做内容生态的“破圈者”。习近平总书记强调，要把掌握的社会思想文化公共资源、社会治理大数据、政策制定权的制度优势转化为巩固壮大主流思想舆论的综合优势。这要求我们在推进媒体纵向融合的同时，要更注重横向连接，协同多方力量共创内容创新新模式。

2019年国庆前夕，我们与知乎合作设置“你好中国·问答70年”议题，网友回答总字数达到187万字，总曝光量达6430万人次，这是充分聚合PGC、UGC资源，以广告语态、大众语态进行议题设置的一次成功探索。我们认识到，用户是媒体传播链条的重要节点，场景是推动媒体融合发展的重要变量，而万物皆媒时代，重视用户思维成为推动媒体跨界融合的关键。

未来，我们将进一步在创意策划、内容生产、分发推广、反馈互动等多个环节，建立起与地方媒体、商业平台、专业性媒体的合作关系，更多丰富传播场景、重构用户关系，打造更多用户喜闻乐见的新闻信息产品。同时，持续探索将新闻产品与各类智能终端广泛适配，智能分发针对不同场景的融媒体产品，加快拓展以个人和家庭为中心的新型新闻信息服务模式。

（作者为新华社副社长）

把新媒体新平台建设好运用好

孙玉胜

在新媒体时代，手机的智能化、高清晰拍照和录像功能使媒体格局迅速进入视频化、移动化、社交化时代。其中，视频是传播的最高形态，过去是，未来也不会改变。

娱乐是视频媒体的原始属性，因为娱乐是大众的本能需求。电影及其衍生的电视剧本身就是娱乐。美国的大型媒体集团没有不生产电影、电视剧和动画片的，抖音和快手的崛起主要也是因为其娱乐性。

尽管如此，媒体的影响力和话语权并不来自娱乐，而是新闻。这也是国际一流媒体集团不仅都生产娱乐节目，而且都有新闻频道或网络新闻媒体的重要原因。

视频虽然是传播的最高形态，但并不是“无视频不传播”。

当前，视频泛滥已成为趋势，有些机构和创作者发布的视频毫无价值。

视频新闻的魅力主要是来自现场。有吸引力的视频，是有场景、有人物、有故事、有真实感的。好的视频是具象的、感性的，而不是一些万能的空画面加上解说。

习近平总书记要求，要把中央广播电视总台建成国际一流新型主流媒体，要把新媒体新平台建设好运用好。总台提出：台网并重，先网后台，移动优先。具体是5G+4K/8K+AI。5G是传输，4K/8K是内容，AI是助手。具体而言，就是建立中台，也就是5G新媒体平台。我们正按账号逻辑和聚合的方式打造一个有品质的视频社交媒体——央视频。这些账号来自台内各部门和社会机构与创作者。

目前央视频已经上线，口碑良好。其特点是主打短视频，兼顾长视频。我们将用央视频进一步改变传播的语态，用平实而生动鲜活的表达方式传播主流价值观。

对视频来说，短有短的活性和热度，长有长的黏性和品质，短和长都是相对的。关键是看视频的叙事方式和逻辑是否被大众接受。这也是我们与一些商业化短视频平台的差异。2019年国庆大阅兵的公共信号制作效果就是对品质的最好注解。在大阅兵直播中，我们用电影的语言来转播，确保直播品质和效果。当时我们谁也没料到，后来的直播真的进了影院。由此知识百科中增加了一个新词条——直播电影。

这一切起源于技术，因为4K的画质已经完全达到了电影标准，这就使融合话题又有了新内涵。原来我们只是想向下与小屏融合，没想到还可能向上与电影融合。技术可以改变一切，融合也许还有下半场，而且刚刚开始，一切皆有可能。

（作者时任中央广播电视总台编务会议成员、央视副台长）

“学习强国”九句话

刘汉俊

“学习强国”学习平台是什么、做什么？

第一，做一个学思想、用思想的平台。“学习强国”学习平台是“科学理论的学习阵地”，是以学习宣传习近平新时代中国特色社会主义思想为主要内容和核心内容的互联网平台，内容涵盖习近平总书记改革发展稳定、内政外交国防、治党治国治军等方面的思想；涵盖中央精神、决策、部署和党的理论、路线、方针、政策。“学习强国”学习平台的初心和使命、定位和职责，就是用科学的理论武装全党、教育人民。

第二，做一个有知识的平台。“学习强国”学习平台构建了具有中国特色、时代特征、平台特点，以理论性、专业性、应用性知识为主体，涉及政治、经济、历史、文化、社会、生态、科技、法律、健康、军事、管理、技能、国际等方面内容的知识体系。

第三，打造强国云教室。“学习强国”学习平台建立了由公有云和专有云相结合的“强国云”，为万物互联、智能泛在、人机共融、海量数据和超算能力提供支持。我们的基本判断是，在5G条件下被赋能的智能终端学习将会出现以下趋势。一是引发学习的革命。在工业环境中发展起来的、以读写为主导的批量流水线式传统学习模式，将转向数字化的后工业环境中的兴趣化、差异化、个性化的学习方式。二是形成新的学习生态。5G条件下的学习空间更加广阔、学习场景更加多元，学习信息更加丰富、学习内容更加优化，学习资源更加均衡、学习主体更加突出。三是实现学习行为数据化。人工智能、区块链技术、算法技术、知识建模、知识图谱、个性画像、精准推送将被运用，学习的行为、内容、过程、效果将被量化，学习的定位、定性、定量、定期、定制将会实现。这是强国云教室的基本思路。

第四，塑造互联网学习思维。互联网学习思维的核心是数据化，用计算机模拟多层神经元网络，解决图像、文本等各种问题的算法集合的深度学习，开拓了机器和人亲密接触的无限空间，未来一定会出现人脑与电脑的对接，将人脑信号读取转换成电脑信息和程序，人通过意念来操作和控制外物，是一个可能的愿景。“一切数据化”这是“学习强国”学习平台要建立的互联网思维。

第五，建成融平台。“学习强国”学习平台起步就是融媒体，开门就是大平台，具有四大特点，即融、动、快、全。这里只说第一大特点：“融”。“学习强国”学习平台不是单一的互联网站，不是单一依托电信网传输数据，不是单一通过广播电视网采集内容，而是互联网、电信网、广电网三网融合的终端，我们可以通过“学习强国”学习平台看电视、听广播、读图文、打电话、通视频、上互联网、开视频会议，可以通过手机客户端按钮直接进入PC端，实现了物理上的互联互通、无缝对接，业务上的相互交叉、相互渗透、彼此兼容，形态上的技术融合、业务融合、行业融合、终端融合、网络融合。目前我们正在建设车联网、乡村大喇叭网、物流网等，随着物联网的加盟，“四网融合”、分级平台、多端一体、边缘计算等，将使“学习强国”学习平台实现跨部门、跨行业、跨领域、跨地区、跨界别的终端再造。未来世界，终端决定一切。互联网创造生产力，融平台改变生产关系。媒体改革进入深水区，发展进入关键期，供给侧改革迫在眉睫，不是触了网、办了公众号、扫了码就是融媒体、新媒体、全媒体，标签不等于准入，作品完成不是唯一、技术实现不是唯一、渠道拓展不是唯一、市场营销不是唯一，这些都重要，但最重要的是融。要有门户思维但不要有门户之见，要安全屏障但不能搞平台壁垒，互融才能共荣。模仿没有出路，趋同等于互拼，各具特色才能百花齐放。

第六，构筑高可靠的安全屏障。天下网络，安全第一。全球范围内的网络攻击问题、数据安全问题、个人信息隐私问题、网络犯罪问题、深度伪造技术问题等，都对“学习强国”学习平台造成安全压力，高筑城墙不等于高枕无忧，有时候道高一尺、魔高一丈，我们甚至不知道魔藏在哪里、高在何处。确保“学习强国”学习平台的安全万无一失，我们任重而道远。

第七，与主流媒体共生共荣。一是放大主流声音、形成主流舆论。这是“学习强国”学习平台承担的任务。二是尊重主流媒体版权、展示优质产品价值。“学习强国”学习平台标注内容来源，签订版权协议。三是发挥平台创新优势、形成平台自有特色。“学习强国”学习平台对信息内容进行有序融合、有机聚合、有效整合、有效激活，进行深度加工、高度提炼、广度推送，形成了聚合优势、呈现优势、传播优势、受众优势。四是开发平台综合功能、推动建设学习矩阵。“学习强国”学习平台不只是一个新闻网站，而是一个具备了聚合功能、融通功能、交互功能、保障功能的融平台。不与新闻网站争先，不与商业网站争钱，不与门户网站争多，不与社交网站争泛，不与专业网站争专，但新闻网站的时效性、商业网站的开放性、门户网站的综合性、社交网站的互动性、专业网站的分众性，“学习强国”学习平台都要借鉴。“我建房、你入驻”“我搭台、你唱戏”“你的精彩就是我的精彩，我的覆盖面提升你的影响力”，这是“学习强国”学习平台秉持的理念。

第八，坚持内容为王。天下媒体，内容为王，内容始终是信息传播的主题、主角、主体。“学习强国”学习平台不只是信息转发者，不只是技术集成者，不只是渠道融合者，不只是市场营销者，它是烹调师，做大餐、做特色餐、做个性餐，接受定制服务、个性服务、点播服务，是为第三方提供付费服务的窗口，希望总有一款适合你，只想在信息饕餮、知识盛宴和媒体狂欢中做一道好菜。坚持公益本色，坚守高贵品质，信用比费用值钱，品格比价格重要，奉献比回报珍贵。

第九，坚持全党办、大家办。“学习强国”学习平台来自群众、为了人民、依靠大家。一是建立学习组织，继续丰富和发展“纵向到底、横向到边”的学习组织架构。二是注重学习效果，形成人人想学、人人可学、人人比学，学有所依、学有所成、学有所得的可持续学习态势。三是聚合学习资源。建立覆盖到县级党委宣传部门的供稿系统、重要新闻专稿系统、新闻网站抓稿系统、社会用户海投系统；建设覆盖全国的二级、三级学习分平台体系；设立中央国家机关和新闻单位参建的“强国号”矩阵，接受社会各界的学习资源馈赠。四是优化服务功能，使“学习强国”学习平台成为人民群众爱用、好用、常用的学习帮手。五是鼓励全民参与，建立众筹众创、共建共享的模式，使“学习强国”学习平台走进人们的学习工作，走进人们的休闲时光，走进人们的衣食住行，成为人们离不开的掌中宝。我们坚信，一个勤于学习、善于学习的民族是不会被打败的，一定能实现复兴的梦想。

（作者为“学习强国”学习平台总编辑）

以新媒体发展推动传统媒体破局

吕焕斌

湖南广播电视台直面传统电视的拐点，全力发展新媒体，从单一的湖南卫视到“湖南卫视＋芒果 TV”双平台，再到构建马栏山媒体大生态，这是一个漫长而艰辛的发展历程。

一、双平台战略：直面拐点赢得市场先机

2015 年是传统电视媒体迎来危机和转机的拐点之年，这一年，湖南广播电视台出台《建设新型主流媒体若干意见》，开始打造传统广电的“诺亚方舟”，举全台之力办芒果 TV 新媒体平台，按照习近平总书记的要求，坚持传统媒体和新兴媒体融合发展，以我为主，打造自主可控、传播力强的新型传播平台，形成了湖南卫视、芒果 TV“一体两翼、双核驱动”的双平台

格局。湖南卫视的收入、品牌、影响力持续多年保持省级卫视“领头雁”位置。可以说，在真正的拐点到来之前，湖南广电已经完成了全媒体的布局、蜕变和转型，也收获了“1+1>2”的阶段性成果。

我们的影响力更大。新媒体的发展先机，带来了湖南广电台网融合创作的空前繁荣，进一步壮大了主流舆论。近年来，我们先后获得了23个中国新闻奖，其中一等奖5个，推出了《绝对忠诚》《为了人民》《我的青春在丝路》等一系列作品；电影《十八洞村》、电视剧《那座城这家人》双双获得“五个一工程”奖，形成了在全国独树一帜的“芒果大片现象”。

我们的用户规模更大。芒果TV日活量突破7900万，年均增速达43%。同样作为头部卫视的湖南卫视加上芒果TV，双平台用户不降反增。

我们的创新能力更强。近年来，湖南卫视先后推出《中餐厅》《声入人心》《声临其境》《舞蹈风暴》等30多档创新节目，其中收视和口碑双优项目超七成，是上新率和上新成功率最高的省级卫视。与此同时，芒果TV以互联网视频行业10%的投入收获了50%的综艺爆款，被媒体形容为“视频行业一股热辣而奔腾的力量”。现在，湖南卫视和芒果TV一共有55个内容制作工作室，形成了完备的创新矩阵，创造了独特的“马栏山爆款方法论”。

我们的经营体量更大。湖南卫视单频道创收纪录曾经破百亿元，而2019年，芒果超媒预计创收将突破百亿元。我们从单一的电视广告创收转变为“电视广告+互联网广告+会员+IPTV+OTT”的经营模式，收入结构更多元、抗风险能力更强、发展空间更大。

我们的人才结构更优化。通过近年来的融合发展，以电视湘军为核心的马栏山人才队伍已经开始迭代为具有全媒体基因的芒果系战队，这支队伍拥有5000多名一线内容制作人员、2000多名技术工程师，实现了湖南广电人的集体进化。

习近平总书记强调，推动传统媒体和新兴媒体融合发展，要遵循新闻传播规律和新兴媒体发展规律，强化互联网思维，坚持传统媒体和新兴媒体优势互补、一体发展，着力打造一批形态多样、手段先进、具有竞争力的新型主流媒体。近年来，湖南广电用实践证明，传统媒体出路只有一个，那就是发展新媒体，直接参与新媒体竞争。

二、拐点即风口：临界点的竞争驱动

“稳中有变、变中有忧”是2019年经济关键词之一，受经济环境影响以及新媒体的市场蚕食，截至2019年前三季度，中国传统媒体广告收入同比降幅达到11.4%，电视广告收入已连续5年负增长。可以说，2019年传统媒体的生存压力已接近临界点。在我看来，无论是国际趋势还是国内行业变局，新的拐点正在形成，而拐点即风口，这样的临界点必将驱动新一轮媒体融合的创新。湖南广电会继续以同样的姿态拥抱变革、坚持创新、抢占先机，完成新的拐点破局。

一是以新技术破局。新技术可以颠覆一个企业，也可以成就一个企业，关键在于我们能不能真正抓住每一次新技术的风口。湖南广电的下一个技术风口是5G。4G时代，视频行业实现了从线性分发到点播分发、从PC端到移动端的巨大变革，短视频的兴起，彻底改变了用户的观看习惯。5G对于传统广电是机遇，对于新媒体同样是机遇，关键在于谁能率先发现风口、引领潮流。目前，我们正在积极布局5G，在此次大会的会场楼顶，我们已经竖起了5G基站，到2019年年底我们将在马栏山建成一个光点5G局域试验网，同时，芒果TV也建起了5G实验室，正在探索5G时代的内容创作和商业变现等。我相信，随着5G等新技术的发展，将为大文娱尤其是视听产业插上想象的翅膀，广电将有更宽广的发展空间。

二是以内容创新破局。对于视频平台来说，毫无疑问，互联网下半场的竞争是内容的竞争。而芒果生态的基因就是内容基因，作为一个内陆省份的媒体，没有资金和技术优势，湖南卫视能够成为中国省级卫视领头羊，靠的就是湖南文化强省战略的引领和不断超越的内容创新。“不创新，毋宁死”的“爱痴”精神是成就湖南广电媒体融合战略的秘笈。在未来，我们将继续以湖南卫视、芒果TV的内容创新为核心驱动力，以全国独树一帜的“创新飚计划”机制为保障，保持每年50%以上的节目上新率以及数量可观的优质头部内容规模，抢占互联网下半场的竞争风口。

三是以马栏山生态破局。湖南省委、省政府站在文化强省战略发展高度提出“北有中关村、南有马栏山”，这个马栏山已经远远超出一个地理概念，它是以湖南广电为中心，辐射周边30平方公里，旨在引领全球视频风向的文化创意洼地。作为马栏山建设的领军团队，湖南广电正在全力推进芒果马栏山广场、节目生产基地七彩盒子的建设，在前期的功能设计上，配套超过20个演播厅，让湖南广电再火20年。马栏山学院定位于培养应用型专业文创、科创人才，这些年轻人将成为马栏山未来的新生代和中坚力量。我们拥有达晨创投、芒果基金、马栏山文创投资基金，管理基金规模超过300亿元，为创业团队提供资本支撑，促进产业孵化，形成更紧密的血缘关系，助力马栏山诞生更多的独角兽。

湖南广电正将芒果生态的战略意义上升到马栏山生态战略，依托马栏山视频文创产业园，打造一个集视频技术研发、内容生产、制作传播、运营服务、交易推广、资本孵化和人才培养等于一体的全要素、全周期、全链条“视频产业生态圈”，让长沙这座世界媒体艺术之都更加名副其实，为它增光添彩。

（作者时任湖南广播电视台党委书记、台长）

深融致远：继续跑好新媒体“马拉松”

陈建华

新媒体发展仍处在一场马拉松比赛中，更大的挑战在过程、在未来。如何继续跑好新媒体“马拉松”？

一是移动优先，发力一端。当前，手机已成为新闻信息传播的最主要工具。报刊、广电乃至网站的新闻信息，无不进入手机传播，媒体融合的主要方向和出口就在移动互联网、就在手机。手机客户端应该作为媒体深度融合、实现一体化发展的重中之重，尤其是县级融媒体中心，更要认准发力一端。

二是内容为王，主流引领。要坚持新闻为本，新闻立网，新闻立“端”。在重大事件、热点新闻中不缺位、不失声，切实防止和避免“真相还在穿衣服，谣言已在满街跑”。中国的新媒体，其实质是新时代的主流媒体，必须承担主流引领的责任，从新闻报道到产品设计，不能人云亦云、跟风炒作，甚至滑入低俗、庸俗。

三是服务是金，深耕本地。互联网特性之一，在于一个点可以做到无限大、一个“端”也可以做到无限大。我们要打造的新型主流媒体，应尽可能在一个区域范围内提供“一站式服务”，做到一机在手、应有尽有。在深耕本地方面，区域新媒体背靠政府、面向群众，可以说是独具优势。

四是技术引领，适用就好。新媒体必须重视新技术新应用，既要高瞻远瞩，也应从实际出发，做到跟进、适用。当前尤其要注意克服“大屏情节”，不要层层建设动辄上千万元投入的模式化、显摆式的“大屏”，不要舍本逐末。比如县级融媒体中心应用系统，目前全国已有62个县市区引进了浙江安吉新闻集团自主开发的平台，价格才几十万元，但因是贴身打造，所以特别适用。

五是人才为本，创新激励。安吉的例子说明人才的重要、机制的重要。目前新媒体人才队伍建设喜忧参半，或者说是忧大于喜。新华社记者徐勇英年早逝，引发同行全网同悲，背后的字眼要读懂，那就是“关爱”二字。媒体和新媒体要留人留心，必须体现关爱。除了倡导坚守新闻理想，关键还在于改革体制机制、创新激励，真正营造“让创新活力竞相迸发、让创富源泉充分涌流”的良好环境，做到事业留人、感情留人，以适当的待遇留人。

对于这场马拉松，记协是呐喊者、助力者、服务者。中国记协新媒体专委会的成立，搭建了一个促进新媒体交流、推动新媒体发展的大平台。可以预见，随着新媒体成为新闻舆论的主阵地、新媒体工作者成为新闻战线的主力军，各级记协的工作重心必将加速转移到面向新媒体、服务新媒体上来，记协正在建设的新时代“记者之家”，也必将成为团结凝聚新媒体工作者的“新媒体之家”。

（作者时任中国记协常务理事、浙江省新媒体专委会主任委员）

2019中国新媒体大会

China New Media Conference

权威发布

《中国新媒体研究报告 2019》发布

曾祥敏

编撰《中国新媒体研究报告 2019》(以下简称《报告》),是中国记协及新媒体专业委员会落实中宣部领导同志的明确要求，加强新媒体服务引导的重点项目。该报告是关于媒体融合和新媒体发展的趋势性、前瞻性、研究性智库报告，客观分析全媒体时代新闻舆论工作面临的挑战和机遇，聚焦全国主流媒体贯彻落实媒体融合发展战略部署的实践探索，梳理媒体融合和新媒体创新规律，为媒体多出融合精品、壮大主流声音提供切实入理的研究成果，为培养践行“四力”的全媒型人才队伍提供可学可用的专门教材，为各级新闻宣传部门建好用好管好新媒体提供有效有益的参考借鉴。

《报告》从项目筹备到组织撰稿专家、研讨策划、深入调研、撰写、审核、出版，历时近 1 年时间。在中宣部新闻局的指导和支持下，项目组广泛联系各媒体平台，深入调研各委员单位，积极动员各研究机构，希望通过高起点高站位，从全国视野考察中国媒体融合创新和新媒体发展的实践创新。具体而言,《报告》具有以下特点。

一、精心策划，结构严整

《报告》体现了整体策划、系统严整的特点。《报告》分为总体报告、行业报告、专研报告、融合精品分析等 4 部分。其中，“总体报告”全景式呈现全国新媒体行业发展和传统媒体融合转型的概况和新亮点，剖析媒体融合发展进程中的突出问题，研究趋势规律，对新媒体行业可持续发展提供意见建议；“行业报告”邀约相关领域专家学者编撰，从新媒体和媒体融合发展的分支领域和关键环节出发，聚焦行业热点，对典型问题和创新案例进行深入剖析，为业界提供对策建议；“专研报告”选取融合创新实践中具有代表性和影响力的媒体案例，分析融合策略、转型路径、发展规律和创新方法，为各级各类媒体融合发展提供范式和参考；“融合精品分析”以中国新闻奖首届媒体融合奖项获奖作品为重点，总结短视频新闻、移动直播、新媒体创意互动、新媒体品牌栏目、新媒体报道界面和融合创新优秀作品的创作经验，为媒体融合精品创作提供指导和借鉴。

二、权威撰稿，研究深入

《报告》精心组织各专家学者紧跟融合实践，博采众家之长。专家大多数是中国记协新媒体专委会成员，其中有媒体融合专家，有全国知名新闻院校的院系和专业负责人，有新媒体权威专家，也有领先行业的实践者。他们从不同角度深入研究，梳理实践发展规律，凝练观点，并研判未来发展走向，通过针对性研究，从体制、机制、内容、技术、人才、运营、用户等多方面探讨提升媒体融合的具体路径。由此，《报告》既有学理性也有实践指导价值。

三、充分调研，案例典型

《报告》从全国视野考察中国媒体融合创新和新媒体发展的实践创新，深入走访了央级、省级、地市级、县级等各层级媒体机构，做到广覆盖、多层级、抓典型、全媒体，努力为媒体融合实践中的全国各层级媒体提供可资借鉴的经验和规律总结，通过实践性案例，形成理论联系实际，可学、可用、可借鉴的实用型研究报告。

四、深入分析，观点突出

《报告》中许多数据、发现和观点具有重要价值。现择其要点分享如下。

1. 媒体融合体制机制改革纵深推进——整合集约，下沉织网；新闻产品凸显价值——导向为先，专业引领；重塑生产传播链条——技术赋能，要素重组；平台优化焕发活力——合作竞争，生态运营。

2. 新媒体传播影响力因素更迭：传统标题式、名人式流量传播力降低；社交关系传播力提升；评论带动力增强；垂直群体传播黏性高；运营逻辑多维扩展。

3. 2019 年，在各类主要媒介中，手机的全国受众普及率最高，达到 96.16%，其次是电视（91.32%），第三是互联网（67.35%），随后依次是报纸（32.48%）、广播（29.52%）、杂志（28.18%）。

4. 与 10 年前相比，中国受众对电视的信任度仍居首位，网络已超越报纸成为第二大可信媒介。

5. 省级主流媒体集团与县级融媒体中心不是上下级，而是平台与端口，是独立主体间的合作共赢。

6. 智能化技术驱动了传媒业的全面变革，未来可能实现内容生产全流程的深层渗透，个性化分发可能以私人管家的方式体现。

7. 网络直播从最初的爆发式增长到如今强监管下的集体性“哑火”，回归内容本质、汲取发展动力、深挖价值功能实现超越，已成为发展共识。

8. 算法新闻的未来趋势：基于社交网络重构人际关系、数字囚笼与算法专制造成主体重建、个性化导致的双重困境带来社会重塑等。

（作者为中国传媒大学电视学院党委书记）

《中国新媒体年鉴 2018》发布

隋 岩

中国新媒体年鉴编撰团队是一支政治和业务素质过硬，由 30 多位资深教授、中青年骨干构成的队伍。经过与 150 多家委员单位反复沟通、联系、约稿，最后 92 家提供了可用的稿件，项目组收集、整理、编写了 300 多万字的材料，为年鉴最终的成功编撰打下了良好的基础。在年鉴编写阶段，我们精心策划，反复研讨，多次调整书稿结构和内容，最终确定了年鉴的 13 个大板块和上百个栏目。在遵循普遍规律的同时，《中国新媒体年鉴 2018》具有以下特色和亮点。

1. 重点突出，兼顾全面。年鉴不仅集中呈现了中国新媒体大会成立、新媒体专业委员会成立以及新媒体专委会委员单位工作综述等重要内容，而且选编了第五届世界互联网大会、县级融媒体中心建设现场推进会等重大事件，全方位记录了 2018 年新媒体行业的进展，凸显了较高的权威性。

2. 内容新颖，专业性强。年鉴不仅记述了中国新闻奖第一次成功评选媒体融合奖项、第一次组织新媒体集中采访活动、第一次举办中国新媒体大会等新鲜内容，而且采用了数据化、视觉化的表现方式，体现了较强的专业性。

3. 框架合理，编排有序。年鉴采用同类集中、主次搭配的编排方法，使栏目之间既有区隔又有关联，力图获得主题突出、节奏感强、启发联想、井然有序的阅读效果。

4. 类型多元，实用性强。年鉴不仅展示了我国部分省区市推进媒体融合发展工作的情况，还收录了部分高校新媒体人才培养、新媒体相关制度文件、专家学者新媒体研究论文和最新著作简目，无论广大新媒体从业者还是学界科研人员，都具有重要的参考价值。

《中国新媒体年鉴 2018》是第一部记录我国新媒体行业发展态势、新媒体专业委员会工作的大型工具书。我们付出巨大心血编写《中国新媒体年鉴 2018》，目的是切实履行团结引领职责，紧扣新闻主业、突出内容建设，向读者呈现一套全面客观记录新媒体行业基本情况和发展变化的大型资料性年刊，集纳推动媒体深度融合和新媒体发展的政策法规，汇聚国内专家学者最新研究成果，展示新媒体委员单位的典型经验、创新案例等，概述标志性事件、阶段性成果、突破性进展。这本厚重的年鉴有近百万字，由高端论坛研讨、中国记协新媒体专业委员会大事记、中国新媒体专业委员会成立大会记事、2018 中国新媒体大会记事、中国新闻奖首次评选媒体融合奖项、中国记协新媒体专委会委员单位工作综述、区域进展、人才建设、制度文件、发展综述、年度盘点、书籍简目、附录等栏目组成，内容丰富，装帧精美。我们经过 9 个多月的努力，基本实现了年鉴“全、新、精、特、鉴、便”的预定目标。年鉴是昨天的实录，今天的镜子，明天的见证。中国记协首创新媒体年鉴，是顺应时代和媒体发展的要求，打造的一张沉甸甸的新媒体名片，功在当代，惠及后人。

（作者为中国传媒大学新闻学院院长）

全国视频文创产业发展指标评估体系（马栏山指数）研究成果发布

祝燕南

2019年6月25日，国家广播电视总局和湖南省政府签订了部省共建合作协议，在这个协议框架下，广电总局发展研究中心负责研究编制全国视频文创产业发展指标评估体系相关成果，并在马栏山发布，简称“马栏山指数”。

马栏山指数共包含12个分指数，统一设计，分步实施。这次首批推出视频生产、视频消费、融合传播、广告营销4个分指数。以2019年上半年为报告期，2018年上半年数据为基期值，广泛采集视频文创领域多层面、多角度数据，系统化、多维度反映中国视频文创行业整体态势，透视前沿动向。

通过本次马栏山指数研究编制，我们发现，当前视频文创产业发展有以下7个新亮点。

第一，电视视频生产稳中有升，指数结果为105.2。结论是：传统视频行业由以规模数量增长为主向以质量效益提升为主的转型效果初步显现，预示着新一轮产业升级的大幕正在开启。

第二，网络视频平台内容原创能力大幅提升，创新规模指数高达155.6。结论是：“自主原创”正在重塑网络视频平台的内容品质和竞争格局。

第三，短视频平台增长强劲，视频生产总量指数和有效播出率指数分别高达179.3、157.8。结论是：大量的MCN机构成为短视频孵化的重要平台，助推短视频行业在规模量级和专业品质上发力。

第四，视频消费指数得分为113.5，用户规模和用户消费比较活跃。结论是：各大视频主体的用户战略正由“数量战术”向有效用户积累转移，更加注重服务能力提升和增值消费供给。

第五，广告营销指数整体得分107.42。电视媒体表现出结构性调整，产业正从用户规模依赖，向更深层次的产业升级转型。与此同时，网络视频行业广告收入逆势上扬，但广告的曝光量和点击量有所下滑。结论是：应进一步开发视频广告新业态、提升有效传播，推动广告价值高效稳定增长。

第六，省级台新闻融合传播实力高差性分层，东部经济较发达地区电视台整体表现优于西部。结论是：短视频成为不对称竞争战略的重要突破口和发力点。很多省级台都在借助短视频实现转型突围。

第七，视频文创投融资更加谨慎，以多元化投资赢得先机，以协同合作分散风险，以文创金融撬动产业。结论是：文创金融模式创新，有可能催生新一轮投融资刺激。

与此同时，视频文创产业发展呈现三大趋势。

第一，随着互联网人口红利逐渐消失，视频战场从规模红利转向时长红利，从最初用户数量争夺，转为用户使用频次、时间分配以及单位用户的价值产出争夺，沉淀有效用户、升级消费水平将成为竞争方向。

第二，传统媒体由内容运营转向平台运营，利用新兴媒体重构媒体生态，呈现出向新型中心化回归的趋势。如适应短视频发展大势，传统媒体开始运营MCN机构，传统媒体的新媒体运营生产由分散走向聚合，在新媒体领域实现市场和价值回归。

第三，“文创+科技+金融”将成为拉动视频文创产业发展的重要引擎。以保险保障为基础，以科技平台为支撑，以多元化资金为手段，以信用评价体系为辅助，以专业化服务力量为抓手的新型文创金融，将成为撬动新一轮发展的重要杠杆和支撑。

希望马栏山指数能对业内同行和专业性投融资主体有所帮助。

（作者为国家广播电视总局发展研究中心主任）

2019中国新媒体大会

China New Media Conference

『融合发展中的内容创新创优』分论坛

稳中求变　深度探索

——第二十九届中国新闻奖媒体融合奖评析兼论内容融合创新

曾祥敏

2019年是我国媒体融合发展的第六年，也是中国新闻奖设立媒体融合奖的第二年。在“全程媒体、全息媒体、全员媒体、全效媒体”的发展背景下，评委们从110件进入终评的作品中评选出50件具有代表性、标志性、创新性的精品力作。其中，特别奖作品1件，一等奖作品10件，二等奖作品15件，三等奖作品24件。在50件获奖作品中，有13件短视频新闻、4件移动直播、8件新媒体品牌栏目、6件新媒体报道界面、7件新媒体创意互动、12件融合创新。

媒体融合奖评选进行到第二届，各方对内容融合的认识越来越深入，奖项评选在服务国家战略、引导行业发展、树立精品标杆、探索创新方向等方面继续深入发挥导向引领作用。总体来看，不同于首届媒体融合奖，本届媒体融合奖作品在技术创新上渐趋稳定，短视频、H5、移动直播、VR、AR等许多技术和玩法都已经出现，融合、可视、交互、移动、垂直、场景等产品体验持续扩展，而在主题凝练、价值提升、内容深度开掘与创意交互体验上有了进一步的探索。许多作品在深入基层、扎实采访和报道的基础上，融入新技术新手段，不仅体现了主流媒体记者在“脚力、眼力、脑力、笔力”上的锤炼，也诠释了“四力”在融合创新上的具体体现。

一、主题立意的多向度操作

作为中国新闻界最高奖，也作为主流媒体融合发展的最新成果展示，第二十九届媒体融合奖入选作品充分反映了主流媒体2018年利用新媒体手段围绕中心、服务大局的报道工作。此次获奖作品积极宣传党的主张，深入反映群众呼声，紧密围绕2018年新闻舆论工作重点，覆盖党和国家领导人重要活动、改革开放40年、全国两会、脱贫攻坚、港珠澳大桥重大工程、生态保护、“一带一路”、舆论监督等重大主题，精心策划，找准角度，深入挖掘故事，拓展背景，创新技术和表现形态。尤其值得一提的是，作品在关注重大主题的同时，在脱贫攻坚工程、乡村振兴战略、突发灾害事件等方面聚焦关注平凡人物，呈现出主题立意的多向度结合。总体而言，反映在以下几个方面。

1. 时政主题“浅”做，民生话题“巧”做

新媒体时代是以用户为中心，内容高度匹配用户价值的时代；新媒体时代也是圈层凝固、个性消费的时代；但新媒体时代更应是主流价值彰显，舆论引导与公益服务的时代。媒体融合奖在鼓励主流媒体把新技术、新理念、新手段服务于国家发展、社会进步和人民生活水平提升、倡导正向价值引导、纠正不良发展上责无旁贷。尤其是要把高、大、上的政治主题做得上达天下接地、入脑入心，这是近年来融合创新的重要命题。

第一，重大时政主题“浅”做。“浅”做意指重大时政报道中凝练主题出发点，切中动态高潮点，找准人物故事点，寻求情感共鸣点，从而让报道适应移动传播，这是近年来时政主题报道创新的方法之一。重大题材契合碎片化、可视化、移动化的趋势，化大为小，化整为零，但又保持完整统一的气质。央视系列短视频“习近平的故事”、光明日报“光明的故事”无不如此。其中短视频新闻一等奖作品《鼓岭！鼓岭！》讲述了时任福州市委书记习近平亲自促成的一段中美民间交往的故事，真实细腻地表现了习近平同志细致入微的人文关怀以及美国老人加德纳发自肺腑的异乡“乡愁”。

“浅”做也指把重大主题化为日常化、生活化的事物，进入寻常百姓家。

新媒体创意互动一等奖作品《父亲·我们·时代》聚焦改革开放40年，以油画《父亲》的画框聚焦40年改革开放的节点，以父辈的眼神为魂魄，“穿越”40年改革奋斗者的历程，以父子（女）的同框鼓舞新一代开启新征程。其中的短视频作品以37年前的油画《父亲》开篇，把画框这一元素贯穿全片，通过父辈的眼神穿越，回望40年来一幕幕“点睛”时刻，首尾“父亲”形象相呼应，显示出人民注视“父亲”，“父亲”也在注视着人民，见证春苗破土、春风化雨，目送中国人迈向新的历程。在中心人物选择上，邀请第一代改革者严宏昌、胡福明、马胜利、姜维等人的子女讲述父辈故事，在聊父亲的同时，勾勒出改革开放40年的奋斗图卷。结尾处，“老羚羊舍命为小羚羊打开一条生命通道”的故事点出中国共产党人的改革初心和历史担当。

“浅”做还指以可视化的方式直观呈现复杂信息，化繁为简，满足指尖移动交互。比如，新媒体报道界面二等奖作品《震撼！一张长图带你领略港珠澳大桥》，以记者现场报道信息为基础，以“实景长图”为可视化手段，高效直观呈现长达55公里的港珠澳大桥的全貌与细节，长图深藏独家信息，将枯燥的数据和新闻背后的复杂逻辑转化为直观易懂的图形。

第二，民生话题“巧”做。获奖作品把与老百姓息息相关的民生问题与时代背景相勾连，把平凡人的不平凡事讲得精彩。

“巧”做指把小人物做出大情怀，将平凡人的闪光点与社会大主题和时代大背景相连接，以对小人物的关照折射国家和社会的发展。短视频新闻一等奖《臊子书记》讲述天津大学青年教师宋鹏到甘肃沙湾镇大寨村创新扶贫的故事，他积极挖掘当地特色，以沙湾臊子为抓手，利用“互联网＋扶贫”带领村民打造全链条式电商产业，因地制宜走出一条“带不走的幸福路”，以点带面呈现出精准扶贫的大主题，折射出扶贫干部在全面打赢脱贫攻坚战道路上不懈奋斗的大情怀。

“巧”做也指把小人物做得大出彩，充分发挥融合创新手段，生动呈现普通人物闪光的故事和细节。短视频新闻二等奖作品《上桥，今天和溜索说再见》，契合凉山最后一座溜索改桥项目贯通、民族地区正式结束溜索时代的大背景，以对坪镇一位在金沙江畔生活的乡村教师邹金萍自述的方式，讲述她最后一次走“老路”过江的故事，并穿插其前后的细节对比。人物设计呈现真实，场景聚焦，表现自然。

2. 突发报道“深”做，舆论监督“实”做

此次媒体融合作品在围绕党和国家的重大事件、活动上精心策划、创新报道同时，也关注新闻突发事件，快速及时传播信息，揭示真相，并加强舆论监督报道，抨击时弊。

第一，突发报道“深”做。本届获奖的一些新闻突发性报道，力求“深”做，在信息挖掘、深度拓展、整体真实上下功夫，从而避免了碎片化语境下支离破碎信息泛滥的问题，对于澄清谬误、引领主流舆论方向起到了导向作用。

尤其是相对于上届评选，移动直播类的参选作品在新闻快反意识上有了较大提升。移动直播一等奖作品《直击7·5泰国普吉游船倾覆事故现场 救援仍在进行》针对与我国尤其是浙江有密切利害关系的重大突发事件，迅速整合团队和技术力量，通过图文、视频等多样态的直播形式，及时、全面、高效传播信息。

第二，舆论监督“实”做。本届媒体融合奖积极鼓励舆论监督报道，倡导监督报道利用新媒体手段抓“实”真问题，做“实”证据链，揭恶扬善，推动社会良性发展。

在短视频新闻二等奖《重磅！北京同仁堂蜂蜜：过期品送入原料库还涉嫌更改生产日期》中，记者深入调查江苏盐城滨海的北京同仁堂蜂业委托生产商将大量过期蜂蜜回收进原料库事件，以充分证据揭露了某些企业蒙混过关及知名企业的管理漏洞，为知名品牌的健康发展敲响警钟，并建设性地推动问题得到解决。

二、央级媒体引领，地方迎头追赶

此次媒体融合奖，央级媒体发力标杆性创新。本届媒体融合奖一大亮点是，在央级媒体的引领下，省地市级媒体迎头赶上，呈现出多头并进的趋势，这一定程度反映出媒体融合区域下沉与整体推进的效果，不仅体现了融合发展5年来的成效，也反映出媒体融合奖的引领示范作用。

1. 央级媒体标杆性创新

此次媒体融合奖，中央级媒体尤其是人民日报、新华社、中央广播电视

总台继续领跑媒体融合发展，在主题价值、理念视野、报道规模、技术引领以及产品规范等方面都能树立标杆，成为刷屏与爆款之作。

一是理念指引。获奖作品在生产创新理念上能够指引业界发展，特别奖作品——人民日报的系列微视频《中国一分钟》以一分钟包罗万象，承载中国，把宏大叙事微缩在时间刻度中。所谓“一沙一世界，一花一天国，君掌盛无边，刹那含永劫”，一分钟承载无限，该系列微视频极具辩证思维和新媒体传播理念，非常巧妙地把新媒体的“小”与“大”、瞬间与永恒、碎片与整体、大数据背景与细节呈现对立统一地表现出来。该系列微视频线上阅读播放量超过 24 亿人次，线下覆盖用户数超过 2.5 亿人，人民日报微信公众号所有推文均为“10 万 +”，微博话题阅读量超 9.4 亿人次，参与讨论人数达 46.9 万人，占据微博热搜榜首位，成为 2018 年的爆款之作，也带动了许多地方媒体的效仿。

二是技术引领。技术赋能是融合创新发展的基础。本届获奖作品在技术延展的同时，也出现了智能技术的发展。融合创新二等奖作品《“媒体大脑”想陪你聊聊“两高”这五年》是依托于国内第一个媒体智能平台“媒体大脑”生产出的视频。在 2018 年全国两会报道中，新华社结合人大会议重大议程，全面使用智能采集、语音合成、人脸识别、版权监测、用户画像等技术功能形成数据可视化新闻。视频开创了国内人工智能生产视频的先河，引领了智能生产、智能分发的智能媒体发展趋势，具有极强的示范意义和引领作用，在国内外都具有较强的影响力。

三是创意引领。创意是利用新媒体技术对已有元素的重新组合，创意成为新媒体产品创新的主要增长点，原创是融合奖着力鼓励的方向。新媒体创意互动一等奖作品《幸福照相馆》，以“团圆”为主题，以“多人脸融合”技术为基础，以“全家福”照片为互动形式，致敬改革开放 40 年。用户分别上传自己和家人的照片，一键式操作，就可以打破时空束缚，生成一张不同年代的全家福，把 40 年的家庭变迁融于改革开放的时代大潮中，把改革开放融于简洁的创意中，把创意融于高效的交互中。

2. 地方媒体迎头赶上

从一等奖和整体获奖数量上看，此次媒体融合奖都能反映出地方媒体在中央媒体的融合改革引领下、在区域融媒体中心建设推动下的迎头赶超。需要指出的是，地方获奖作品不仅体现出其在技术与形态上的融合创新，更在选题把握和主题凝练上做到了“上天入地”。所谓题材是本地的，主题是中国的，即如何具有国家和社会发展的视野，既围绕党的方针政策和中心工作，又能切合本土视角，深耕本地资源，做出有时代特色和本土特点的作品。从这个角度而言，媒体融合产品与传统新闻产品别无二致。

首先，地方主流媒体是社会守望者，它要随时监测“海上不测风云”，传播信息，为本土本乡服务。比如，《受暴雨影响陕西汉中略阳五龙洞成孤岛　直升机急运物资》是陕西广播电视台用手机端进行的突发灾害性报道，服务本地民生。短视频新闻二等奖《生死时速！患者心脏骤停，桂林女医生跟着病床边跑边做心肺复苏》等都无不如此。

其次，地方主流媒体也需关照国计民生，以国家政策切入本地行动。融合创新二等奖《百天千万扶贫行动》关注湖北省全省脱贫攻坚大局，以湖北长江云平台县级融媒体中心为执行依托实现全媒体助力脱贫。此外，移动直播二等奖《益阳南洞庭下塞湖拆围收官战》等都秉承了本地题材和国家战略这一理念。

三、稳中求变的融合创新

与首届媒体融合奖相比，总体上，本届媒体融合奖在技术和形态创新上并没有特别惊艳之作，技术的开发和使用稳中求变，融合创新更多在内容表达和技术延展上下功夫。融合、可视、垂直、沉浸、社交、场景等产品体验继续深入探索，媒体融合类六大奖项产品边界不断清晰。

1. 短视频与 H5 分庭抗礼

适应于移动端传播视频化、视频碎片化、碎片移动化的风口，短视频新闻仍然是主流媒体融合创新的主要产品，也是媒体融合奖参评作品的主力军。单从短视频新闻这一类而言，此次入围终评的作品就达到了 31 件，这还不包括融合创新类的短视频作品。相较于第一届，本次短视频新闻的规则略作修订，从“短视频新闻作品不超过 10 分钟”修订为“短视频新闻作品不超过 8 分钟”，短小精悍更适合移动端传播。

本次参评作品中基于技术创新的方法与手段并没有太多新的突破，而是对已有技术的不断深挖，在技术适配于内容、适配于人需上下功夫。在众多的产品中，移动端H5技术的深入开发仍然是融合创新的主力军，这也是媒体适应“全息媒体”的发展而继续进行的探索。其中作品《海拔四千米之上》在H5的产品中融入了360全景图片、视频（普通拍摄+航拍+延时拍摄）、定点VR视频、漫游VR视频、互动热点等方式，移动端封面采用了随机打开可变技术，最终实现了多种技术和表现形式的融合。

2. 全媒体线上线下共振

此次媒体融合奖作品也呈现出线上互动和线下互动的全方位结合，体现出互联网产品的全程全效。融合创新二等奖作品《时光博物馆》系列报道结合线上主题报道与线下创意体验，把伟大时代聚焦于每一个国人的生活与成长、拼搏与奋斗之上，通过北京、上海、深圳等城市的5大实体场馆、9大互动创意体验的形式，把时代发展中一个个衣食住行的细小变化与个人记忆串起来，将改革开放给人民生活带来的最深切的变化进行具象化呈现，诠释了“改革红利，与我有关”“中国有我，时光有我”的主题。

3. 融到深处，回归内容

在本届融合精品中，许多创新作品不仅注重新技术的使用，还关注了内容的深度挖掘和技术对内容表现和传播的适配性。所谓“融到深处，回归内容”，内容是根本，媒体融合是一个过程，而最终的目的是让优质内容面向移动端，面向不断分化的用户，从而产生更大影响力。因此，在内容深度、满足人的需求和表现上下功夫是融合创新的本质所在。比如，融合创新一等奖作品《ofo迷途》针对2018年以来共享单车在我国迅速发展，行业进入深度调整期这一背景，深度调查领军企业ofo资金链断裂的问题，报道调动了11个城市的记者，包括北京、上海、广州、深圳、重庆、杭州、成都、武汉、南京、西安、济南，基本涵盖了共享单车竞争的主要城市。在充分进行实地采访和数据收集的基础上，制作成多媒体产品，“新闻内核够硬，传播手段够软”，不仅深入揭示共享单车企业的运营状况，也向投资机构和供应链企业提示了风险，为共享经济行业和创业公司的发展提供镜鉴。

四、参评作品的问题探析

媒体融合深入发展，第二届媒体融合奖也在改革中探索，参评作品也能折射出融合创新发展中的一些问题，值得我们分析思索。

1. 央级媒体发展不平衡

此次媒体融合奖，央级媒体获奖作品基本集中于人民日报、新华社、中央广播电视总台和光明日报等几大媒体，在22件获奖作品中，这几家媒体的作品占了18件，而其他央级媒体鲜有作品获奖。这也解释了获奖作品总数不变，地方媒体获奖数量超过央级媒体获奖数量这一现象。这个结果，一方面是因为地方媒体异军突起，但另一方面也部分反映出其他央级媒体融合创新的乏力。

在创新改革中，央级媒体承担着创新示范与引领的角色，在主流价值引导和技术、形态创新的结合上，央级媒体改革的引领角色需要强化。从这一点上而言，奖项评选理应起到激励和督促的作用。

2. 创新与创优

媒体融合奖强调创新，创新未必完美，但好的创新应是追求完美的过程。创新与创优是相辅相成的，创新不仅仅是技术或形式上单一要素的突破，而应该是和内容结合的整体考量。创优也蕴含着创新的元素，是在创新基础上的综合提升，从这一点而言，许多参评作品还有很大提升空间。在作品生产中，很多作品只停留于挖掘技术和形式上的创新，作品缺乏叙事的完整度和深度，对作品内在价值尤其是新闻价值的挖掘乏善可陈，从而缺乏创新基础上的创优。

比如，参评作品短视频新闻《惊险！大厦玻璃幕墙被台风吹落　记者报道时又遇玻璃从天而降》虽然抓住了受台风“山竹”影响，深圳一栋大厦玻璃外墙被狂风吹落的瞬间，也获得了很高的点击量，但是视频本身在新闻价值的挖掘和意义提升上不尽如人意，没有透过现象进一步挖掘出其本质。短视频《生死时速！患者心脏骤停，桂林女医生跟着病床边跑边做心肺复苏》虽体现了媒体生产和资源整合的开放趋势，但短视频本身也是停留在对现象的描述，而缺乏背景和意义的关联，其推文文字虽在视频基础上做了补充，但作为独立的短视频缺乏更深层的信息。这些作品虽然适应于互联网情感化、情绪化、碎片化的传播效应，能够短时间内获得刷屏，但来得快去得也快，很难产生真正的意义和影响力，因此，融合创新中，我们仍然要思考作品“有意思和有意义”的结合。此外，还有的参评作品尤其是短视频新闻作品，就是简单的宣传模式和空洞的口号，缺乏创意设计和生动的故事及细节，本身与新闻无缘，也与创优无缘。

3. 新闻性的加强

尽管有了第一届即第二十八届中国新闻奖媒体融合类短视频新闻一等奖《融水突围记》的引导，第二届媒体融合奖作品在新闻性上仍显不足，尤其是参评的短视频新闻仍然以策划性、主题性报道为主，凸显突发性、现场性、即时性的短、实、新的作品仍然不多。进入终评的新闻性作品本身为数不多，在短视频新闻 13 件获奖作品中，新闻性作品仅为 2 件，更有一些参评作品仅仅是专题片的简写版，甚至是形象片或宣传片的气质，这与评奖规则中的“新闻性强、即时性强”“时效性强、新闻价值大、现场感强”等要求都相去甚远。我们进一步分析，从融合产品折射出了生产和传播机制的问题，主流媒体融合改革更要从增量进入到存量，让主力军进入主战场，媒体融合作品真正能够担当起突发性现场新闻的发布，这也是媒体融合之应有大义。

4. 加强原创

在媒体融合发展中，边界被打破，要素在重组，纪实与创意相融合，抓取与设计相渗透，许多新闻作品也融入了策划和创意的手法，由此带来了创新，但也带来了创意的模仿与复制。从这一点而言，获奖作品更应强调原创，那些完全拷贝、模仿之作则与奖项无缘。在两届融合奖作品中，都有类似的、完全模仿他人之作，甚至不乏有影响力的作品完全拷贝国内外作品的创意，这样的做法不值得提倡。

5. 提升建议

把第二十八届和第二十九届媒体融合奖获奖作品结合起来考量，坚持“先进技术为支撑，内容建设为根本”，我们应该加强融合思维、碎片思维（整体思维）、极致思维和社交思维。

第一，融合思维。有人说，互联网是“母媒介”，是一切媒介的媒介，把过去的媒介形式都融合在其中。在融媒体作品中，我们看到了过去的连环画、漫画、版画、沙画等形式的创新运用，如《天渠：遵义老支书黄大发 36 年引水修渠记》《H5 | 改革开放 40 年 · 长沙有多“长”》《震撼！一张长图带你领略港珠澳大桥》等；我们看到了动画、无人机航拍、信息与数据可

视化、虚拟现实（VR）、增强现实（MR）、混合现实（AR）等技术叠加与融合的创新，如《公仆之路》《无人机航拍　换个姿势看报告》《全息交互看报告》；也看到了文字、图片、视频、音频等各种媒介形式的融合创新，如《ofo 迷途》《海拔四千米之上》等。从内容本身而言，媒介边界、技术边界、类型边界、形态边界都在突破、融合、重构。因此，创作者的融合思维是形成创新创优的重要思维形式。反观一些参评作品，过于简单化，单纯套用某种技术，把传统的文字或视频简单进行转换，缺乏整体的设计与创意，缺乏化学效应的融合，只得躯壳而无实质。

第二，碎片思维（整体思维）。适应移动端碎片化的消费方式，创作者一方面要具备碎片化的思维，使产品高度凝练、迅速切入主题和高潮，短小精悍，以一当十。以短视频为例，产品很难娓娓道来，更忌讳平铺直叙，但有的参评作品无异于传统的专题片和宣传片，主题模糊，节奏缓慢，特点分散，形态老套。另一方面，碎片化不等于零碎、片段甚至是缺损。碎片和整体是辩证统一的。创作者需具有整体思维和历史思维，横纵对比，厘清性质，体现出整体真实。

一是碎片化更需要创作者对事件的整体深入理解，从而高度凝练出精髓，直击主题，引出亮点，比如《公仆之路》。

二是碎片化不是支离破碎，而是更细微的整体和系统，作品需体现出事件的完整性、角度的多元化、背景的深度以及价值的提升，比如《柳州融水突围记》《网红店假排队调查》《重磅！北京同仁堂蜂蜜：过期品送入原料库还涉嫌更改生产日期》。所谓一寸短一寸险，这无疑是对创作者更大的考验。从现有的一些参评作品而言，要么只关注技术和形态的创新，要么呈现某个事件的片段，而忽略了事件的整体性、作品的系统性和背景的延展性，这就和互联网上缺乏整体意义的碎片化信息无异。

第三，极致思维。在新媒体语境下，产品如何在短时间内给用户留下深刻印象，极致的叙事和表现手法就成为一种解决方案，即把一种元素或手法用到极致，突出放大，一以贯之，从而形成对主题的强势解读和诠释。比如《父亲·我们·时代》的画框、《公仆之路》的一镜到底、《中国一分钟》的“一分钟”排比叙事等，无不是在最短的时间内给主题以强势的突出和放大。

第四，社交思维。社交思维蕴含着用户思维和互动思维，以用户为中心，让信息成为聚集用户黏性的载体，把报道发布变为媒体与用户连接的起点，而不是传统上的传播终结。在产品中贯穿社交思维，考虑产品被分享、转发、评论的价值，把用户作为传播的一个个节点和放大器，从而获得广泛影响力，这也是获奖作品能成为爆款和刷屏之作的要诀，比如《军装照“H5”》《央广主播的朋友圈》《幸福照相馆》等。

纵观两届媒体融合奖的精品，好的作品往往要处理好两组关系。一是互动与内容的关系。作品不是为了互动而互动，互动是为叙事服务、为讲故事服务，互动是为场景营造服务，而不是增加用户理解信息的负担，比如《天渠：遵义老支书黄大发 36 年引水修渠记》。而反观一些产品，只有互动的躯壳而无内在的意义，互动无法带来信息量和体验的愉悦，是无效互动。二是信息丰富和简洁易得的关系。作品叙事高度简洁，界面友好，既有信息量和体验的丰富性又有易得性，无论是功能设计还是页面设计都有高度的指向和主线叙事，方便用户获取信息和体验，而不是被繁杂的信息干扰，比如《海拔四千米之上》《ofo 迷途》等。

总体而言，第二十九届中国新闻奖媒体融合奖作品是主流媒体融合创新集中展示的窗口，反映了主流媒体在内容、渠道、技术、平台、体制、机制的融合改革成果，对于引领媒体融合发展中的创新与创优具有一定的指导意义。本届获奖作品所呈现出的稳中求变的态势和内容深度挖掘，反映出媒体融合向深度突破的现实。媒体融合不是目的而是途径和手段，其最终目的是为打造新型主流媒体，建设全媒体现代传播体系，为加强社会主义文化建设，壮大主流思想舆论，凝心聚力而服务。从这个角度而言，中国新闻奖媒体融合奖的评选也应当不断创新，完善规则，凝聚精品力作，为引导推动媒体融合质变而努力。

（作者为中国传媒大学电视学院党委书记）

◆ 创作分享（一）»»

▶《幸福照相馆》：最大的爆款是触达人心的温暖力量

张晓丽

《幸福照相馆》是和我的孩子一起长大的，从创意想法到与用户见面，这个过程就和怀孕生孩子一样，有困难，有感动，更多是幸福！

一、《幸福照相馆》的创意来源于一个广告

2017年初冬的一个下午，我们和互联网公司的小伙伴进行了一场“头脑风暴”，希望能在春节期间推出一个好玩的活动。在看了很多小视频后，我深深地被一个相机广告打动了！

这个广告讲述了一个家庭团圆的故事。全家福里的父亲把手轻轻地放在旁边的空凳子上，盼着远在他乡的儿子回家。儿子本来没有回老家的计划，看到了这张缺憾的、唯独少了他的照片，义无反顾地踏上了回老家的路，最后这一家人终于拍摄了一张真正的全家福。在这个故事里，最令我感动的就是空一个位子的全家福。

对于中国人来说，一张温馨的全家福，不仅能定格家庭的美好记忆，也见证着时代的发展变迁。很多家庭会举家前往照相馆，换上大方得体的衣服，按照长幼位置坐好，由摄影师掌镜，拍一张全家福照片。这张全家福承载记忆、定格时间、凝聚亲情，表达家庭成员对家庭和谐的向往和对家庭圆满的纪念。

但是随着社会的进步、交通越来越便利、物质生活越来越好，我们可选择的过年方式也越来越多，这让相聚在一起变成了一种奢侈，让一张全家福

变得极其珍贵！因此，我们想，可不可以利用最新的科技去完成拍摄全家福的心愿呢？所以我们就做了《幸福照相馆》。

《幸福照相馆》的创意本身，让拍全家福这件看似简单的事情富有更多意义——无论是时光倒流的追忆，还是为因种种原因无法在这个春节拍摄全家福的人们完成愿望，都能够触及人们最为真实的亲情记忆。《幸福照相馆》不仅能为每一个小家实现团圆的梦想，还能通过改革开放40年来具有时代特征的场景，将小家的幸福瞬间与国家的发展记忆巧妙结合，“家是最小国，国是最大家”，家与国在团圆的美好憧憬中融为一体。

二、首创多人脸融合技术助力精准内容的表现

创意有了，实现起来，却非常困难。单人的人脸识别相对比较容易，但是多人就不仅仅是一个简单的加法问题。

首先是内容。一幅幅全家福体现了改革开放所带来的巨大变化。从服装的颜色、款式到背景的设置都必须真实还原历史原貌。作为主流媒体推出的新媒体产品，必须保证原始素材的准确性。为此，我们到中国照相馆，从这40年中一批极具各年代特征的全家福的老照片中，寻找每个时代不同的特点。为了达到最佳效果，制作团队专门进棚拍摄。以10年为一个时代，搭棚拍摄了4个年代的底版，作为素材主题运用于其中。此次模板共推出50套样式。

其次是技术。如何在一张照片中同时呈现多张面孔，还能看起来毫无违和感？这就需要突破两大难点。一方面，用户直接上传最近的照片，需要突破时空限制，瞬间“穿越”回各个年代。想要还原20年前、30年前的容貌，例如给爷爷奶奶、爸爸妈妈补上一张当年的全家福，就需要大量的算法。另一方面，由于用户上传的个人照都是在不同环境下拍摄的，光线也不一样，需要让大家回到同一时空，避免违和失真。

我们不断地和技术团队进行磨合，不仅使用了人脸融合技术，还运用了肤色修正的一套办法。技术人员去分析用户脸上的光照，然后设计光线的综合算法，包括亮度的调节和色温的融合，将它们都调整到统一的维度之后再应用上去。高科技多管齐下，最终让大家的这场“穿越”之旅效果真实又充满惊喜。为了更好地实现用户体验，一批以80后、90后为主的技术人员一

次次地推衍和改进细节。距离除夕还有 7 天的时候，150 多人的团队还在为产品最后的上线做准备。

三、多平台资源合作打造有温度的融媒体产品

终于，《幸福照相馆》上线了，交互的方式很简单，只需通过在线上传个人照，便可以定制独具个性的全家福。央视财经新媒体在“两微一端”首发这个产品，并联动全国 138 家主流媒体、全国铁路系统 385 家新媒体、共青团中央，以及 78 家知名企业联合转载参与活动，形成了全国性、立体化推广策略。

我们还特别在腾讯社交广告推出了春节限时定制款朋友圈翻转式卡片广告，也通过别具一格的创新方式助推《幸福照相馆》。

此外，裂变传播也逐步扩大了用户群。当用户在朋友圈或者其他群聊里进行分享和转发时，就形成了以每个用户为节点、朋友之间相互叠套的多级传播网络，他们彼此相互渗透，让越来越多的人加入到传播的队伍中，从而将传播模式由传统的点对面传播发展为以人际点对点为基础的网状精准传播，将传播化被动转为主动。

我们还和众多媒体、企业合作，推出《幸福照相馆》的联名款，利用他们的平台进行发布和推广。

2018 年春节，《幸福照相馆》上线，用户触达 173 个国家和地区，PV 超过1670万，UV超过1012万，帮助超过500万个家庭实现了制作全家福的梦想。

回顾创作和传播过程，我们深切地感受到，媒体融合发展是一项复杂的系统工程，也是一场划时代的变革与创新。传统媒体优势集中在公信力、权威性和专业度，网络媒体的优势则在于信息传播的覆盖面、触达率和互动性。在推进媒体融合实践中，我们要用优质内容、先进的创新，多平台资源无缝嫁接，同时以创意的温度、技术的精度、叠加融合的广度，“三度合一”打造融合发展的价值增量。

温暖是《幸福照相馆》最根本的主题，互联网技术让想象变成可能，而国家和小家的统一和融合就是作品的最高立意。

（作者单位：中央广播电视总台财经节目中心）

▶《父亲·我们·时代》：探寻主题产品的融合之道

徐壮志

在第二十九届中国新闻奖评选中，新华社纪念改革开放40年的创意互动产品《父亲·我们·时代》获得一等奖。

这是新华社针对重大主题报道的一次创新探索。我们从通常集中力量做一个短片的习惯中跳出来，做了一个“短片+线上线下互动”的产品，其中，主打微视频播放超过2.1亿次，H5线上互动“与时代同框”参与人数达510万人次，参与在北京、上海、深圳三地线下活动的实际拍摄人数超过1.8万人次。我们还围绕主打微视频所涉及的故事，依托新华社著名微纪录片栏目“国家相册”，制作了5集“国家相册”节目，拓展主题片影响，播放量也过了亿次。这是新华社近年融合创新的一个新作，对我们来说，有许多示范性的意义。

一、提高重大主题互动融合的感染力，使它有温度

在产品中，我们用了一个“父亲”的暖心概念，通过年轻一代的视角，打通不同年龄段受众间的代沟。改革开放40年，时间跨度大，巨变幅度更大，60后、70后和90后、00后之间的代沟既深且宽，如何让不同年龄段的人都能在产品中找到关注点？我们从改革开放初期的著名油画《父亲》出发，把关注点放在了“父亲”上，从下一代的角度来看待和讲述改革开放故事。这样，既可以从年轻一代的立场来观照和讲述，与年轻一代形成思想共振，又以“父

亲”这一具有亲近感的概念，拉近不同时代间的感情距离。在整体上又通过两代人，展示了改革开放40年所发生的历史巨变。从效果来看，许多人在评论中回忆自己的父辈，在线上线下活动中，有些人都是携家人一起参加。

二、走出浅层互动融合，使它有深度

纪念报道，通常容易落入一个俗套：忆苦思甜。展现过去的落后与今天的进步繁荣，得出关于优越性的共同结论。

我们在产品创作中，首先确立一个目标：不停留在忆苦思甜的思维层面，要找一个有深度的内核，找到能唤起人们共同回忆、引发人们共同思考的时代特点。经过漫长的学习和反复讨论，最后，我们终于跳出忆苦思甜的窠臼，关注不安于现状敢于突破的激情，这种激情在一代代人身上延伸，从父亲到我们，这就是改革时代的共性。所以，总编辑亲自给产品定题：“父亲·我们·时代”。

三、突破产品、互动各自的套路，使它们有机融合

在产品创作中，难点是打通主题视频与互动活动。庆祝改革开放40周年是大事，无论是主题短视频还是互动产品，都非常多。但我们要让最重磅的主题短视频本身成为一个互动产品的一部分，这个难度很大。在融合中，我们没有简单地把视频嵌入互动，而是尝试让视频和产品深度融合。视频中有一个重要的标志，就是相框。线上线下互动活动，正是依托相框开展的。只有这样，互动活动和短视频才真正实现了融合，它们拥有共同的核心意象而又各具功能。在短视频中，相框里是父辈的历史照片。在互动中，相框和它们是一体的。

四、利用好融合技术，使它具有更强传播力

在产品创作中，一个重要的创新就是相框。相框来自油画《父亲》，是改革开放初期画家罗中立著名的获奖作品。我们认为，他代表了改革开放前

中国人的困苦和渴望。在视频创意过程中，我们把这个相框作为一个主要意象设计了出来。在作品中，相框不断出现，框中，是过去，框外，是今天。我们还给同样的人，用几十年前同样的姿态拍照，展示鲜明的时代变化。一个框，使两个不同的时代，融合在了同一个画面里，使得视频的表达力、冲击力和信息量一下子提高了。在线上线下互动中，我们也突出了不同时代的“穿越”元素，使改革开放前后的巨变同框出现在受众身边。此外，我们在片中用了一个很长的特效镜头，用一个迅速生长的城市展示深圳发展的奇迹，受到了许多好评。

（作者单位：新华社全媒编辑中心）

▶《ofo 迷途》：创新新闻传达形式

余　进

2018 年年底，ofo 危机逐步显露，零散的报道占领舆论场，实际运营和债务仍然存在盲区。我们在思考如何采用最直观的形式呈现给用户时，首先想到的是融媒体形式。在构思的过程中发现了几个问题，ofo 是明星企业，这个企业没有上市，公开披露信息十分有限和混杂，并非我们长期做上市公司报道记者的擅长领域，没有类似成熟案例及操作经验供参考。我们的整个创作基本是从零开始，而且是原创，涉及多个工种合作，包括记者、编辑、产品设计师、视觉设计师、技术人员等很多部门的人员。在协调沟通和工作时就面临着很多问题，这也是媒体在转型过程中普遍面临的问题，我们依然迎难而上，马上成立了一个超过 20 人的临时报道组。

我们认为任何新闻都需要到现场去。由于全国布局的优势，我们的记者现场走访了 10 多个城市，包括北京、上海、深圳、杭州、成都、西安、济南等，都是工作人员到现场实地采访，拿到了高峰时期主要商圈的一手情况，探寻了 ofo 的办公地点，拍摄了现场的图片和视频。

产品创作人员一共有 21 人。我们是从传统媒体转型而来，主要分工是：整合编辑 1 人，产品设计师 1 人，视觉设计师 2 人，视频拍摄 2 人。这样的分工与我们的实体操作相关，我们的操作主要包括文字、视频、图片的现场收集。因为当时已经出现了用户退押金退不了的情况，所以我们一定要找到 ofo 的办公室，一定要采访到员工，一定要拿到监管数据，整合编辑负责后台的包装和内容的打造。产品统筹、产品设计师主要是设计在移动端的模型，视觉设计师主要负责地面设计和整个海报的视觉呈现，技术开发是保证整个产品的编程，继而实现整个交付逻辑。最后我们探讨了融媒体怎么融的问题。之前我们已经在短视频、可视化和交互报道上做了一些尝试，短视频已经是报道标配，数据新闻策划已经成为重要手段，利用商业数据挖掘进行可视化的解读呈现是必要的配套形式。

首先是常规的文字报道，文字依然是大家目前接受的主要方式，我们以微信对话方式，呈现了文字报道；其次是在第二个页面下面，可以看到 3 篇关于该城市的深度报告；最后是点击进去以后的详细报道形式。我们在 10 多个城市拍摄的上千张的图片，有街道投放的情况、办公室的切断、ofo 在回收时处理和废弃的情况和其他共享单位进行对比的一些情况等。

我们对投资人所在的城市、ofo 在各个城市的运营情况、员工的数量、客户等均进行了可视化包装。从这些展示的图示中可以看出，ofo 投诉量在 1 月飙升到 1324%，这样可以看到 ofo 的实际运营，而通过文字不能知道它到底处于什么样的情况。视频是目前媒体信息传播最真实的传播方式。所有的城市界面都在后期设置了数十个短视频，各个城市的用户肯定对自己的城市情况最感兴趣，可以选择性观看；而数据也可以进行交互，可以筛选具体信息。比如我是成都人，我可以看成都的实际情况，如果有兴趣，还可以看其他城市的情况，这就做到了千人千面。

制作完成后，我们采取了多元化发布渠道进行传播，《ofo 迷途》这一产品通过每日经济新闻的微博、微信、每经 App 等进行了发布，在每日经济新闻的微博上达到了 200 多万人次的阅读量，产生了很深的影响。

（作者单位：每日经济新闻）

▶ 极致的作品背后是“极致的汗水”

——《海拔四千米之上》采拍、制作幕后

李云芳

每次点开《海拔四千米之上》时，就想起曾经为了采拍、制作这个作品饱受的那些“折磨”。

三江源国家公园试点是中国首个国家公园体制试点，为见证和记录国家公园体制在三江源的探索落地过程，澎湃新闻策划了《海拔四千米之上》这一专题。

专题从 2018 年 2 月就开始酝酿、筹划，澎湃新闻整合组成了约 40 人的前后方报道团队。

参与一线采访的记者要么是从海拔 2 米多的上海，要么是从海拔 40 多米的北京，被派遣到海拔 4000 米之上的三江源国家公园，还携带着无人机、照相机、360 相机、三脚架等各种设备，在青藏高原上历时 3 个多月，累计跋涉约万里。

三江源国家公园地域广大，交通不便，且高原上气候恶劣、地形复杂，一线采访人员先后碰到了高原反应、紫外线灼伤、耳朵失聪等各种困难。

参与这次采访的一个海归记者唐筱岚说，最开始很兴奋，但是到了地方才发现，事情并不简单。她去了两次，进了两次医院。7 月第一次去是因为高原反应比较严重，加上每天工作时间长，就进了医院的吸氧室。8 月第二次去的时候适应了，没有高原反应了，还能熟练地在高原爬山，甚至在医院测血氧饱和量还击败了其他所有同事，可这次耳朵却被紫外线烫起了泡。

澎湃新闻的直播记者张成杰在昆仑山中段最东端的最高峰玉珠峰北坡

直播时，因高原山间风力强劲，气温偏低，在寒风中口播时一直受冻。接受采访的当地藏族阿姨都用围巾包裹着脸部，还一直让直播记者把脸围起来，阿姨说：“快把脸挡上呀，都吹坏了。”我们直播记者说：“我们在直播，不能挡。”

在去采访扎苏煤矿和达哈煤矿“矿疤”修复情况时，正逢降雨频繁的季节——9月，通天河的支流冬布里曲涨水，冲垮了必经之路上的桥梁。为了完成拍摄，记者先开车抵达河边，推了一辆摩托车过河，然后骑上摩托车抵达目的地完成了拍摄。其间，一线记者还在地上发现了大型动物的脚印，一度十分紧张。

为了采访三江源国家公园内“人兽冲突”的相关内容，记者决定去最典型的一个地方——青海玉树州治多县索加乡。从县城开车到乡里需要4—6个小时，早上出发，但中午后就和后方失去了联系。后方编辑部十分紧张，每隔半小时就拨打一次电话，但一直无法接通，后来还动用了多方力量来寻找，但一整夜都没有联系上。当时后方非常紧张，十分担心：那地方在可可西里隔壁，马上就想到了电影里的流沙；工作是去采访熊类袭击人类的内容，会不会半路记者就遇到熊袭击了；车会不会抛锚在半路，没吃的没喝的，困坐原地等待救援了……一想到这就又赶紧加大打电话的频度。直到次日早上，前方记者回电了，说离开县城后不久就没了信号，中途发现一户牧民家被熊袭击过好几次，人还险些丧命，是采访主题的绝佳典型，因此当晚就在这户牧民家旁边住下了。

视频记者张新燕说，在高原地区，一切在平原地带顺理成章的事情都变得很复杂。只有在镇里手机才有信号，想采访村民却找不到；汽车开出县城就是大草原，真正体会到了什么叫地广人稀。去一个采访对象家里，单程开车6小时，有时候还需要步行很长时间，记者互相打趣：“你们看到前面那块石头了吗？到那个地方，我们休息5分钟！”有的记者在现场采访的时候，还在手机里设置了“脱离苦海倒计时”。

一位老记者直言，这是“职业生涯最艰苦的采访，没有之一”。正是这样在第一线跑出来的新闻素材，为制作极致的产品打下了坚实的基础。

再谈一下策划方面。一开始，项目团队就筹划打造一个新媒体产品。考虑到国家公园是大美之地，且能够有机会抵达现场的人始终是少数，因此决定做一个体验感比较强的产品，这显然是 VR 视频的长处。最终产品的基本结构，就是精美的引子视频 + 多层嵌合的漫游 VR 视频。

这个 H5 产品项目代码的开发是由澎湃新闻的产品工程师季国亮制作。产品里视频短片和 VR 视频之间要彼此切换，引子视频切入 VR 视频，VR 视频里再插入弹窗视频。两者结合在一起同时使用，就会产生非常多的衔接问题。季国亮说："有些小问题看着很简单，但一解决就是一整天，伤了不少脑细胞。"

此外，产品需要适配 PC 端和移动客户端两类平台，PC 端的版本需要适配不同的浏览器，客户端的版本则需要适配各种不同品牌、不同型号、不同尺寸的手机。视觉内容的画面高清精美，但移动端网络速度条件有限制，因此对所有的内容又分别进行了优化，便于移动用户能够快速加载，提升在移动设备上的体验。

这个工作量非常大，工程师季国亮一直在办公室加班。项目开发最后冲刺时刻正好是 10 月 24 日，还是程序员节，他突然说要带家人去医院，到晚上 9 点时，突然发来一句"刚刚，喜得千金一枚"。大家很惊讶，他妻子怀孕、临产的事，竟然一直没有告诉同事，而且他在妻子临产前还一直在办公室加班。获得中国新闻奖后，季国亮说，希望能把奖杯送给在产品冲刺期间出生的女儿。

正是主创团队付出了这样"极致的汗水"，才得以向读者呈现了一个可供极致体验的作品，读者既能身临其境地感受到中国首个国家公园试点地的原真之美，也能从纵深阅读中理解试点工作的筚路蓝缕。

（作者单位：澎湃新闻）

◆ 专家点评 >>>

▶ 在万变的时代坚守不变

李 俊

中国新闻奖的评选要对历史负责，经得起时间的检验。

一件作品能不能对得起历史和时代，要交给时间去评说，今天我只谈谈个人的尺度。时代在变，媒体在变，当我们面对移动化、视频化、智能化、社交化一轮又一轮巨变的时候，在万变的时代找到不变、坚守不变，才能经得起时间的检验。从这个尺度看，以上的 4 件作品“各美其美”。

一、《幸福照相馆》 面对万变，人心不变

这件作品用“换脸技术”，为春节留下一张张同屏异地的全家福。全家福的仪式感背后，不变的是对万家灯火、家人团圆的渴望。

几年前，换脸技术还是个新东西，但是到今天，不但照片能换脸，连视频都能换脸，人工智能的深度换脸技术甚至能实现多人脸融合。换脸技术不是《幸福照相馆》的获奖理由，打动评委和网友的，是一张张全家福传递的温暖人心的感受。

熟悉中国新闻奖的人可能知道，获得过无数大奖的新华社短视频作品《红色气质》里面有一组全家福。县委书记焦裕禄心中装着全体人民，唯独没有他自己，导演合成了一张焦裕禄走入画面，与家人合影的全家福，“魂飞万里盼归来”，让观众泪如雨下。《幸福照相馆》正是巧妙地运用了 AI 技术，把改革开放 40 年人民对幸福、团圆的追求活生生地呈现出来。

二、《父亲・我们・时代》 面对万变，讲好故事的初心不变

讲故事的方式变了，但是讲好故事的追求和核心技术没有变。改革开放40年，波澜壮阔，从哪讲起？奥斯卡奖获得者、纪录片导演柯文思在介绍讲好中国故事的经验时说，与其向世界讲中国高铁的故事，不如讲讲高铁驾驶员的故事，更能打动人心。

《父亲・我们・时代》选择了著名油画《父亲》作为切入点，透过父亲迷茫中带着渴望的眼神，穿越40年风雷激荡的改革开放岁月，讲述面向未来的故事。给我印象最深的是蛇口的故事——“有一种羚羊被猎人追到悬崖边时，会迅速分成一老一少两群，老羊先跳出去，让小羊踩着自己的肩膀跳到对岸。我们共产党人能不能像这样，为下一代人打开一条生存的通道？”这是当年蛇口建设总指挥袁庚讲述的故事。“虽然我们已经走过了千山万水，但仍然需要不断地跋山涉水”。改革开放40年，不就是共产党人带领着亿万中国人为我们的下一代、再下一代打开生的通道的历史担当吗？理论是灰色的，而故事之树常青。媒体融合时代如何用新的技术、互动和叙事方式讲好中国故事，是新闻工作者不变的课题。

三、《ofo迷途》 面对万变，对新闻的追求不变

这是我们熟悉的新闻调查类报道。中国新闻奖是新闻类奖项评选，如果不用媒体融合手段记录新闻，那我们留给后代的历史，将是荒芜和空白的。这篇《ofo迷途》，用三维特稿或者多维特稿的方式来做新闻调查，揭示了共享单车的产业和资本迷局。互联网时代的深度报道怎么做？美国2012年有一组报道，叫《雪崩》，综合运用短视频新闻、航拍、数据可视化等丰富多彩的表现方式，报道了一次登山活动。这类集成式报道为我们在媒体融合时代发挥新闻调查的优势，提高新闻性、表现力提供了借鉴。

四、《海拔四千米之上》 面对万变，到现场去的坚持不变

看到这篇作品的时候，我想起了新华社的老社长郭超人。他当年写下不朽名篇《红旗插上珠穆朗玛峰》时，曾登抵海拔 6600 米的高度。他在登山日记中描述，当时的写作状态是用一只手把眼皮扒开，另一只手坚持写。通讯强大的感染力背后，那种身体力行的人格震撼，和排除万难抵达现场的职业追求，激励了一代又一代新闻工作者。“文传驯水，情系珠峰，半纪风云留彩笔；社崎环球，论标喉舌，一生心血献新华。”老一辈新闻工作者令人感佩。而我们今天采用这样的方式，也到了 4000 米之上记录新闻、记录历史，这本身就是用行动践行“四力”，向我们的优良传统致敬。有所不同的是作者选用了 VR 来进行报道，我印象中这也是 VR 第一次获得中国新闻奖短视频新闻的奖项，而 VR 最适合表现这种恢宏的、震撼的、大场景的新闻现场。

新闻记录历史，历史也铭记新闻。一部部融媒体获奖作品，是媒体融合向纵深推进的纪念碑。技术可以改变一切，但一切不能都被技术改变。人心的坚守、讲好故事的执着、新闻理想的坚持、到现场去的坚定，是我们身处万变时代中不动如山的初心。

（作者为中国搜索党委书记）

▶ “讲习所”：关于核心报道的探索和实践

金佳绪

“讲习所”是《学习进行时》融媒体专栏原创品牌栏目，创办于2015年，是新华网举全网之力打造的核心报道的主要渠道和载体。成立以来，“讲习所”始终深入学习贯彻习近平新时代中国特色社会主义思想，立足互联网特色，坚持“平台聚合、立体解读、全媒融合”的报道理念，以及“重、特、热”的报道模式，推出一系列原创性、创新性融媒体报道产品，栏目传播力、影响力不断增强。2019年，“讲习所”共推出原创作品310个，稿件平均转载量超过400家，单篇稿件最高转载量超过3000家，并有多部微视频传播量过亿。

第一，紧跟热点，抢占先机，实现热点全覆盖。“讲习所”始终坚持常态化的生产、研究、策划机制，紧跟习近平总书记重要活动，保持全天候响应，运用文章、“金句”、微信、微博、图解、H5等各种形式，第一时间为网民带来权威、精准的快热解读，保证核心报道在网上常有常新。

例如，在国家主席习近平2019年新年贺词的报道中，“讲习所”在电视转播结束1分钟内便推出全网首篇报道《2019出征号！习主席这些话激荡人心》，第一时间抢占各大主要媒体首页重要位置。随即又推出包括H5、音频、深度解读文章在内的全媒体“学习”套餐，精心选择发稿窗口、打好报道时间差，同时也满足了不同层次、不同喜好读者的阅读需求，掀起持续的网上传播热潮。

我们认识到，做好学习宣传习近平新时代中国特色社会主义思想这项长期工作，必须坚持常态化的思维意识，建立常态化的机制流程，只有久久为功，持续用力，才能在保持热度的基础上，不断拓展深度、开辟广度，从而让核心报道在网上天天见、天天新、天天深。

第二，抓住重点，系统解读，提升报道思想性。在习近平总书记地方考察、出访，以及全国两会、新中国成立70周年、"不忘初心、牢记使命"主题教育等重大题材报道中，"讲习所"主动设置议题，准确归纳、提炼习近平总书记重要讲话精神，深入挖掘、系统梳理习近平新时代中国特色社会主义思想的发展脉络和内在联系，推出"十九大后首次""习近平两会新语""习近平的2019"等50多组系列深度报道，让网友系统全面地掌握习近平新时代中国特色社会主义思想的理论脉络，提升理论修养。

例如，庆祝改革开放40周年前夕，"讲习所"推出系列融媒体报道《习近平改革六字诀》，从"诺""道""策""喻""力""功"6个方面，对改革开放40年特别是党的十八大以来的壮伟进程全面回顾梳理。"诺"讲决心与勇气；"道"阐述立场与原则；"策"聚焦方法与策略；"喻"突出语言特点；"力"诠释力度、广度、深度；"功"传递"久久为功"的态度和必然成功的信心。6篇稿件从不同角度和侧面，多维勾勒了6年来习近平总书记推动改革开放的顶层设计和强力部署，深入阐释习近平总书记关于深化改革开放的重要思想、重大布局、重要举措，成为庆祝改革开放40周年报道的重磅产品。

我们认识到，报道的思想性离不开策划的系统性。只有进行系统化的设计、系统化的梳理和系统化的阐释，才能不断拓展深度，把报道做特做优。

第三，突出特点，深入加工，拓展报道影响力。"讲习所"探索出"小切口再包装、碎片化再加工"的报道方式，快抓、巧抓新闻点，选取典型细节，浓缩呈现重大主题，同时通过巧妙轻简的设计，增强用户参与和情感共鸣。

例如，在习近平总书记参观庆祝改革开放40周年大型展览后推出的《曾让习近平驻足观看的三件展品》，抓住新华社侧记稿中披露的"习近平凝神观看、驻足良久"等生动细节，派出摄影记者到展厅拍摄相关展板，挖掘背后的故事。文章推出后迅速被多个微信公众号转发，全渠道阅读量达千万人次。

我们认识到，讲事实才能说服人，讲形象才能打动人，讲情感才能感染人，讲道理才能影响人，而这些都要通过细节来突出和表达。在网络传播时代，谁把握好细节、谁讲好了细节，谁就抓住了受众。

第四，创意引领，技术驱动，打造精品力作。“讲习所”深入研究受众分布与特点，立足“新角度、新创意、新技术”，坚持“创意为先、表达为要、内容为王”的指导思想，已经打造40多部既抓眼球又有内涵的重磅微视频，其中不乏传播量过亿的“爆款”，受到受众一致好评。

例如，围绕2019年元宵节，“讲习所”推出微视频《纸短情长》，以习近平总书记向不同群体和个人写的9封信为主要线索，综合运用MOCO无缝拍摄、反转比例微缩拍摄等先进技术手段，通过深入回访、暖心讲述、唯美呈现，生动反映总书记深厚的人民情怀，全渠道阅读量达1.1亿人次。此外，“讲习所”还深入探索微视频产品栏目化、品牌化，推出“讲习所开讲了”系列微视频，紧扣《习近平谈治国理政》第一卷、第二卷中相关重要内容，充分运用新华媒体创意工场MR智能演播厅、新华睿思大数据分析平台，以人景互动、情景交融的形式，创新式解读习近平新时代中国特色社会主义思想。

我们认识到，无论技术手段如何发展，习近平新时代中国特色社会主义思想才是内容之本，只有将习近平新时代中国特色社会主义思想吃透、用活，才能生产出直抵人心的精品力作。

当前，持久深入地宣传学习贯彻习近平新时代中国特色社会主义思想是全党全国的首要政治任务。“讲习所”将继续加大创新力度，提升融合水平，提高原创能力，立足互联网特色，打造更多符合主流媒体气质和主流媒体水准的主流产品，全面增强“四力”，让核心报道入脑入心，上接天线、下接地气，努力让党的创新理论“飞入寻常百姓家”，使习近平新时代中国特色社会主义思想的宣传成为网上最强音。

（作者单位：新华网新闻中心）

▶ “麻辣财经”：财经报道如何变得“麻辣”

李丽辉

麻辣财经工作室成立于 2016 年 10 月，是人民日报首批创立的媒体融合工作室之一。麻辣财经工作室的主创团队，是“五朵金花”——5 位来自人民日报经济社会部的女记者。“五朵金花”都是高级记者和主任记者，担任采访室和编辑室主编、副主编。这样一个高手云集的团队，作出的报道更有料，形成的合力和优势更加明显。

先介绍一下人民日报的融媒体工作室。它的主要机制是人民日报采编人员自由组合建立团队，在完成本职工作的同时，来从事新媒体的内容创作。每个工作室就像当年的小岗村一样，“村村点火，户户冒烟”，充分发挥编辑记者的积极主动性，做大融媒体的增量内容。

“麻辣财经”的主创成员，全部是高级记者和主任记者，担任采访室和编辑室的主编，活跃在新闻一线。这个团队本身，既承担着给人民日报版面的报道任务，也承担着媒体融合发展的任务，为新媒体平台提供报道内容。

成立以来，“麻辣财经”已发布新闻报道、评论、视频、H5 等作品 600 多篇，其中 1/3 的稿件落地人民日报版面，真正实现了新媒体与报纸之间的融合。很多稿件被网络媒体广泛转载，点击率达到“100 万 +”。多篇稿件在全网推送并向海外传播，在社会上形成了较强影响力。2019 年 11 月，“麻辣财经”作为人民日报新媒体品牌栏目，荣获中国新闻奖一等奖。

一、做新闻“轻骑兵”，快速出击、灵活精准

“麻辣财经”的报道方向，以财经新闻为主。财经领域的报道相对比较专业，但又与百姓切身利益密切相关。“麻辣财经”就是想把财经新闻做成百姓的“家常菜”，让大家看得“有滋有味”，实现与报纸的联动、融合、互补。

融媒体工作室就像新闻“轻骑兵”，具有快速、灵活、精准的特点。作为工作室成员，集思广益、协同作战的时候更多。协同作战的优势在于：一是热点大家都盯着，选题范围更广；二是提供意见和建议，让作者的思路更开阔；三是大家定调把关，力求有锋芒、无纰漏。

从报道内容上，“麻辣财经”的选题大致可以分为以下几类。

第一是政策解读。主要是对党中央国务院重大方针政策的深度解读。解读的目的，就是准确体现国家政策，把社会误读、曲解的部分扭过来。

2017 年 4 月，中央决定设立雄安新区的消息出来后，去雄安“炒房”引发热议，一时间成为人们的关注点。看到这一现象，“麻辣财经”就赶写了一篇《雄安是千年大计，决不能让炒房者逞快！》，阐明立场。这篇文章发布以后，得到肯定并在全网推送，起到了引导舆论、以正视听的效果。

类似这样的解读，还有解读中央经济工作会议的《房子是用来住的，平地起惊雷！》、解读中央完善产权保护制度的《住房 70 年产权到期，会免费续吗？》等报道，网站转发超过上百家，点击率超百万，社会影响广泛。

中美贸易摩擦升级后，“麻辣财经”撰写了多篇报道，为中国经济鼓劲打气，反驳美方的不实观点。其中《麻辣财经：中国经济行稳致远，靠的是什么？》《缩小贸易逆差，美“关税大棒”无效》两篇被全网推送，起到了很好的舆论引导效果。

第二是正本清源。主要是针对社会上一些事件观点，进行澄清和回应，以正视听。

对一些诋毁中国的不实言论，“麻辣财经”敢于亮剑。2019 年 5 月，“麻辣财经”推出《芬太尼是啥，为何美国人吃掉了 80%？》，通过客观分析揭露真相，指出美国存在的社会弊端。这篇文章引起了社会强烈反响，被新

浪、搜狐、网易等几十家商业网站和主流媒体平台广泛转载。其中，在人民日报客户端单一平台点击量就超过 80 万人次。

第三是针砭时弊。这部分报道是最能体现“麻辣味”的，也是我们对问题进行专业分析，出主意想办法最多的。比如，高利贷、裸条贷问题，“麻辣财经”写了很多篇，都在社会上产生了广泛影响，有些报道还对部门改进工作提供了决策参考。

写问题性报道，“麻辣财经”把握这样一个原则：说问题不是展示黑暗面，而是为了解决问题。报道的重点不是渲染问题本身，而是放在如何完善制度、堵漏洞上。既要有真知灼见，又要有真情实意。

二、积极主动提升站位，正面交锋敢于“碰硬”

在报道形式上，“麻辣财经”大胆创新，推出了“种粮微调查”“农民工就业微调查”等系列报道，内容更加接地气，受到了读者的广泛欢迎，“麻辣财经”影响力进一步提升。

2019 年人民日报改版后，报纸内容更加生动与精深，与新媒体报道更加融合。比如，春节过后，经社部采写了《新春日子美　收获在身边》报道，其中的 3 个“镜头”，就来自“麻辣财经”的 3 篇报道。报道在人民日报刊发后，受到读者好评。

“麻辣财经”积极主动提升站位，力争在重大报道中发挥更大作用。2019 年 9 月 16 日至 21 日，“麻辣财经”工作室连续推出 6 篇国庆 70 周年特稿，围绕“中国发展几十年，为何没出现过经济危机？”“中国的城市，为什么没有贫民窟？”等外界热议而又让公众感到不解的话题，用宏阔视野审视，用发展成就解读，用扎实论述剖析，用融媒语言讲述，在社会上引起广泛反响。

2019 年 1 月 25 日，中共中央政治局在人民日报社举行第十二次集体学习，“麻辣财经”向习近平总书记汇报了视频与文字互动、报纸版面与新媒体互融的情况，得到了习近平总书记的肯定。

如今，“麻辣财经”的报道团队，已经从最初的“五朵金花”扩展到经社部全员参战，报道内容已经从文字向视频扩展。众人拾柴火焰高，全力出击和全员参战，换来的是全效传播。

“麻辣财经”与人民网合作，推出了“麻辣财经”视频节目，“麻辣财经”负责选题和内容策划，“麻辣姐”作为主持人和嘉宾出镜，并邀请知名专家就财经领域热点话题进行访谈。很多选题来自人民日报刊登的报道，制作成视频实现“一鱼多吃”；同时一些“麻辣财经视频”的内容，又通过二维码落在报纸上，配合文字报道延伸宣传，很好地体现了深度融合理念。

2019年以来，经济社会部全力出击，“麻辣财经”报道全面开花。两会期间，“麻辣财经”共发稿17篇，其中有8篇两会报道实现了与人民日报版面的融合。同时，“麻辣财经”还与人民网联手推出了“麻辣财经”视频访谈节目，其中10期两会特别节目，通过114余家党媒平台及商业媒体进行传播，总访问量达到1.4亿人次。

三、政治题材忠诚，经济题材坦诚，群众题材热诚

“麻辣财经”是一个常态化的新闻生产团队，我们对自己的定位是：政治题材忠诚，经济题材坦诚，群众题材热诚。

“麻辣财经”的报道，绝大多数不是单纯的消息，也不是通常意义上的评论，而是“分析性报道 + 观点”的模式，有些报道偏重新闻分析，有些偏重评论。但不管怎样，“麻辣财经”的奋斗目标，就是要直击新闻热点，坚持守正创新，用好专家资源，实现一锤定音。

当舆论发酵引起恐慌的时候，“麻辣财经”坚持实事求是，用权威报道说话；当一些自媒体用奇谈怪论捕风捉影的时候，“麻辣财经”会用数据和事实以正视听；当市场乱象危害社会的时候，“麻辣财经”会抓住关键点，不留情面，直指要害。

“怼”回去，这也是“麻辣”二字的精髓所在。那么应该怎么“怼”？关于“怼”的技巧和注意事项，“麻辣财经”也有总结：在报道和论证过程中，不能居高临下、各说各话、阴阳怪气；要找准死穴，集中火力强攻；以缜密的逻辑，准确的数据严守；站在客观的立场上，实事求是、以理服人。

（作者单位：人民日报媒体技术公司、麻辣财经工作室）

▶ 创新匠心，“新”心相映

——《H5｜改革开放 40 年：长沙有多“长”》究竟有多“长”

贺弘联

在第二十九届中国新闻奖评选中，红网的新媒体作品《H5｜改革开放40年：长沙有多“长”》荣获一等奖，这是对红网深耕内容精品建设最高的褒奖与肯定，也是红网多年来对网络新闻从内容到形式进行执着不懈的探索与创新的最好回报。

一、沉淀之“长”

近些年，红网人深入践行习近平总书记关于宣传思想工作的重要论述，把构筑强大主流舆论的看家本领，具体具化在内容生产“红、鲜、甜”的3字选题方向上，落小落细在“数据化表达、场景化呈现、抖音化思维”的三化转型目标上，努力把“有意义”的宏大叙事讲得“有意思”，努力把重大主题讲得“更清新”。

二、发现之“长”

长沙市委宣传部举行了庆祝改革开放40周年“百城”调研活动宣传报道策划会，这是人们常说的自上而下的“规定动作”，但我们的记者却没有被“束缚”，而是发现了一座“金矿”，挖掘新闻亮点，放开手脚进行解读，勾勒出一幅致敬改革开放40年的史诗级画卷。

三、策划之“长”

内容为王，策划为上。对新闻媒体来说，内容创新、形式创新、手段创新都重要，但内容创新是根本的。几次专题策划会，一番头脑风暴后，表现形式从最初的手绘长卷变成了运用手绘长卷+动画+视频+拼图，实现从可读到可视、从静态到动态、从一维到多维的升级。

四、融合之“长”

这是一次中央厨房跨部门协同作业的融媒体生产实践。该作品采用手绘、动画、视频、拼图等多元表达形式，涉及多个部门多个岗位的协同作业，红网通过采编、技术、运营等多方合力，实现从生产链到传播链一条龙式全链条融合探索。制作团队做到了让美工、技术人员深入理解作品生产的要义，让文本表达更加贴近技术实践，从而真正实现了重大主题宣传在高度、广度、深度、温度、效度上的同频共振，无疑是媒体融合的用心之作。

五、创新之“长”

《H5丨改革开放40年：长沙有多“长”》说到底就是一件长满创新细胞的融媒体宣传作品。

表达创新。以手绘长卷+动画+视频+拼图的融媒体表达形式，新颖灵动地展示了长沙城市之“长”、幸福之“长”等11个“长”，全面呈现改革开放40年之路、长沙崛起之道。

思维创新。将拼图的小游戏植入作品中，带给了用户更全面立体、更灵动有趣、更震撼精彩的互动体验，改变了时政新闻严肃的面孔，引导重大主题报道从“以传者为主体”转向“以受众为主导”。

六、技术之“长”

《H5 | 改革开放 40 年：长沙有多“长”》主题重大、立意高远，以设问的方式激发点击欲望，以浓缩的标志性成就回溯发展剪影，将文字、音乐、图片、短视频、H5、AR、720 全景、航拍等进行“跨界”融合组装，在极简的文本表述和新颖的场景呈现中，实现了“飞入寻常百姓家”“键入用户掌心里”的霸屏效应，为主旋律作品的入眼入耳入心适配了极具创意的传播落点。

七、匠心之“长”

每一幅手绘设计，其实都隐藏了设计团队匠心。

比如“历史之长”，长沙有 3000 年的历史风云变幻，是首批历史文化名城，在这个“长”字的设计上，巧妙地融入了岳麓书院的标志、马王堆汉墓、三国孙吴简牍、铜官窑的陶瓷等视觉元素，凸显长沙历史文化底蕴。同时，用竹简、毛笔、文字等元素组成一个循环的小动画，笔墨飞扬，让历史变得更加灵动鲜活起来。

比如“城市之长”，我们选取了长沙火车站、国金中心、梅溪湖国际文化艺术中心等标志性地点，将它们奇妙地糅合进一个“长”字，也见证了一座城市生长的力量和时代的美好变迁。

八、互动之“长”

将“以人民为中心的工作导向”落实到新闻实践中。设计团队考虑到用户体验，选择了拼图的游戏模式，总共设置了 11 块小“碎片”，用户收集每一帧“长”字画面的“碎片”，实际上就是收集长沙在改革开放 40 年来的点滴成绩，最后拼图汇聚成“我爱长沙”短视频。这样的趣味互动，能够带给受众游戏通关般的快感，最后获得“彩蛋”。

九、传播之“长”

好的作品从来都离不开信息流动的宣传推介，这个作品走红的背后，也是红网运维团队的协同结果。为了使作品动起来、活起来，红网团队除了在制作上充分协作，更是在红网“网上网下、地上地下”全媒体矩阵的推广宣传上下了功夫，从而带动作品接力传播冒热气、热议互动有朝气，很好满足了各层次尤其是年轻读者的阅读需求，也更接地气、吸引用户主动参与进来，跟随我们的作品一起感受长沙的古韵、大气、活力和开放，体验长沙独有的幸福感。

《H5丨改革开放40年：长沙有多“长”》赢得了400多万网友的热烈互动，实现了传播效果的最大化。

十、人才之“长”

在急剧变化的时代，做记者变得很容易，但做好记者变得更难。新闻工作者要让自己的感官高速运转，熟练运用新技术、新工具，要有融媒体的综合能力。

在媒体融合创新人才培养方面，红网一直在致力打造集采、写、摄、录、编、网络技能运用及现代设备操作等多种能力，集“十八般武艺”于一身的全媒体人才。

（作者单位：湖南红网新媒体集团）

▶《直击7·5泰国普吉游船倾覆事故现场　救援仍在进行》创作回顾

周莎莎

2018年7月5日17时45分许，两艘载有中国游客的游船在泰国普吉岛附近海域突遇特大暴风雨发生倾覆事故，事发船只上的127名中国游客中，有37人是浙江省海宁海派家具有限公司员工及家属，5人为阿里巴巴集团员工及家属，一时间这则消息成为全国乃至世界关注的新闻热点。

在复杂开放的新媒体舆论环境下，各种消息充斥网络。主流媒体在重大突发事件面前更需要做到先人一步、先声夺人，关键时刻不失语、重大问题不缺位，在第一时间发出权威声音。2017年1月1日，浙江日报报业集团的浙视频上线，我们有一个口号叫作“新闻视频化、视频专业化，能直播的就一定要直播”。作为浙江日报报业集团融媒体报道的中坚力量，在事故发生后，浙视频直播团队立即请命赴泰国采访，组建3人小组赶赴泰国。

同行的还有浙江日报经济新闻部的一位记者，我们一行4人登上了于7月7日一早从杭州前往普吉的航班，飞行途中见坐在斜前方的一位男士脸色凝重，想必他的出行也是和这次事故有关系。经过一番沟通得知，他朋友的女儿在这次事故中遇难，他特地赶去帮忙处理后事。谈起此行有什么诉求时，他说，目前大多数遇难者家属都有一个共同的诉求，就是让遗体能够回家。原本以为只是一个转运的过程，便答应他帮助联系大使馆，看看能不能解决这个问题。我们互留了联系方式，以便日后的沟通。

后来经过了解才得知，大批量的遗体转运几乎不可能，涉及航空、海关检验检疫、出入境等多个部门，当地政府建议在普吉火化后再转运回国内，对此，遇难者家属都难以接受，这是他们能为亲人做的最后一件事。我们继续帮助联系当地政府和大使馆，几经沟通，有几位遇难者的遗体最后运回了国内，完成了家人最后的心愿。

飞机一落地，我们就直接赶赴事故临时救援中心查龙码头开始了第一场长达 5 小时的直播。赶巧，我们直播开始 10 分钟左右，救援中心就召开了一场新闻发布会，我作为浙江媒体代表，第一个用中文提问了关于夜间搜救以及遇难家属陆续抵达后的安置问题，表明了我们的立场，为浙江遇难者家属争取更多当地政府关注，同时也给泰方施加压力。

移动直播的特点是时间长、信息量大、双向传播，发布会后信息出现短暂空白，但直播还在继续。由于航班原因，我们抵达的当天泰方搜救军舰已经出发了，好在军舰上有先前抵达的浙报集团钱江晚报记者钱伟斌，简单沟通后，我尝试与他视频连线。他通过直播连线把搜救军舰上的有效信息直接传递给了受众，颠覆了他以往的采访方式。

结束救援中心的采访，我们从查龙码头赶往大部分遇难者集中安置的瓦其拉医院。普吉府当地的医疗条件并不发达，医疗资源也不多，医院位于普吉市中心。由于这中间的画面和信息都十分有限，设备的电源也难以支撑长时间直播，后方导播决定这一段路上的时间轮播我们稍早前画面剪辑成的视频新闻，同时在直播页面中持续滚动更新图文内容，让受众可以继续停留在直播页面，关注直播。路上的 40 分钟对于前方记者来说是第二次获取最新信息的“窗口期”，后方源源不断整合全网最新消息提供给我们，我们则通过志愿者了解泰方救援力量的投入以及医院方面的情况。到达医院后，在志愿者的帮助下我们采访到了只会说泰语的官方发言人，办理了入院采访的证件。但是在到达医院后，发现家属情绪不稳定，我们决定不正面采访家属，在休息区外围摄像，我进入家属休息区了解情况再出来陈述给网友。

在泰国期间，我一直与飞机上认识的那位朋友保持联系，因为有一些地方不允许媒体进入，而家属的出入则更自由一些。7 月 9 日下午，泰国总理巴育要在查龙码头召开发布会，我们在巴育抵达前赶到了医院。慰问伤者时，媒体不允许进入，我赶紧联系飞机上的那位朋友，他用手机帮忙拍摄下了病房内的视频；慰问家属时，国外媒体同样不能进入，在家属休息区外等候多时的我们当时正在做直播，巴育进入休息室的时候趁现场混乱我也跟着

“混”了进去，成了现场唯一的国外媒体。当时，我们的摄像被关在了门外，但是话筒在我手里，只要外面有信号我的声音就能继续传出去。没有画面怎么办？我立马用手机新建了一路信号，导播将我的直播画面与摄像手里话筒收到的声音合为一路，补上了这段直播。由于休息室里信号不好，直播断断续续，我当时想这么珍贵的画面不能缺失，又立马迅速拿出包里的备用手机，拍下现场画面，并尝试与巴育进行对话，他当场回答了我两个问题。左手直播手机，右手拍摄手机，麦克风插在我的口袋里，我就是这样略显“狼狈”地完成了这次独家采访。

每天5小时以上的长时间直播，我们3天一共做了3场，总时长18小时，直播片段在央视大屏播出，同时被人民日报微博转载，阅读量高达3000万人次，评论上万条。无现场不直播，无互动假直播。直播的同时，我们实时收集各平台网络的留言和提问，回应受众关注的问题，适时调整报道方向，形成了良好的互动效果，实现双向传播。

在整个事件的追踪报道过程中，前方的新闻现场较多且位置分散，在前方团队只有一套直播设备的情况下，浙视频并没有拘泥于视频直播这一单一报道形式，而是根据新闻现场地理位置、持续时长、网络状况等因素提前判断，合理选择短视频、图文等发布方式，进行形式多样的滚动直播。

在此次事件报道中，前方采访团队先后发回文字报道26篇，图片报道19组，短视频17条，6小时图文（视频）滚动稿3条。

此次海外突发新闻报道浙江日报报业集团除了利用常规文字、专题等报道形式外，最抢眼的要数视频产品的分发渠道和推广力度。目前，浙视频直播在推广过程中，实现了自有平台和第三方平台两条“腿”走路。一方面优化自有渠道，通过浙江在线新闻网站、浙江新闻客户端、天目新闻客户端、浙江日报旗下官方微博进行分发，掌握主动权；一方面借船出海将直播和短视频内容同步分发到人民日报、央视新闻、今日头条等20余家视频平台。在新浪微博建立直播话题；实时拆分成若干短视频二次传播；浙报集团海外账号同步推送；在本次报道中，浙视频前方记者通过4G直播设备与山东广播电视台齐鲁频道新闻联播进行现场直播连线，取得了不错的效果。

2018年8月，习近平总书记在全国宣传思想工作会议上强调，要不断增强脚力、眼力、脑力、笔力，努力打造一支政治过硬、本领高强、求实创新、能打胜仗的宣传思想工作队伍。我想对于直播记者来说，在路上的每一天、在直播的每一刻都是践行“四力”最生动的实践。

我们用脚力丈量新闻现场，用眼力去观察、发现事实真相，用脑力去思考如何改变过去传统媒体总结式报道，用平民化视角与网友进行交流对话式传播。心中有乾坤，笔下有担当。经常有人在问，移动直播还能走多久，不管下一个风口在哪，视频记者用自己特殊的“笔力”——摄像机与话筒，置身新闻事件的第一现场，提取有思想、有温度的新闻素材，用心满足受众多元化的新闻需求。

（作者单位：浙江日报全媒体视频影像部）

◆ 专家点评 》》

▶ 媒体创优的法宝：内容、技术和品牌

胡正荣

经历了中国新闻奖媒体融合奖精品分享这场创意的盛宴，在此跟各位交流一下我的感受。

第一，内容建设要重视。主流媒体真正发挥传播力、影响力、引导力和公信力才能够在媒体竞争和社会发展中立于不败之地。从获奖作品及其影响力看，主流媒体的最大优质资源正是内容。主流媒体不能只看到互联网上如火如荼的短视频，便纷纷放弃了自己的传统优势，即做深内容、做长内容、做专业内容和专业地做内容。主流媒体有很多内容是新媒体不能比的，如硬核的内容、独家的内容，有很多是通过我们精心策划创意的内容，它们就能取代和超越所谓的 UGC（用户自创内容）和 PUGC（专业用户自创内容）。主流媒体的专业性是不可取代的。在某种意义上来讲，聚焦优质内容是所有主流媒体人的一种回归。主流媒体的最大优势是做精、做强、做大、做专自己的内容。红网的发言很好，提出匠心，把自己的优质内容做足做好。党的十九届四中全会通过的《中共中央关于坚持和完善中国特色社会主义制度、推进国家治理体系和治理能力现代化若干重大问题的决定》中提出“建立以内容建设为根本、先进技术为支撑、创新管理为保障的全媒体传播体系”，主流媒体就应该将内容建设作为根本。

第二，技术手段要用够。正如上面文件提到的，内容建设是根本，先进技术作支撑。现在主流媒体用到的技术手段大多是直播、短视频、H5 等。习近平总书记提出的全媒体包括“四全”，即全程媒体、全息媒体、全员媒体和全效媒体。说实话，对 UGC 和自媒体来说，大规模高水平应用最新的 ICT（信息传播技术）还有待时日，而主流媒体则应该利用自身规模优势，

大力布局全新的数字化、网络化和智能化技术。其中，最为重要的是5G技术，将很快成为未来传播的使能技术。一是它能够带来物联网，即万物皆联，这样的话，各种连接的节点都可能成为介质，成为载体，成为媒体。二是它能够带来超高清视频、中长视频、大规模直播以及沉浸式全息视听影像的放量增长，使用户的消费体验有前所未有的提升，更使得各行各业能够在任何场景捕捉用户，提供服务。如获奖作品《三江源》，在5G时代就应该是互动式、体验式的新闻作品，有互动、有服务、有强体验，人们可以沉浸进入三江源。三是它一定能够带来一个新的时代，即平台化时代的到来。主流媒体需要抓住机会，加速自有平台的建设，将优质内容资源与自有平台聚合，打造智慧媒体平台。还有一个技术是人工智能。习近平总书记要求将人工智能运用在新闻采集、生产、分发、接收、反馈中，全面提高舆论引导能力。人工智能技术能够深入渗透并赋能媒体工作的全流程。现在我们已经可以感受到人工智能初级阶段应用带来的传播的精准化和消费的场景化，我们正在应用人工智能中级阶段赋能的媒体生产的智能化，因此，出现了不少的MGC（机器生产内容），如新闻稿和一些音视频。其实现在更加需要布局人工智能高级阶段的应用，即媒体创意创作的智能化。

第三，品牌价值要用好。2019年的获奖作品中，中央媒体还是占了很大一部分，因为央媒的公信力和地方主流媒体的公信力是长期积淀的，有如醇香的老酒。有一个现象值得我们关注。2019年11月，美国迪士尼上线了一个自有App——迪士尼+，不久AT&T华纳集团也要上线一个自有App，苹果也要上线新的苹果电视+，为什么它们这些媒体要重新回来布局自己的平台，因为它们知道只有好的内容、好的IP是不够的，因此，要将自有的和第三方的优质内容，优质IP转化到自有平台上。IP要延伸，平台要转化。我们看到现在西方发达国家主流媒体在融合过程中，都在纷纷建立自己的自主平台，延展自身的品牌价值。只有融合在一个品牌下的优质内容加优质平台才是可持续性的。在越来越拥有自己核心竞争力的时代，对于国内的主流媒体来说，像新华社的“讲习所”，人民日报的“麻辣财经”，它仅仅是一个优质内容吗？它如果离开了新华网、人民网等重要平台，就很难形成品牌价值，所以要积累自己未来的优质可持续竞争力，还在于优质内容与优质平台融合，形成品牌。品牌优势最重要的是要靠主流媒体的公信力、内容的优质性和技术的前瞻性。

期待主流媒体在媒体融合和创优中共同成长。

（作者为中国教育电视台总编辑）

◆ 创作分享（三）»»

融通“有意义”和“有意思”

——“中国一分钟”系列微视频创作谈

张意轩

2018年1月“中国一分钟”项目立项，12月做完当年的最后一个“中国一分钟”微视频——《奋斗中国一分钟》，正好一年。

初步梳理了一下，做“中国一分钟”系列微视频，光我自己就建了50多个工作群。我们有位同事，做“中国一分钟”项目期间，天天熬夜加班，到凌晨两三点是常态，哪天凌晨一点结束战斗回去都睡不踏实，她父母心疼地对她说：“你要不转行吧。”当然了，她并没有转行，现在仍拼搏在新闻工作的第一线。

我们为什么这么拼？用“中国一分钟”系列微视频的话说：因为中国日新月异的成就，来自每一分钟；中国人与日俱增的获得感，体现在每一分钟。对新闻人而言，不忘初心、牢记使命，就展现在我们拼搏的每一分钟。

“中国一分钟”的创意从何而来？现在回想起来，很简单，就是一次头脑风暴。

人民日报社新媒体中心设有创意PK会机制。每个组拿自己的创意，做成PPT，上会演示评议，最后谁的创意有“哇哈嗯效应”，谁就胜出。

什么是“哇哈嗯效应”？“哇”就是网友看了会“哇”一声，即震撼惊喜效应；“哈”就是大家看了会“哈哈”一笑，即幽默风趣效应；“嗯”就是用户看了非常认同，即共鸣感应效应。

当时大家觉得运用直观的数字、快速的剪辑，把改革开放40年这样的宏大叙事，尤其是党的十八大以来的历史性成就与变革、中国人民意气风发的精神风貌，浓缩到一分钟里展现，会给用户一种熟悉的陌生感，有陌生感就会产生传播效果的增值。

所以制作以“中国一分钟”为核心的可视化产品这个创意一亮相，大家就觉得“有戏”，一致通过后，就组建项目团队开始着手推进了。

当然，好创意不容易，落地生效更难。

我们自嘲，“中国一分钟”系列短视频，就是画面、音乐、文字“一勺烩”，看起来简单做起来难。

因为我们对画面的要求是，每一次暂停后都经得起逐帧推敲，美只是基础，抓人才是关键，所以每个一分钟成片背后是1000多分钟的素材；对音乐则讲究完美匹配，既要渲染氛围、调动情绪，还要每篇都有自己的特色，确认配乐的过程也是耗时耗力，反复对比；对文字则是有“洁癖”，既要精准，还得要优美，有温暖人心、鼓舞人心的力量，每篇文案至少修改10遍以上。

之所以这么精益求精，是因为我们相信：只有跟自己过不去，才能让产品过得去。流量从不辜负用心者。

从结果来看，传播效果确实没有辜负我们。据不完全统计，“中国一分钟”系列微视频线上阅读播放量超过24亿人次，线下覆盖用户数超过2.5亿人，人民日报微信公众号所有推文阅读量均为10万+，微博话题阅读量超9.4亿人次，占据微博热搜榜首位。此外，“中国一分钟”系列微视频被各大门户网站、新媒体平台、短视频平台在首页首屏等重要位置转载，被20多家地方省级党报党刊报道，被10多家卫视在该省新闻联播等播放。

在线下，视频在各地户外大屏，机场、火车、地铁、公交车等公共场所的屏幕上播放，覆盖全国主要大中城市甚至乡村。

国际传播也取得了良好效果，视频被翻译成多国语言版本，除在海外社交账号上发布外，还被欧盟记者网等多家海外媒体在首页等位置转载。

可以说，“中国一分钟”系列短视频是2018年的标杆性爆款融媒体产品，实现了从中央到地方、从省级到乡镇、从线上到线下、从新媒体到传统媒体的传播全覆盖。

回顾“中国一分钟”系列微视频的创作过程，重要的一点是这个系列微视频努力融通了“有意义”和“有意思”。具体而言，分享以下3点体会。

一、化大为小，实现从传递信息到传递价值的跃升

如何让宏大叙事通过广大网友喜闻乐见的形式“飞入寻常百姓家”？这是我们一直在探索的。“中国一分钟”系列微视频的成功正在于它找到了其中一条路径：跳出“大成就”“大历史”的宏观视角，选择从“一分钟”这个小切口进入，聚焦每个人都切身可感的“小视角”，用直观的数字和精美的画面，展现人们日益增加的获得感，展示每个普通人为过上美好生活而不断努力拼搏的过程。这个灵活转换让网友进入视频所设定的情感单元，情绪被调动起来，在视频内容的引导下逐步形成观点认同、价值共识。

正如人民日报评论所说：“人们从一分钟的足迹里，听到了历史的隆隆巨响，也听到了中国拔节生长的声音。”

二、化远为近，用“共情”触发情感共鸣

“中国一分钟”系列微视频在内容上深挖属于每个行业的发展成就、每个地区的风土人情，结合各篇主题特色着墨点睛，唤醒各地网友的乡愁记忆，激活网友对祖国繁荣富强的至真情感和深深自豪。

在形式上，通过具体而微的画面、直观可感的数据，凿穿主旋律说教式内容与受众之间的“隔离墙”，找到受众内心的“燃点”。

每一集都尽力避免公式化镜头，用真实的画面、代入真实的感情，用精心、富有逻辑巧思的剪辑，让用户觉得好看好玩好动人。

网友们评价说：“带着骄傲的感觉看中国一分钟”“我们伟大祖国山美水美人更美，我们要为建设更强大、更美好的国家努力奋斗”……这些评价也说明“中国一分钟”系列微视频实现了个人情感和家国情怀的有机统一。

三、化一为多，新媒体传播要有 IP 意识

在新媒体时代，传播也要树立起品牌感，要有 IP 意识，让爆款产品告别“一锤子买卖”，让好的创意、好的策划发挥出最大效果。

“中国一分钟”系列微视频各篇，既充分保证展示各自特色，又在整体风格、视觉标识等方面保持统一标准，系统建构起“中国一分钟”的品牌效应，如“中国一分钟·地方篇”“中国军人一分钟”“开放中国一分钟”“创新中国一分钟”“奋斗中国一分钟”等，都取得非常好的传播效果。就像一位网友所说：“一分钟，我像追剧一样追完了，看得激动，看得自豪。”

2019年，我们以《中国24小时》上、下集推出为起点，推出展示不同地域、不同领域“24小时”的微视频，打造“中国24小时”系列IP，也达到了良好传播效果。

事实证明，积极探索IP化运营，有助于实现好创意的传播声量增值，是一条值得探索的融媒体产品生产和传播的新思路。

“中国一分钟”项目暂时告一段落了，但媒体融合创新永远都在路上，我们共同奋力攀登，山顶相会。

（作者单位：人民日报社新媒体中心）

▶ 从《鼓岭！鼓岭！》浅谈时政类微视频创作

丁　然

《鼓岭！鼓岭！》在第二十九届中国新闻奖的评选中得奖，从创作者的角度来看，主要有以下几个原因。

一、呼应了时代当下的热点

《鼓岭！鼓岭！》讲述的是习近平总书记在福建工作期间，邀请加德纳夫人来到中国，实现了她已故丈夫加德纳回到鼓岭的遗愿。2012年2月15日，时任中国国家副主席习近平在美国访问时说："我相信，像这样感人至深的故事，在中美两国人民中间还有很多很多。我们应该进一步加强中美两国人民的交流，厚植中美互利合作最坚实的民意基础。"中美贸易冲突的大背景下，对于中美两国民间持续友好交流的渴望，正是《鼓岭！鼓岭！》所想要传达的。

二、展现了习近平总书记的领袖智慧

1992年，习近平在福州任市委书记。"1992年春天，我当时在中国福建省的福州市工作，从报纸上看到一篇文章，叫《啊！鼓岭》。讲述的是一对美国夫妇，对中国一个叫鼓岭的地方，充满了眷念和向往。"他敏锐地发现了这个故事深远的意义。1992年8月21日，习近平在福州温泉大饭店会见了加德纳夫人，并对她的来访表示热烈的欢迎。习近平总书记对于福州历史发展、民间交流的重视，得以将一个中美民间友好的普通故事续写成一段具有传奇色彩和历史意义的佳话，充分体现了他深远的政治智慧。

三、本微视频的制作亮点

《鼓岭！鼓岭！》在开场和结尾，都采用了沙画的方式贯穿加德纳小时候到加德纳夫人来到中国的故事始终。沙画不仅弥补了相应画面素材的缺失，而且最大限度柔化了叙事的语态，从一开始便确立了影片的基调，怀旧与追溯，温情与深情，表抒情。在短短 5 分多钟的影片里，沙画这种本不新颖的方式在新媒体微视频中焕发出了新的内涵，是不同于传统媒体的，是新媒体化的。

《鼓岭！鼓岭！》最大限度地挖掘了素材。除了上述说到的沙画外，台里的媒资库、福州台提供的资料画面，以及从当事记者拿到的珍贵图片资料，既完整又独家。从制作角度来讲，是扎实的。

我们一直在思考如何做年轻人喜欢看的时政类微视频。我觉得应该有一个大前提，要站在年轻人的角度去看，不是媒体从业者觉得受众应该有义务看，而是要放低姿态，要有用户思维。对此，要注意以下几点。

第一，审美的年轻化。从剪辑方式到字幕细节，都是审美。

第二，形式创新。多元的表现方式（沙画、定格动画、VR、互动视频、波普、拼贴、竖版、Vlog……）

第三，内容的创新是难的，但讲述内容的方式却自有它的规律。那就是少讲道理，多讲故事。要学会如何讲故事，讲什么故事，明白为什么这样讲。

最后，如何做包括年轻人在内，人人都喜欢的微视频产品？

我现在离开新闻中心，进入了总台新成立的视听新媒体中心。我们在 2019 年上线央视频 App，本着打造有品质的视频社交媒体，我认为大家可以在央视频中找到这个问题的答案。

（作者单位：中央广播电视总台、央视视听新媒体中心）

《臊子书记》：以梦为马　不负韶华

——津云新媒体勇攀媒体融合新高峰

闫　征

在第二十九届中国新闻奖评选中，津云创作的《臊子书记》荣获一等奖。这份荣誉不仅属于创作团队，更得益于近年来天津市推进媒体融合的宝贵实践。2018 年天津成立海河传媒中心，来自报纸、广播、电视、网站，携带不同“新闻基因”的媒体人走到了一起，用同一个“中央厨房”生产，开同一场编播例会。主力军进入主战场，平面媒体有思想深刻长处，广电媒体有视频制作技巧，新媒体有互联网思维创新理念，融各家之长、汇众人之力、合网络思维、建设全媒体，释放出更大的新闻生产力。下面就《臊子书记》的创作谈 3 点感受。

一、努力领会“四力”精髓，讲好基层扶贫故事

如何讲好扶贫干部的故事？我的第一次采访选择走进扶贫干部宋鹏的家。还没进门，就听到双胞胎的哭声，我是过来人，知道两岁多的孩子最不好带，两个就更难了。尴尬间宋鹏的妻子似乎有无尽酸楚……那一刻，我仿佛看到无数扶贫干部离家时的抉择。

行程 1600 公里，负重百余斤设备，用飞机 + 汽车 + 徒步的方式，终于到了大寨村。炎热的 7 月，这里依然能感受到重重的湿气。宋鹏说：“寒冬更难熬，是总书记的书给了他温暖。”翻开《摆脱贫困》，上面密密麻麻写满笔记。无意中我看到他写的扶贫日志，满满 3 大本 200 多篇，每篇都有故事。

那一刻，我找到了好故事的切入口。

拍摄那几天是雨季，随时有发生泥石流的危险。我们把摄像器材用绳子绑在身上，徒步两个多小时爬山。正因为上山才知道，这唯一一条进山的路是宋鹏带村民种花椒树一步一步走出来的。我们衣服湿透，又冷又饿，村民不停地说：“让你们这些娃受苦了。”一下山大娘就端出热气腾腾的臊子面，吃着面我落泪了，突然明白了宋鹏为什么“豁出一条命，也要挖断穷根”。那一刻，我体悟到以百姓心为心的情感温度。

随着采访的深入，我们越来越敬佩宋鹏，下决心用那些不易察觉但又如此动人的细节，用新媒体的新鲜手法，把这个有想法、有活力、有担当的青年人真实地展现出来。节目播出后，网友们为又萌又燃的宋鹏点赞，也为我们创作出新出彩点赞。那一刻，我感到，增强“四力”不仅是制作精品力作的必要前提，而且是锤炼记者优良作风的重要手段，更是新闻人做人做事、成长成才的核心精髓。

二、用好用活融合技术，走好融合传播新路

作品出来，只是传播的开始，后面还必须有产品宣传营销、网上良性互动等。不但要做得好，而且要卖得好。我们新媒体工作者在舆论场，应该接时代新气象，用互联网思维策划，借融合之力做足长尾，做受众欢迎的新媒体精品，用有意思的表达做有意义的传播，将党的好政策传得更远、唱得更响。

片子推出后，我们邀请海河传媒中心的主播们和津云融媒体工作室工作人员依托一年一度的天津融媒体粉丝狂欢节开展了“新闻扶贫”活动。策划了“美女狂吃臊子为啥”的网络直播，录制了小视频推介“沙湾臊子”等，图文、音视、漫画、VR等全息媒体手段齐发力，用“十八般武艺”把陇南产品推向全国。3天时间，现场卖出了24万元产品，还协调天津有关单位签订了不少于150万元的长期合同。现在我的手机里多了一个“我们在一起”的微信群，陇南老乡们说：“这么多好玩的方式，把咱的扶贫产品带出了大山，大伙儿脱贫致富奔小康的劲头更足了。”理念创新，敢于尝试，让我们不但能讲好故事，更能凝聚人心、聚合正能量，为贫困地区脱贫干一件摸得

着、看得见的实事。这是融合发展一道走的力量，也是党心人心一条心的力量。

三、小切口大主题，用心用情用功记录新时代

在新的时代背景与传播环境中，津云新媒体在“小切口、正能量、大情怀”方面创新实践，以平凡人的不凡故事为切入点，展现脱贫攻坚路上的奋斗情怀。这部短视频在创作方面也有以下几个亮点。

一是情节流畅。如何用短视频讲好扶贫故事？特别是一个长达3年的扶贫故事，显然短短几分钟是不能满足的。这部短视频在初次剪辑后长达10分钟，我们在经历数次激烈的讨论后，最后决定还是采用最常用的“连续蒙太奇”编辑手法，砍掉拖沓的情节，强化放大在不同时间段内宋鹏的扶贫心路和帮扶群众的感受，在正序的叙事逻辑中向网友展现最精华的内容。经过反复权衡和多次剪辑后，短视频整体长度降至6分58秒。一部好的短视频，需要在开篇就吸引目光，才会让人产生看下去的欲望。于是，我们特意选择了一些诙谐的场景画面。如：穿着皮鞋去调研踩了一脚泥；说话文绉绉老人听不懂；村里小狗不友好地冲他叫……网友们在会心一笑之余，也会想到这位从象牙塔走出来的扶贫干部当初开展工作的不易，这也正是所有扶贫干部的真实写照。从发现臊子或许可以成为帮助村民脱贫的农产品，到带着村民前往各大城市调研，再到鼓励并教给大家利用互联网推广产品，短视频在轻松幽默中将宋鹏的工作经历展现出来。虽然是在单一线性时空下进行的画面组接，但时间与空间的协调配合，让生活以一种基于原生态，但又高于原生态的方式体现得有层次感、新鲜感和新奇感，使人浏览起来丝毫不觉得乏味。短视频的后期到了“燃点”，村民对宋鹏的依依不舍将短视频整体推向高潮，扶贫的最终目的是要激起受扶群众的“志”、提高受扶群众的“智”，铺出一条“带不走的幸福路”，让短视频的立意升华到最高点，也让所有网友不禁向扶贫干部点赞致敬。

二是包装得体。现如今，MG动画和3D建模已被广泛地运用到短视频中，因为它既符合当前传播环境的转型特点，又能够对于抽象性的事物进行生动形象的描述。这部短视频讲述的是宋鹏3年的扶贫故事，很多场景不可

能再还原，运用受访者叙述的方式又显得枯燥乏味，因此，巧妙地运用一些MG动画是最好的表达方式。于是，网友们看到的视频一开篇，记录宋鹏刚进村时经过的桥，后期制作时将桥包装成动画，与实景结合，过渡得非常完美。在宋鹏决定带村民们外出考察的片段中，MG动画也发挥了巨大的作用，天津、北京、西安、兰州，几帧动画就能“游走四方”。而大寨村成立第一家集体企业、成立沙湾电商扶贫服务中心等，则通过3D建模的形式直观呈现，立体感强，搭配有节奏感的音乐更使画面入脑入心。在结尾处，通过3D建模让花椒树在营盘山上长出来，一幅希望的景象让短视频更加生动而富有灵气。此外，在短视频左下方设计的日记本，会显示重要的时间节点；根据故事情节需要，会适当地出现MG弹幕，增加画面的趣味性，等等，这些都为短视频在传播效果上增色不少。

三是影响广泛。行百里者半九十，一部好的作品，完成创作仅仅是工作的50%，更重要的是在推广环节。2018年10月17日，第5个国家扶贫日，短视频《臊子书记》在北方网、津云客户端、津云双微、“天津发布”微博等平台显要位置推出后，新华网、人民网、央视网、千龙网、东方网等30多家中央新闻网站、省级网站和新浪、搜狐、今日头条等商业网站进行转载，全网各平台传播曝光度累计过亿人次。短视频刊发后，网友在为“臊子书记”宋鹏点赞的同时，也纷纷晒出自己身边为基层百姓干实事、有担当、善作为的奋斗典型，为坚守在脱贫攻坚战线以及各条战线的榜样点赞！宋鹏的扶贫故事通过短视频《臊子书记》的宣传，鼓励着更多有志青年以各种方式投身到全国扶贫攻坚工作中，继续努力为脱贫事业做贡献。

幸逢新的时代，这么大的变化，这么大的变迁，新媒体在这场伟大的实践中更应该做好“人心”这篇文章，让触碰心灵的好故事直抵人心，让崇德向善的正能量温润人心，让初心不改的主旋律赢得人心。只要做好移动传播时代的价值传播，做实融合传播时代的创新传播，做强贴近人心、贴近市场的有效传播，我们一定会在融合传播的考场取得好成绩，也一定能在舆论引导的战场打一场漂亮的胜仗！

（作者单位：津云新媒体集团）

◆ 专家点评 »»

▶ 短视频可以做出大文章

——第二十九届中国新闻奖短视频新闻作品评析

汪文斌

在最短的时间内获得更多更优质的信息，是当今社会信息消费乃至个人发展、生存竞争的迫切需求。正因为如此，短视频应运而生。商业平台如抖音、快手发展极为迅猛。而传统媒体长期以来习惯于做长篇说长话，以为做长的才有本事，做短的就不专业，短视频成了主流媒体的短板、弱项。因此，中国新闻奖设立媒体融合奖项，专设了短视频奖项，就是要推动主流媒体扭转这种观念和习惯，推动使短视频真正成为媒体融合的突破口，让短视频也能获大奖，其引导作用意义重大。

什么是好的或者优秀的新闻短视频呢？好的标准是什么？央视发展研究中心对网上访问量大、流量大、影响力大的爆款作品进行了分析，发现爆款产品往往具备一些共同特征：篇幅“短”，太长的视频已经不能抓住用户的注意力；信息“密”，以微体量蕴含大内涵；选题“亲”，要接地气；切口“小”，以小的切口做大的文章；标题“诱”，能让人眼前一亮；表达“潮”，要贴近时代，读懂年轻人；手法“新”，用更多元的形态和更炫酷的呈现形式。下面，我要点评的 3 个获奖的短视频作品都集中体现了这些共同特征。

由人民日报报送的“中国一分钟”系列微视频成为 2019 年短视频新闻评选中唯一的特等奖，这个作品在很多方面都体现了优秀短视频的诸多特征，特别是“短”和“密”。

篇幅“短”。2019 年短视频新闻作品的长度已经由 10 分钟以内压至 8

分钟以内，但评委们仍然觉得还可以短些短些再短些。正如标题所言，“中国一分钟”系列微视频成为“短”的最佳代表，它将恢弘叙事与一分钟的时间刻度有机结合，内容层次丰富，给人无限的想象空间。

信息“密”。“中国一分钟”系列微视频从“一分钟”的小切口进入，记录中国在这一时间刻度内所发生的变化：一分钟33个新生儿诞生，一分钟20个新的家庭组建，一分钟26人走上工作岗位，一分钟35217名旅客出行……使用一串数字将祖国的发展和成就进行了浓缩式的精确表达，一分钟内，我们看到了20个数据引据化表达，看似短小，信息量却极大。

“中国一分钟”系列微视频用一分钟的短小篇幅让有意义的内容变得有意思，以精妙的构思成就了宣传报道的全新范式和样态，在全国掀起了“一分钟”的热潮，规模和影响都极其巨大，成为2018年媒体融合最具标杆性和现象级的作品。正因为其短和小，最后却达到了长和大的效果，这种反差成就了非常震撼的效果。

如果说“中国一分钟”系列微视频体现了优秀短视频“短”的特征，那么《鼓岭！鼓岭！》就极好地彰显了优秀短视频在内容选材方面的特点。

选题“亲”。它讲述了时任福州市委书记习近平亲自促成的一段中外民间交往佳话。从“乡愁”这个看似普通的角度切入，讲述了这背后并不寻常的故事。用沙画、采访和资料画面还原历史，推动叙事，历史与现实、福州与加州衔接精彩巧妙，围绕加纳德老人发自肺腑的异乡“乡愁”，深情讲述了这一中美两国之间真实而动人的民间故事。

切口“小”。把国际交流的大主题融入感人的个人故事中，真实地呈现出中美两国人民之间的友谊以及习近平总书记重情重义的形象，温馨质朴，具有很强的共情能力。作为一部时政类短视频，要在有限的篇幅里发挥感染力，讲好相对抽象宏大的政治传播主题，就需要选取具有代表性的事实，以小的切口辐射大的主题，以微体量蕴含大内涵。

《鼓岭！鼓岭！》不仅为我们讲述了一个跨越时空的传奇，更成为2018年令人难忘的一条用心用情、感人至深的时政短视频佳作。

短视频新闻不是简单地把长视频新闻进行剪裁，某种程度上，正因其短而更需要好的故事和好的表达。津云客户端出品的《臊子书记》就充分体现了优秀短视频在形式方面的特征。

标题“诱”。《臊子书记》这个标题一方面引发受众好奇，让大家产生了为什么叫“臊子”书记的疑问，引人入胜；另一方面很好地概括了这条短视频新闻的主要内容。这条短视频正是讲述了扶贫干部宋鹏，发现大寨村家家都有的沙湾臊子背后隐藏的商机，开动脑筋利用“互联网＋扶贫”带领村民打造全链条式电商产业，因地制宜走出一条“带不走的幸福路”。

表达“潮”。《臊子书记》以第一人称的叙事方式，用悬念推动故事进展，语言表达生动诙谐，极富网感，“家家都有，谁买呢”这样的网络式灵魂拷问令人印象深刻，有效拉近了作品与观众的距离，类似弹幕的字幕细节、网红BGM等形式穿插其中，用贴合社交媒体传播环境的表达讲述了一个扶贫故事，片尾运用3D技术制作的营盘山上不断生长的花椒树，用“隐喻”手法表现出大寨村美好的明天，也成为整个作品的点睛之笔。

《臊子书记》用极其富有网感的形式讲述了一个扶贫故事，让人既对美味的臊子垂涎三尺，更对宋鹏的扶贫精神心生敬佩。

以上3部作品确属短视频中的精品，当之无愧获得大奖。纵观这两年我参加的媒体融合奖的评选，总体感觉和其他评委一样，作品新闻性偏弱。新闻讲究时效性，一定是对刚刚发生、正在发生的事件的报道，视频新闻的魅力来自现场感，一定要有现场、有人物、有故事。为此中国记协广泛征求意见，建议在2020年的评选中将短视频新闻和短视频专题分为两类进行评选，将短视频新闻的长度进一步压缩，引导推动短视频新闻的发展，也期待今后有更多优秀的短视频新闻涌现。

（作者为中央广播电视总台视听新媒体中心主任）

▶ 庆祝新中国成立 70 周年融合报道创新案例出炉

2019 年 11 月 29 日下午，2019 中国新媒体大会“融合发展中的内容创新创优”分论坛在湖南国际会展中心举行。论坛上发布了“庆祝新中国成立 70 周年融合报道创新案例”共 20 则。

在庆祝新中国成立 70 周年的报道中，涌现出一大批有新意、有创意的融合报道作品，应用新技术、开拓新形式、展现新气象，引发强烈共鸣，点燃爱国热情，体现新型主流媒体强大传播力、影响力。为进一步总结融合报道经验、创新推进内容建设，通过中央新闻单位和省级记协，中国记协新媒体专业委员会共征集到 200 余件作品案例，最终经过专家评委细致严格的评审，分别产生中央媒体、地方媒体十大创新案例。

中央广播电视总台、新华社、人民日报、光明日报、中国青年报、经济日报、中国日报、中国新闻社入选庆祝新中国成立 70 周年融合报道十大创新案例（中央媒体）。

重庆华龙网集团股份有限公司、新华报业传媒集团、解放日报、湖南日报、浙江日报、北京日报、浙江广电集团、北京广播电视台、云南日报、吉林日报入选庆祝新中国成立 70 周年融合报道十大创新案例（地方媒体）。

本次活动由中国记协新媒体专业委员会、湖南省记协主办，湖南日报社、湖南红网新媒体集团承办，新湖南客户端协办。

庆祝新中国成立 70 周年融合报道中央媒体十大创新案例

庆祝新中国成立 70 周年融合报道十大创新案例（中央媒体）颁奖仪式

《全景看盛典》：让网友选择自己喜欢的视角

一、产品介绍

《全景看盛典》H5 产品将中央广播电视总台直播庆祝新中国成立 70 年庆典活动的 88 个机位、7 路特殊视角，引入 H5 直播页面，颠覆网友日常的视觉体验，带给用户多角度、近距离、长时间的观看体验，使网友在收看电视直播的同时，能够在这个 H5 产品中，选择自己喜欢的视角，切换出自己专属的庆典直播。

二、创新价值

首次将电视直播信号 IP 化，开创了电视转播史先河。从技术上看，《全景看盛典》H5 产品将国庆阅兵现场的 70 路直播信号转化为 IP 流回传至央视“新闻云”存储平台，把电视转播信号转化为可直播、可复用、可分享、可存储的新媒体 IP 流，是电视转播史上首次技术创新。这个新的突破，从技术上实现了电视媒体技术与新媒体技术的转化，技术上的深度融合也为融合报道奠定了基础。

“长挂”特殊视角镜头，大小屏融合传播形成合力。从内容上看，《全景看盛典》H5 产品，从 70 路回传 IP 信号中，挑选 1+7 路最精彩的镜头，即电视台转播视角是“1”路主信号，另外 7 路信号为观礼台视角、长安街高点视角、贴地视角、空中俯视视角、近距离仰视视角、观众视角、5G+4K 高清机位视角，供网友自由选择。

观众可以选择从空中看，感受钢铁洪流滚滚而来；从侧面视角看，大国重器擦身而过；从贴地视角看，武器装备碾压式的豪迈；或者通过绑在群众游行表演自行车上的5G+4K机位，享受高清的画面以及置身其中的视觉体验……受电视线性播出的影响，在电视上，这些特殊机位的精彩总是“一闪而过”，但是这些特殊机位拍摄的画面颠覆了观众的视觉体验，都是观众看不够的镜头。《全景看盛典》H5产品将每一个特殊镜头的有效时间全部利用，镜头回传信号期间全部提供给网友观看。对受众来说，可以随时自主切换角度看盛典；对于报道来说，新媒体弥补了电视线性传播“更短暂”的遗憾，使大小屏报道形成了合力。

与社交媒体合作，拓展报道的影响力和市场价值。央视新闻客户端将《全景看盛典》变成一个独家IP，将其中的6路新媒体特殊视角信号版权卖给新浪微博、快手，不仅利用社交平台庞大的用户基础拓展了产品影响力，同时也第一次实现新媒体产品的创收，体现出了电视资源与新媒体平台融合传播的市场价值。

三、传播投放方式

预热产品为主产品积累“注意力资源”。央视新闻在《全景看盛典》H5产品正式推出前，于2019年9月28日推出《虚拟观礼席》H5产品，提前为主产品预热，同时强交互感和仪式感也让用户提前锁定了央视新闻平台。跟用户之间的“约会”仪式，为《全景看盛典》H5产品的推出，积累了用户“注意力资源”。

详细的观看攻略，教会用户最大限度地玩转《全景看盛典》H5产品。因为新中国成立70周年庆典本身环节多、流程长，《全景看盛典》产品上窗口也较多，为了让用户彻底了解产品的“使用方法”，2019年9月30日央视新闻发布推介稿《独家福利！在手机上看7路大阅兵特殊镜头，只需3步！》，“手把手”教会用户如何将《全景看盛典》产品的独家内容尽收眼底。稿件发布后，用户评论反馈很好，进一步为产品的推出蓄势。

联动合作单位宣推，线上线下相结合。国庆临近，央视新闻将H5产品的宣推海报在新浪微博、快手等合作媒体上集中推广；同时，与中国铁建、国航公司、中国铁路总公司等进行合作，在机场、高铁站等人流密集区进行了线下宣推，特别是中铁建公司还将海报贴到了海外建设点，使 H5 产品的海外宣传也得到了推广。线上线下结合的宣推方式，增加了产品的曝光度。

四、传播效果

《全景看盛典》H5 产品在 2019 年 10 月 1 日推出，总点击量为 12.7 亿次。其中，海外点击量 8000 余万次，新浪微博点击量为 6.8 亿人次，快手 App 点击量为 10 亿人次。

航天科技赋能融媒生产
卫星视角领略大美中国

2019年10月1日，新华社联合多家单位，“跑”到“最高机位”，调用多颗国产卫星俯瞰阅兵，第一时间从“太空”发回3张珍贵的长安街全画幅卫星阅兵图和1段卫星实拍视频。当“太空”视角和地面视角碰撞在一起，是什么神奇体验?

2019年10月1日至2日，随着新华社微信公众号推文《太空见证历史！“最高机位”瞰阅兵！》《“宇宙级”体验！“太空”瞰阅兵有你的专属席位》陆续发出，《60万米高空看中国》系列报道迎来新的高潮。短短几天时间，“太空瞰阅兵”系列报道被110多家网站和“两微一端”转发，腾讯新闻、新浪新闻、网易新闻、今日头条等弹窗推荐，总浏览量超5亿人次、总互动量超220万人次，多次登上微博热搜榜，网友纷纷转发、点赞，有人评论感到“震撼”“赞叹”“自豪”。为获得国庆阅兵现场卫星影像，项目团队提前一个月策划，联合4家科研单位，调动11颗卫星参与拍摄，创造了航天界、新闻界多个“第一次”。专家指出，这是中国卫星应用史上第一次对阅兵现场实时成像，也是中国新闻史上第一次使用卫星拍摄正在发生的重大现场新闻，第一次实现重大报道“陆、空、天”全方位立体化覆盖。

“太空瞰阅兵”只是《60万米高空看中国》系列报道的一个缩影。2019年9月至11月，通过挖掘运用遥感卫星技术最新成果，新华社推出《60万米高空看中国》系列报道，播发包括预告篇、省份篇、阅兵篇等33个篇章，立体化、全方位展示全国各地沧海桑田的变迁，开创卫星新闻全新报道样式，让海内外观众从前所未有的角度领略大美中国。系列报道总浏览量超40亿人次、总互动量超1.36亿人次，被4800多家媒体采用转发，被评价为“堪称守正创新，运用新技术壮大主流舆论声音的标杆之作”。

一、卫星数据从哪里来，如何为我所用

数据采集是新闻之源，离开卫星采集的数据，卫星新闻就是无源之水。自 2019 年 3 月起，团队成员分头扎进中国资源卫星应用中心、航天恒星、中科院等有关科研机构和科技公司。经过一段时间的学习，更深入了解了卫星发展现状、遥感原理、资源分布、行业应用等情况。从卫星遥感专家那里，项目团队了解到，在媒体应用上，卫星资源目前还只是零散地作为报道查证或补充手段，应用频次还不高。此项目第一次大规模、系统性运用卫星资源，丰富了新闻报道元素、信息和形式。

经过几轮研究，项目团队同相关科研机构深化了合作，磨合了流程，形成了默契，在此基础上，综合调度高景一号、高分一号、高分二号、高分六号、资源三号、中巴地球资源卫星等对地观测卫星，从太空高度、历史尺度、区位角度、时代维度出发，将拍摄回传的大批量卫星数据、影像等进行汇总分析，结合各地地理、工程建筑、人文特色进行梳理，一条条叙事脉络开始逐渐清晰。

二、卫星新闻该怎么做，如何更好呈现

“要赋予卫星新闻与 60 万米高空物理高度相契合的思想高度，也要注意融合地面和人文视角，挖掘故事和细节，用高质量产品来吸引人、感染人、影响人。”在项目推进过程中，新华社副社长刘思扬对团队提出明确要求。

以太空视角为牵引，以视觉创意为抓手，以结构性叙事为推进，以突破性变迁为延展的创意框架雏形初显后，如何突破成就报道宏大叙事模式？如何在超大跨度卫星视角下将天、地、人有机地融合在两三分钟短视频中？项目团队着实下了一番苦功。

在素材采集上，项目团队除了汇集、挖掘、处理卫星影像素材，还联动新华社各地分社，一面整合优质实景视频，一面对标志性、关键性点位进行补充拍摄。同时，结合新华社“现场云”覆盖面广、用户深垂的特点优势，联系近百家“现场云”用户，实地拍摄焕发着浓浓烟火气的民生类镜头，将

天、地、人、和的理念根植于系列报道中。

在叙事主线上，采用“一省一脉络，一地一经纬”的方式。例如，北京从一张地图入手，以太空可见的“口”“中”二字的象形呈现，解锁北京新韵，探寻“龙凤呈祥”的首都密码；安徽以“山水人文”为纲，凭借从太空到黄山迎客松、从太空到宏村“一镜到底”镜头，尽显徽风皖韵；重庆紧扣“一边地下穿一边天上跑的8D山城”特点，通过超高空视角，独有的自然景观魅力和城市人文风情得以进一步彰显；深圳则通过铺叙近40年来卫星变化图，展现了从小渔村到建设中国特色社会主义先行示范区的发展历程……

在视觉呈现上，结合卫星视角、航拍视角、地面视角，对视频素材进行甄选、拼接、编组、特效。《60万米高空看中国》最具特色的就是从太空贯穿至地面的“一镜到底”，大气磅礴，唯美震撼，为广大受众献上一场视觉盛宴。由于整体运用俯瞰视角，视频中更多选择了对称图案、重复图案、有鲜明分割线的地标，如新疆的特克斯八卦城（对称）、吉林黄金水稻带（重复）、港珠澳大桥（鲜明分割线），使得整体视觉效果更加直观。同时，每篇都选用节奏感强、代入感足的背景音乐，配以富有科技感的音效，在不同桥段叠加不同的特效声，如贵州西江千户苗寨的天籁人声、“天眼”捕捉到的宇宙“心跳”等，给人视觉听觉全方位冲击，引发情感共鸣。

在文案写作上，摒弃既往成就报道惯用的全景铺陈式写法，尝试运用影视叙事手法片段化呈现。如《60万米高空看安徽》，一开篇就直叙“凌空俯瞰江淮大地　地形地貌多姿多彩　山水风光秀甲天下”，点题明意，而后转换场景，片段闪回接叙“安徽是人文中国的精辟之地　古老文明精妙传承　艺术创造熠熠生辉　安徽是创新中国的先行之地……”点明全文主旨，描述线条完整流畅，场景展示直观立体。寥寥数语，将源远流长的中华文明融入其间，串联起各地波澜壮阔的奋斗发展历程。

正如阅评专家评价：整篇作品虽未有一文一墨提及“爱国”，但在潜移默化中让家国情怀油然而生，在润物无声间提升民族自豪感和凝聚力。

三、卫星新闻如何运营，实现互动传播

《60万米高空看中国》作为从“天基视角”切入的产品，如何在众多短

视频作品中脱颖而出？多元加工、全网覆盖、互动传播的融媒体理念起到了关键作用。

策划之初，项目团队就把产品运营推广摆在重要位置，运营编辑统筹精选传播平台，根据各平台个性特质，协同制作人员进行多元加工，形成“1+N”产品矩阵。“1”就是1组主打短视频，每篇时长3分钟左右；“N”，就是多个延伸产品，包含1组微信文稿、1组微博推文、1组卫星海报、1组GIF动图、1组报刊文稿、1组卫星电子明信片、1款H5互动产品等。在发布平台上，系列产品全面覆盖线上线下传播14类终端，包括报纸、电视台、网站、微博、微信、新闻客户端、视频平台、户外大屏、手机报、游戏平台、海外社交媒体等，形成“全社＋全网＋全国＋全球”一体化发布体系。

在互动传播上，项目团队统筹开设“我从卫星看家乡”“60万米高空看中国”两个微博主话题，从不同维度进行话题式推送和互动化传播。一方面，通过卫星新闻勾连起每个人对自己家乡的热爱与思念，激发强烈情感共鸣；一方面，邀请一批青年艺人担任“卫星新闻特约主播”，转发、评论各自家乡的视频，激发“爱豆”力量，吸引青少年观看、评论、转发，汇聚起浓浓的爱家乡、爱国家的舆论氛围。国庆前后两个月里，相关话题数十次登上微博热搜榜、总阅读量超27亿次，网友留言200多万条。这些留言，或为片子的制作水准赞叹称奇，或对卫星技术、家乡发展骄傲自豪，或因某一个画面细节引发思乡之情。

《60万米高空看中国》系列视频制作成英文版在推特、脸谱等海外社交媒体平台播发，总浏览量超5000万次，为全球受众打开了解中国、体验中国的窗口。对新华社卫星新闻团队来说，《60万米高空看中国》只是跨过于都河的万里长征第一步。从这里出发，向“星辰大海”，更好实现空间数据采集、汇聚、加工和媒体应用，构建空、天、地、海信息一体化融合生产模式，助力“信息总汇”向“数据总汇”跨越，是需要花更大力气、进行更艰苦探索的新征程。

主 创 人 员：刘思扬、贺大为、钟昊熹、文　晶、李梦婷、
丁新珂、程　婧、魏　骅、宋　强、王琳琳
本文执笔人：钟昊熹、文　晶、李梦婷、程　婧

耳目一新“家国梦”：探索新闻性与趣味性的融合

新中国成立70周年之际，人民日报社中央厨房碰碰词儿融媒体工作室推出“家国梦”系列融媒体产品。产品紧扣时代主题，将新闻性与知识性、趣味性巧妙相融，在潜移默化中做好舆论引领，扩大主流价值影响力版图，拓展爱国主义教育新阵地。

“家国梦”推出后，社会反响热烈，网友好评如潮。这是庆祝新中国成立70周年主题报道的重大创新，是党中央机关报创新融合宣传方式的有益尝试，也是人民日报社推动构建全媒体传播格局的一次重要实践。

一、内容令人耳目一新，国庆假期超1000万人次使用

“家国梦”系列融媒体产品，内容丰富多样，涵盖了手机游戏、报纸图片报道、绘本读物、H5产品等多种形态。产品上线后，成为广大网民自发传播、互动分享的爆款产品。

1. 公益手机游戏App“家国梦”：这是一款放置类模拟家园建设游戏，用户在体验建设乐趣的同时，还可通过游戏内设的“政策中心”了解精准扶贫、乡村振兴、“一带一路”建设等党和国家大政方针。游戏中发布“家国之光”纪念卡册，350张精美手绘图集中展示新中国70年伟大成就和中华民族5000年灿烂文明。多种游戏元素与真实的国家发展融为一体，让爱国主义教育变得鲜活生动。

“家国梦”公益手游

2. 人民日报系列图片报道：碰碰词儿融媒体工作室从手游纪念卡册中

选出一批群众身边的建设成就，在人民日报要闻2版推出《雄安　每天都在变化》《浦东　不断拔节生长》等一系列图片报道。同时，在游戏界面“公告栏”制作报道合集专题网站，这是人民日报的图文报道首次导入一款游戏App，既为党报报道形成导流效应，又增加了游戏的深度、厚度，提升了思想性和知识性。

3. 绘本读物《神奇中国少年行·家国梦》：工作室联合人民日报出版社，推出趣味性交互性强的衍生产品——《神奇中国少年行·家国梦》绘本。该书从手游纪念卡册中甄选近200张手绘图，由人民日报总编室十几位资深编辑撰写趣味知识点，让“家国之光”可触可感、有声有色。

绘本读物

此外，根据绘本趣味知识设计的两套共20道题目，被“学习强国”客户端选用，在“每日答题”版块推出。

4. H5产品：推出“家国梦答题专列”“神奇中国连连看”“测测你的地域基因”等多款益智类H5产品，在国庆期间为年轻人营造边休闲边学习的良好氛围。

家国梦答题专列　　神奇中国连连看　　测测你的地域基因

公益手游App发布后，迅速登顶手机应用商店免费游戏排行榜，并持续一周；仅国庆7天就有1000多万人次使用、500多万人次转发；上线两个月，用户超400万人，全网曝光量近11亿次。广大用户在微博、微信、知乎、豆瓣等平台比拼成绩，纷纷留言，“既要考虑产业搭配，又要把生产生活区域规划好。要当一名合格建设者不容易！”“从来没有这么认真学习过党和国家的政策。这些利民举措真好！”

绘本推出后，受到全国各大书店和读者的热烈欢迎。微信公众号“长安街读书会”将其列入学习书单，推荐给中央和国家机关各部委的青年干部。

“家国梦”的火爆，引起媒体的普遍关注。据不完全统计，各家媒体报道超1000篇，央广网、中国日报网、千龙网、澎湃新闻、凤凰网、今日头条、网易等均有报道。半月谈微信公众号评价：“时代变迁，传播方式在改变，爱国主义教育的形式也应拓展……优秀的数字文化内容，需要在国家主流价值观、品牌价值观、亿万国民之间找到情感共鸣与时代共情，使受众能够‘看得懂’‘感受深’。”

二、团队守正创新，做好爱国主义宣传教育

创作“家国梦”系列融媒体产品，对碰碰词儿工作室来说，既是一次全新的挑战，也是一次全面的锻炼。

产品设计之初，工作室就定下目标：紧扣庆祝新中国成立70周年主题，紧扣爱国主义教育主题，紧扣人民日报的新闻属性，紧扣媒体融合发展的实践。从全国两会后立项，到国庆节前上线，“家国梦”的创作持续了整整半年，由碰碰词儿工作室牵头，十几名参与者都是人民日报总编室的夜班编辑。在做好本职工作的同时，他们投入了大量的时间、精力，充分发挥夜班编辑的内容生产优势和政治把关能力，将国家政策从“新闻纸”上巧妙转移到“游戏屏”上，实现了一次创造性的“融合转移”。这是一次现实世界与虚拟世界的无缝对接，也是舆论引领工作的直接抵达。

“家国梦”系列产品的创作中，有两个关键点：一是公益手游里的“政策中心”。政策如何做到既有时效性又兼顾历史性？党和国家出台的政策数以千计，该如何取舍？又该如何向年轻的游戏玩家解释这些政策？

团队充分发挥夜班编辑长期跟踪政策的优势，确定了“以党的十八大以来的重大政策为主，兼顾1949年以来的基本国策”这一原则，分头行动，搜索出上千条政策文件，经过反复推敲，按照“家”和“国”两个侧重点，对政策进行了区分——涉及“家”的政策，大多偏向民生，比如精准脱贫、全面二孩、大病医保等；涉及“国”的政策，大多侧重国计，比如“一带一路”建设、全面深化改革、创新驱动等。结合游戏设计的实际需求，最终选定了45项政策。

年轻的游戏玩家都是互联网“原住民”，政策如何让他们看得懂、好理解？这是一项需要“转换文本、转换语态”的“翻译”工作。团队要求用最通俗易懂的语言，在100字之内说清楚这条政策的利好之处，又要保证表述准确、无偏差。仅这一项工作，大家就在一起反复讨论、修改，前后打磨了四五遍。

二是“家国之光”纪念卡册。350张“家国之光”如何选定？从国家到各省区市，那么多领域、那么多层面，选择哪些不选哪些？手绘时用什么视觉元素表现？编辑们拿出了人民日报夜班把关新闻图片的标准，严格对待每一步流程：确定条目、撰写简介、提出设想……350张手绘图初稿出来后，更是把关到“不近人情”，比如，民族服饰是否画错了袖子？花草树木是否与季节不符？地名牌匾是否繁简字混用，等等，不放过任何一处疑点。

精益求精的态度，还体现在要闻2版的图文报道中，体现在绘本、H5等衍生产品的创作中。大家充分发挥人民日报夜班编辑出色的政治把关能力、文字功底和开拓创新意识。功夫不负有心人，“家国梦”系列融媒体产品打通多个传播圈层，全面发挥不同产品形态的优势，做到了接地气、有生气、聚人气。产品有情感、有深度、有温度，一经推出即成“爆款”，并入选“庆祝新中国成立70周年融合报道创新案例”。这既是对“家国梦”的肯定，也是对创作团队的鼓励与鞭策。

三、思考总结前行，探索新闻性与趣味性的融合

“家国梦”在游戏正向价值的传播、意识形态工作创新、媒体融合的深度发展等方面，都做了不同层面、不同角度的拓展。回顾过去半年的创作，我们的体会有以下几点。

第一，新时代的传播，得年轻人者得未来。年轻一代信息渠道多，视野开阔，思维活跃。“家国梦”上线后受到年轻人追捧，一是因为游戏本身好玩有趣、入手门槛低，二是因为“家国梦”在社交网络上带来的话题效应。这是一种自发的人性驱动传播。

了解受众、亲近受众，找准受众的兴趣点，是做好新时代舆论传播的密码，就像人民日报社副总编辑许正中说的那样，要想聚拢人心实现引领，媒

体就要学会：把“重要的”做成“需要的”，把“有意义”做得“有意思”。

第二，新时代的融媒，重“爆款”更重沉淀。最近几年，主流媒体不乏爆款产品，有效扩大了社会影响力。但“爆款”之后，如何才能长久留住用户，值得探讨。“家国梦”拥有累计超过400万的玩家群体，这是一个愿意亲近党报、以青少年为主的用户群体。今后为他们研发的产品，无论是爱国主义游戏还是其他形态的媒体产品，也要力争做到既能让人喜欢、让人受益，又能适度约束、促人成长。主流媒体要有担当，要更多地参与开发正趣味游戏产品，在意识形态、文化传播等领域以正驱邪。

2019年11月6日，人民日报社为“家国梦”系列融媒体产品召开专门研讨会。专家、学者们认为，“家国梦”的成功，重点在于两个“打破”：一是打破了主流媒体宣传的“内循环”，借助手游这样的社交平台，把主流价值的传播延伸到30岁以下的玩家群体；二是打破了以往“线上线下、网上网下、版面页面”的界限，真正做到了嵌入式传播、互动式传播、趣味性传播。

主创人员：刘莉莉、王　军、吴　燕、罗　彦、黄　超、巩育华、蒋雪婕、申　茜、吕　莉、祁嘉润、郭雪岩、马　琳、娄霄霄

本文执笔人：刘莉莉、黄　超

光明日报系列短视频：让知识分子成“网红”

为落实习近平总书记致光明日报创刊70周年贺信中“把广大知识分子紧紧团结在党中央周围”的指示精神，光明日报自2019年9月20日起，在“两微一端”等新媒体平台连续制作推出《一起走过70年》《我的前辈们》《新动力人群说》等系列视频，聚焦“新中国成立70周年，知识分子与祖国同奋进”这一主题，邀请不同领域、不同年龄段的50余位知识分子，以当前流行的短视频传播形式，讲述与祖国共奋进的感人故事。

《一起走过70年》《我的前辈们》系列视频是由报社全媒体总编室牵头，邀请报社科技部、文艺部等资深编辑记者参与脚本创作，视频拍摄制作引入市场制作力量。同时，这也是光明日报全面试行全媒体项目制的成果。

《一起走过70年》视频制作精良，采用水墨动画渲染的方式呈现，给人以带入感、沉浸感，脚本简洁凝练、内涵丰富。该视频紧扣“70年”主题，聚焦与共和国同程的老一辈知识分子。光明日报采访了部分德高望重的科学家、哲学家等多行业的专家学者，包括中国航天“大总师”和“两弹一星”功勋奖章获得者孙家栋、著名雷达专家王小谟、著名经济学家厉以宁、新中国法学界最早一批博士生导师张晋藩、从事文学翻译长达60余年的许渊冲等。

在《我的前辈们》视频制作过程中，光明日报创新拍摄形式，搭建摄影棚，将时间的线索聚集在有限的空间里，增强画面感。全新的空间理念，让身处不同空间的老中青三代知识分子深入对话，既体现光明日报团结知识分子的定位，也展现了传统媒体的新媒体创意思维。文化学者蒙曼，茅盾文学奖得主徐则臣，新一代航天人李飞从文学、历史、科技的角度对话文化大家王蒙、哲学家张世英、航天科学家孙家栋等学界泰斗。两代人之间的对话，展现了新老知识分子薪火相传的家国情怀。

“新动力人群”是光明日报率先使用的概念，指代的是利用新技术、新业态为改革赋能的创造者以及知识密集、智力密集、推动中国实现创新驱动发展的新型劳动者。《新动力人群说》系列视频则聚焦当前各科技前沿领域的知识分子，如核聚变工程师、智慧城市程序员、教育扶贫参与者等，展现了新动力人群为新一轮改革开放赋能聚力的奋斗历程。

光明日报这一系列视频在网络上引起了强烈的情感共鸣，取得了良好的传播效果，让知识分子群体“刷”出了存在感。《一起走过 70 年》《我的前辈们》《新动力人群说》3 个系列视频不仅在光明日报自有新媒体平台推送，同时被“学习强国”学习平台置于首页重要位置向用户推荐，腾讯视频、今日头条等商业平台也在重点位置推荐。《一起走过 70 年》《关于历史，学者蒙曼向走过 70 年的前辈这样请教》等多篇微信文章阅读量突破 10 万+。同时，视频图文素材在《光明日报》整版刊发，实现新媒体产品与报纸联动，形成“1+1>2”的传播合力。截至 2019 年 11 月，该系列短视频已经推出 20 集，总播放量超过 3 亿人次，广受各界好评。以上作品获得中宣部新闻阅评表扬肯定，阅评中提到，“主流媒体顺应该趋势，让知识分子等群体成为‘网红’，不仅能有效增加内容供给，也为主力军顺利挺进主战场打开了新局面。光明日报推出的知识分子系列短视频无疑是一次有益的尝试”。

习近平总书记在致光明日报创刊 70 周年贺信中为光明日报指明了办报的方向。光明日报积极落实习近平总书记指示，以项目制创新内容生产模式，调动采编部门积极性，形成了围绕知识分子进行报道的全媒体战略布局。光明日报革新摄制理念与形式，用实际行动践行“四力”创作融媒体佳品。

为了更好地为老一辈知识分子“画像”，展现他们戎马倥偬、为国奋斗的人生轨迹，光明日报编委会领导多次亲自带队，报社知识分子联络办积极沟通，将受访对象按历史、哲学、航空航天等方向进行分类。全媒体总编室派出将近 20 人的拍摄团队，3—4 人一个小组，分头到其家中或者研究院、办公室进行实地采访拍摄，拍摄时间历时半年。光明日报全媒体团队的辛苦付出，为《一起走过 70 年》

一起走过 70 年

系列视频积累了丰富的素材。在实际采访拍摄过程中，部分知识分子年岁已高，语言表达不够清晰。为了更好地将知识分子的事迹转化为新媒体产品，光明日报前方团队进行了大量的录音转译工作，并对采访对象的作品、报道进行全方位整理，以便更好地进行拍摄工作。

《我的前辈们》系列视频是光明日报全媒体报道工作的一次大胆创新。两代知识分子，面对同样的问题，会有什么样的回答？我们选择邀请蒙曼、徐则臣、李飞3位在各自行业具有代表性的专家学者，采用隔空对话的方式进行棚录。摄影棚压缩了空间，将视频的元素在有限的范围内呈现，既突出了主题，又创造性地实现了跨时空的“对话”。

《我的前辈们》系列视频的实际拍摄现场在北京市通州区。光明日报通过搭建数百平方米的摄影棚，布置3处景位，每位专家、学者分3幕场景进行拍摄。其中，第一幕场景是一个印刻了新中国70年里重要年份的时空隧道，专家们从时光的背景里缓步走来，向大家讲述着新中国成立70年来在历史、文学、航天3个领域的发展序列；第二幕场景是专家学者们站在照片墙前，诉说着自己创作和工作的感悟；第三幕场景用舞台的形式盘活了画面，用与前辈老先生们隔空对话的形式将整个视频推向了高潮。而结尾对新中国未来的祝福则回归了“70年”的主题。视频结构铺陈有序，主题宣传适时发力，空间结构立体呈现，视频作品得以成为新媒体平台的“现象级作品”。

对于光明日报全媒体制作团队来讲，打造知识分子的精神家园是责任，更是担当；而新中国成立70周年宣传报道工作也是一项全身心投入的事业。从当天5点进场布置安排，到次日凌晨近1点结束拍摄。在棚拍现场，从导演到灯光、摄像，从脚本策划到内容把控，光明日报团队勇于担当，用实际行动践行“四力”。

《新动力人群说》的采访过程，是对光明日报全媒体团队的又一次考验。从核聚变到云计算，从飞行操控系统到大数据应用，新动力群体的特点提升了采访的门槛。光明日报拍摄团队发扬主动学习的精神，查阅大量中英文资料，一方面能够更好地和这群从事科技创新的年轻知识分子对话，另一方面也能够增强传播效果。《新动力人群说》的采访对象包括腾讯、阿里巴巴、科大讯飞、大疆科技、今日头条等，从北京到深圳，从合肥到杭州，光明日报全媒体团队挥洒汗水，用镜头和画面记录着新业态的发展情况和新动力人群的精神面貌。《新动力人群说》系列视频上线后，引发了科技界强烈共鸣，提振了网民对中国科学技术发展的信心。

主 创 人 员：毕玉才、刘文嘉、叶乐峰、王子墨、孙金行、王远方、刘宇航、姜奕名、常　莹、吴亚琦、孙小婷、徐　谭、卢　璐、王　倩、刘　陆、邹兰斯

本文执笔人：王远方

《中国为什么能》：数据引领创新传播

2019年9月下旬，《中国为什么能》（*How China Can*）第一季10集系列融媒体报道在国内新媒体终端和海外社交媒体平台广泛传播，运用数据新闻短视频的融合创新形态，从衣食住行的小切口出发，以一种独特的形式全景展现了全体中国人共享发展成果的中国奇迹，也用客观翔实的数据和震撼生动的画面向世界回答了“中国特色社会主义为什么好”的问题，重在传达70年中国发展成就背后的制度优势和道路优势。

这个系列数据新闻短视频（中文简体、中文繁体、英文3个版本）是面向国内外互联网用户，介绍中国各方面发展建设成就的轻型数据新闻短视频产品。该产品每集时长约3分钟，第一季共10集，主要聚焦民生话题。如：中国为什么能养活14亿人，中国为什么能让每个乡村通公路，中国为什么能让人均寿命增长一倍，中国为什么能一年四季都有蔬菜，中国为什么能每年生产5660亿个鸡蛋，中国为什么能每年送达500亿件快递，中国为什么能实现最便捷的移动支付，等等。

初步统计，该系列在新华社海外社交媒体账号总浏览量超过3000万人次，中文版总播放量超过3亿人次，总互动量过百万人次。

《中国为什么能》系列短视频本质上是一个充分利用短视频特点的知识性产品，以海内外社交媒体平台为主要渠道，向公众提供关于当代中国社会发展状况的简明而直接的介绍，特别是通过提炼和呈现中国发展建设成就关键亮点，加强公众对于中国道路的认同。这组产品内容丰富、特色鲜明，充分考虑到互联网及社交媒体平台的传播规律，从小切口切入，突出亮点，通过“数据可视化＋高品质视觉”的典型化结构，精准针对受众关注的中国现实问题，给出简明、直接、浅白的解释和回答，以“精准、轻快、直接、有趣”作为总体风格。

一、视角平实，以百姓身边事阐述“中国为什么能”

该系列产品跳出重大主题宣传报道视角宏大、内容易枯燥的窠臼，选择从普通人生活变迁的点滴着眼，以小见大折射出国家发展的伟大成就。同时，中国的造桥能力、服装生产设计加工等方面，也都体现了中国成就与世界分享的大国风范。通过大量客观事实和翔实数据，有效地捕获海内外受众的注意力、提高受众接受度，有别于成就宣传习惯使用的“宏大叙事”，更贴近国外受众的思维方式和阅读习惯。此外，与同类报道相比，《中国为什么能》还加入了横向（国际）和纵向（历史）的数据分析比较，并以形态活泼的可视化模型来展现，增强了客观性、可信性和说服力。

与一些展现“中国之美”的市场化产品或自媒体产品相比，《中国为什么能》更注重整个系列的系统性和逻辑性，重在传达中国发展背后的制度优势和道路优势，不仅展现了“中国能”的发展建设成就和人民生产生活实践，更结合中国特色社会主义的核心特点，直截了当地回答了“为什么能”的问题，充分彰显制度优势，传递“四个自信”。从产品播发后的用户反馈看，一方面有大量对于“中国奇迹”的赞叹，另一方面很多人也关注并接受了“中国为什么能”背后的关键因素——中国道路。

二、内容知识性强，传播不为人知的“知识点”和技术支撑

《养活14亿人，中国为什么能？》《让每个乡村通上公路，中国为什么能？》等报道中简明清晰地介绍了中国的自然地理条件、耕地资源情况。《每年送达500亿件快递，中国为什么能？》展现了中国的快件自动化分拣流水线的运转，带有温控技术、通过物联网与中央运营机构实时对接信息的冷藏车等画面。在《移动支付世界第一，中国为什么能？》中，关于中国的乡村如何实现移动支付，短视频展现了四川“悬崖村”也可使用4G网络，传递出中国通过大力加强电信基础设施建设建成了世界上覆盖范围最广、最具普惠性的电信服务网络，从而通过互联网和移动网络改变了千万中国乡村。系列报道关于背景知识的表达简洁明快，制作团队对大量资料和数据进

行了消化吸收和通俗性转化。新闻传播学专家郝建新说：“整个系列报道蕴含了大量知识，展示了众多的中国之最乃至源自中国的世界之最，提振民族自信心，让受众受益匪浅。”

三、以三维动图形式诠释大数据，兼顾视觉冲击和受众观感

数据新闻一直被认为是有“阅读门槛”的报道类型，通常都比较生硬、单调，缺少人文关怀和温度。《中国为什么能》系列报道善用图表、动图、特效，让数据展示更直观清晰、生动活泼，让冷冰冰的成就“动起来”，让受众理解更透彻，70 年来的发展变化以及与世界其他国家的横向比较“跃然屏上”。与此同时，短视频使用了大量历史图片、航拍画面、卫星影像，让数据新闻更具可看性和冲击力。在处理统计数据时，根据内容选取与之匹配的呈现模式。例如《养活 14 亿人，中国为什么能？》中，统计“2017 年世界各国小麦产量 TOP10”用的是三维线型图；描述“七区二十三带农业战略格局”时用的是地形分布图；《每年生产 5660 亿个鸡蛋，中国为什么能？》中，统计“2012—2018 年我国鸡蛋表现消费量走势”用的是三维饼图。多种方式在报道中相互穿插，结构层次清晰，样式丰富且颜色搭配合理，有效让沉闷的数字以鲜活的形式跃然纸上，让受众对数据的理解更透彻。有读者在新媒体终端留言说：“多种方式在报道中相互穿插，结构层次清晰，样式丰富且颜色搭配合理，有效让沉闷的数字以鲜活的形式跃然纸上，让受众对数据的理解更透彻。”

在制作方面，我们有如下体会。

其一，数据引领，创新传播方式。《中国为什么能》系列短视频采用“数据可视化 + 高品质视觉”的模式，即结合国际化、动态效果的 3D 数据模型和高品质图片及视频素材。一方面，通过数据可视化，利用模型、表格呈现内容，具有较强的权威性和说服力，能够使用户在认知的基础上对内容产生认同，是国际上较为流行的内容传达方式；另一方面，针对低门槛大众用户的喜好，利用精彩的图片和视频素材在较短时间内吸引其兴趣和持续关注。

其二，主题鲜明，贴合新型传播特点。由于短视频产品信息容量有限，

标题及关键信息往往决定产品成败。作为面向互联网用户的大众型短视频节目，《中国为什么能》系列短视频在选题策划、标题设计时，就强调既反映中国建设成就，又能带有“抓眼球”的关键信息。适应社交媒体平台的特性，该系列短片并不追求过于深入全面的阐述和分析，而是直奔主题，快速精准传达关键信息，调动用户兴趣，并将精要的关键点迅速植入其认知；同时，利用国际化、年轻化、高品质的视觉呈现，持续吸引用户关注。

其三，内容结构模型化，形成典型特征。针对所有选题，《中国为什么能》系列短视频在内容构建方面主要包括3个方向：本集关键内容的科普性、知识性解读；历史纵深；国际比较。在结构上，每一集都以设问的形式，将主题拆解为海外公众关注的几个问题，随后加以解释回答，以不断引发用户兴趣、回应用户关切。

其四，包装风格化，建立传播辨识度。《中国为什么能》系列短视频在包装上形成风格化的特点，注重国际化、年轻化，总体风格以简洁明快为主。如片头设计，分为栏题、本集标题两个部分，栏题、本集标题又组合为“中国为什么能 ××××”的句式，每次只改变本集标题的部分，栏题固定。

《中国为什么能》是新华社为推进国际传播能力建设打造的外宣轻量级融媒体数据新闻品牌产品，以更易接受的话语体系和表达方式向世界讲述中国成就。成功推出第一季之后，今后还将陆续推出聚焦中国超级工程、中国制造、中国特色文化等领域的系列产品，力求做强品牌，以小见大，向世界展现真实、立体、全面的中国。

中国为什么能

主创人员：周宗敏、倪四义、冯瑛冰、王进业、苏会志、钱　彤、程　瑛、张正富、郑晓奕、山　旭、张晶雪、冯　春、田德伦、杨　光、刘　沛、李　奇、乔宁祥、江育东、郭　超、赵　颖、章博宁、Katie Capstick

本文执笔人：山　旭、张正富

《头条里的青春中国》诠释奋斗力量

一、微电影《头条里的青春中国》简介

微电影《头条里的青春中国》由共青团中央出品，中国青年报·中青在线承制，是为庆祝中华人民共和国成立70周年精心打造的文化产品。该片遴选《中国青年报》和《中国青年》杂志的若干头条故事，以梁军、邓稼先、袁隆平、张海迪、张瑞敏、王中美、杨祥国等头条人物为依托。影片用7分钟讲述7个故事，将新中国成立70年来，不同时期不同领域青年的感人故事重现于观众眼前，诠释了一代代中国青年为祖国不懈奋斗的精神与力量。

微电影巧妙地运用“历史记录者”的方式，设置一名记者作为主线人物，通过记者的镜头、文字等元素与邓稼先、袁隆平等头条人物产生互动，将社会主义建设时期、改革开放时期和新时代的故事串联在一起。通过主要人物的传奇故事，凸显各时代的精神与特质，全方位体现中国从站起来、富起来到强起来的伟大变迁。

头条里的青春中国

截至2019年11月20日，《头条里的青春中国》微电影获得超过1200家平台的关注和报道，总传播量约为8.4亿人次。其中，新闻网站及客户端阅读量超过2200万人次，学习强国、央视网、新浪网、搜狐网、今日头条、百度、腾讯新闻等平台着重推荐；视频平台播放量达7300万人次，腾讯视频PUSH推荐、快手及哔哩哔哩首页置顶推荐、好看视频全天开屏推荐；微信平台阅读量达170万人次；在新浪微博，以讨论此片为核心内容的话题，如#头条里的青春中国#和#中华人民共和国成立70周年#、#朱一龙邓稼先#，合计阅读量超过7.1亿人次。

二、组织策划及创作经验

《中国青年报》和《中国青年》杂志作为新中国的“同龄人”，记录着这个国家波澜壮阔的历史，更勾勒出一代代青年的成长轨迹。其头条报道中的人物，可谓历史现场的当事人与见证者，他们的奋斗故事亦代表着各时代中国青年的精神与特质。经过多番谈论，主创团队敲定以头条中的典型人物故事作为影片主体，串联70年来新中国的苦难辉煌。

微电影脚本在总导演的指导下，创作历时3个月，前后修改30余次。在创作期间，主创团队翻阅了近70年的报纸，查阅了大量传记、资料。最终在近百位典型人物中选定了梁军、邓稼先、袁隆平、张海迪、张瑞敏、王中美、杨祥国作为本片的头条人物。

那么，如何在短短几分钟呈现新中国成立70年来不同时期、不同行业青年的精神风貌、展现新中国人民的不懈奋斗？总导演带着主创团队集思广益，头脑风暴一轮接着一轮。最终，大家决定用“历史记录者”将不同时期的头条人物故事串联起来。于是，一个不可或缺的角色——记者就出现了。最终的影片中，由周冬雨扮演的记者，出现在不同事件的第一现场，与这些重要人物进行对话，从而记录、报道他们的故事。

在选角方面，为了让这些头条人物更易深入青年人内心，主创团队选择了朱一龙、白敬亭、董子健、万茜等受青年喜爱的正能量演员，来演绎这些头条人物的头条故事。考虑到一些角色所处时期距现在较远，团队还特意为演员准备了角色的背景资料，让演员更好地理解角色。

微电影的拍摄制作过程，每一处细节都倾注创作团队的大量心血。为实现与历史情景吻合，仅摄影棚内置景就有10余个。拍摄之前，摄制组寻找并制作了大量不同年代的服装和道具，包括氢弹科研室及发射指挥室、70年代的医院病房及手术室等。值得一提的是，为达到更好的还原效果，在拍摄袁隆平在稻田中拉小提琴的场景时，制作团队在拍摄当天一早，将水稻从河北运至北京，在影棚外种出一片稻田；租赁使用新中国第一代拖拉机，并长途运输至拍摄现场；放弃特效，搭建了实体的房屋，实拍地震房屋倒塌的镜头。在后期制作期间，团队多次往返于北京与上海，连续几天只睡三四个小时，直到上线前几个小时，片子还在做最后的打磨。

在宣发方面，主创团队在微电影上线前备足了“弹药”，提前占据传播高地。微电影上线前3天，每天发布新的物料。团中央微博先后推出一组悬疑版预热海报及两条预告片，团中央微信广告位放置另一预热海报，参演的9位明星则发布了个人海报。由此极大拓展了微电影的影响范围，微电影在正式上线前，微博话题“头条里的青春中国”阅读量近1亿人次，引得大量粉丝和路人关注。

为增强宣传效果，主创团队还邀请专业摄影师拍摄剧照、经验丰富的平面设计师设计海报，为“里子”精致的微电影打造“高颜值”的“面子”。值得一提的是，除影片主视觉海报外，团队还专门设计了两组悬疑版预热海报，在作品上线前发布，让网民来猜测有哪些明星加盟，演绎哪位人物，增强互动。

微电影上线后，主创团队的工作仍在继续，力求延长产品的“生命周期”。一方面，通过微博发布两支幕后花絮，分别揭秘拍摄现场和后期制作，令网友了解到更多幕后制作故事。尤其是一些特效前后对比、现场拍摄与成片的对比，引起了不少网友的兴趣。另一方面，团队制作了若干支明星个人花絮，在微博及哔哩哔哩上发布，受到粉丝热捧，进一步提升了整个微电影的热度。

主 创 人 员：李柯勇、景　临、张　坤、皮　钧、陈章乐、王　良、董　时、蔺玉红、王小鲲、闵　捷、孙　晔、黄　园、史　剑、姚　伟、司　格、高天昱、毋泽良、林　鑫、付豪杰、寇京晶、周子璠、刘　翔、张　杰、马鸿彬等

本文执笔人：毋泽良

“数说 70 年”：数据可视化展现辉煌成就

结合新中国 70 年成就报道策划与安排，经济日报发挥专业优势，强化自身特色，推出“数说 70 年”系列视频作品，用新媒体形态将“成就数据化、数据视觉化、视觉艺术化”，以简洁、直观、好看、有趣的方式展现 70 年来辉煌发展成果。

“数说 70 年”系列产品重点选取了与老百姓生活最贴近、感受变化最明显的消费、饮食、大国工程、数字经济、生态、外贸等 6 个领域介绍发展成绩。该系列视频不仅在经济日报社各新媒体平台取得了良好传播效果，还被网信办转发推荐，形成全网传播力、影响力、引导力，为庆祝新中国成立 70 周年宣传报道增添了亮丽一笔。据初步统计，“数说 70 年”系列产品的全网传播覆盖总量破 1 亿人次。

一、聚合汇，形态可融可拓

生产的进步，技术的发展，供人们能够获取使用的信息内容极大增长，也一定程度上使人们希望改变获取使用的方式。通过对数据的梳理、整合、演绎等，一目了然、生动有趣地传递信息，是有效吸引关注、扩大传播的重要途径。

1. 数据“串”起来

以数据作为产品的内容主体，首要任务是基础数据的准备，即整理、清洗、筛选、核查等，这也是尤为关键的一步。“数说 70 年”系列产品，有效使用数据近 100 套约 1000 组，整理梳理数据超 1 万点。有了数据，最考验技艺的工作是如何在产品中进行“串联”。在数据内容可视化设计制作过程中，反映变化需要注意横向的覆盖面、纵向的跨度点；突出成绩需要强调典型性、代表性；保障效果需要讲究专业性、贴近性。

饮食篇《从一蔬一饭之变看餐桌上的中国》巧用主食占比、主要农作物自给率、肉蛋菜果鱼人均占有量、农业综合机械化率等维度的变化，连接起老百姓“吃好喝好”的方方面面；大国工程篇《中国“大动脉”带你玩“穿越”》则利用高速公路网、高铁运营网、水上港口网、空中运输网等4张“自成体系”的网，系统化展现中国水陆海空立体交通纵横交错、连接成网的飞跃式变迁。

2. 数字“活”起来

数说 70 年

把数据信息高度汇聚在一张信息图表中，同时再与大众日常生活有机结合，其妙用不仅在于丰富内容、避免枯燥，还能让产品更接地气，强化数据与生活的关联，激发用户关注和讨论，多重促进宣传效果。该系列的每一个产品都不会就数据说数据，有些将时间节点与相应重大事件融合，有些将变化结果与人们的具体行为联系，有些引入新兴网红用语或热门话题……跃然于屏幕的是生动又具体的场景，简单轻松地传递出数字背后的独特内涵和真正价值。

生态篇《中国点“绿”成“金”》里“公交出行，80g能量收取；包裹回收，37g能量到账”“‘华北绿肺’塞罕坝荒原变林海”“像保护自己的眼睛一样保护生态环境，像对待生命一样对待生态环境”等，以真实的案例或素材让报道具有更强说服力；消费篇《中国消费的“速度与激情”》里“吃货战斗力惊人，舌尖经济强势来袭”“过去‘白天不懂夜的黑’，现在‘夜间经济’点亮城市”“一场说走就走的旅行，让‘诗和远方’不再遥远”等，用鲜活的方式让产品具有更强生命力。

3. 数图“动”起来

该系列产品大量使用柱状图、饼图、曲线图、树图、面积图、玉珏图、气泡图等数据图形，并以贯穿时间、事件、排名变化等维度的数据信息，驱动单个数据之间的联动。同时，辅之以精心绘制的线条感、成长感、气势感画面，用心尽心反映每一套数据改变所展现的成就。此外，本套产品设计不局限于单一使用某种图形方式，还将技术力量有效“嫁接”到美术中，运用计算机程序跑数据做效果，对各类图形进行结合、变种、优化等，力图为读者呈现最有信息量的样式、最有视觉感的动效、最有审美力的画面。

外贸篇《中国外贸“修炼记”》对中国外贸出口商品总额的表达，首先使用树图描述相关数据的分类占比，运用“颗粒感”素材展现具体类别，然后通过“爆炸”式画面重组，过渡到面积图这类色彩分明、更有视觉冲击力的样式，来描述出口总额在时间维度上的增长变化；数字篇《看了这些数字，你心中“有数”了吗？》为充分表达中国互联网用户的极速变化效果，以气泡图为基础，在一个画面中同时展现时间的变化、国家的变化、用户数据的变化、排名的变化等，以前后式、纵深式对比，凸显中国数字化建设迅速崛起背后的重要力量。

二、同理心，发展可感可知

数字的魅力在简单、直观，而数字的缺陷就是单一、抽象。在视频产品黄金10秒原则中，如果在最开始不够吸引人，则超过一半的用户可能会选择“抛弃”。那么在这个黄金时间里，必须要做的就是“对症下药”，找到最容易被用户获取的突破点。大主题小切口、大道理小故事是我们主要使用的方法，也就是“运用群众语言，说群众能懂的话，讲群众身边的事”的原则。如，在反映70年来饮食变化时，从流行的“轻食”切入，渐次引出饮食习惯改变、农业生产力提高、中国人饭碗牢固等；在反映生态文明建设成就时，将绿色发展理念与人们的时尚行为方式紧密结合，从年轻人熟悉的“蚂蚁森林”切入，将指尖“长出”的森林延伸到现实的国土森林覆盖率增长，从手机收取能量种树扩大到中国生态发展理念深入人心的转变。

有了故事，还须讲得生动形象，才能有引人入胜的效果，才能达到鼓舞人心的宣传目的。为产品注入活泼的力量，是我们主要采用的手段，就像老百姓唠家常一样，不拘形式，乐中还藏着理。如，“在线公共服务省时省力省成本；网约车让用户出行更效率；互联网理财使闲钱不‘闲’……”嵌入老百姓每天都在经历或看到的生活方式，描述了数字经济发展带来的美好生活，展现创新中国为经济发展带来的澎湃动能；“一分钟，电商平台卖出28万只小龙虾；一小时，快递公司处理600万个快递；一天，老百姓花1000亿元用于购物和餐饮”。从网络用户热衷的日常网购场景切入，既阐述新兴消费行为的发展理念，也展现中国经济强大的内生发展动力；“消费还带动就业，相关从业人员（1.3 亿人）手拉手可围绕地球赤道 5 圈”。使用老百姓感受得到的方式找共鸣，规避纯粹数字的距离感。

三、断舍离，聚焦可视可触

在成就宣传报道中，可展现的内容范围非常广，想表现的内容信息非常多，可使用的内容素材非常杂。但做见新见深的报道才是我们不变的方向，用户满意的产品才是我们永恒的追求。在有限时间、有限空间有限资源的情况下，与大而全的“贪欲”作斗争，是我们必须要克服的困难。一是控制数量，过多的领域不仅分散精力，还可能出现虎头蛇尾的结局；二是控制时间，用最精华的内容和最精练的语言，在尽可能短的时间内完成叙述，避免冗长、拖拉、反复等不利影响；三是控制范围，一个产品一个概念一个诉求，是“分支”点就应该果断去除，杜绝承载过多任务。

在《中国“大动脉”带你玩“穿越”》中，原本的“大动脉”不仅包含水陆海空 4 张运输人和物的交通网，还有 1 张地下运输油和气的能源管网。在经过多次讨论研究后，能源管网最终被“裁”掉了，因其既不能与“带你玩‘穿越’”主题完全相符，也不在老百姓日常接触最多感受最深的范围之内。“瘦身”后的“大动脉”不仅直观呈现中国横跨东西、纵贯南北的庞大交通建设，还让用户直接发出“出行方便，货运方便，生活更方便”的感慨。

从单维到多维、从静态到动态、从技术到艺术……数据新闻视频产品兼具内容与形式，兼得实用与美观。其服务于宣传报道的潜力仍可深挖，价值亦可再创。

主创人员：朱文娟、王　琳、雷雨田、吉亚娇、
赵田格格（见习）、王子萱
本文执笔人：朱文娟

《70秒·看见中国》助力国庆传播热潮

《70秒·看见中国》系列短视频深度挖掘新中国成立70周年来各个省（区、市）取得的成就，用新时代年轻人喜欢的话语进行表达，从宏观到微观，展现祖国的大好河山和壮丽时代。该系列取名“看见”，包含两层意思：利用70秒，让更多人看见祖国的瑰丽山河；看见，亦是超越所见。在作品中，要让网友们“看见”祖国的发展成就，看见人民的幸福生活。看见，是看见新时代的自己，看见追梦者。同时，利用中国日报外宣优势，该系列在策划之初就考虑了内宣和外宣的不同属性，分别制作推出了双语、英语和竖屏3个版本，为不同观看人群提供良好的观看体验。

一、“工匠精神”打造爆款内容

近年来，移动互联网终端快速发展，媒体格局、舆论生态、受众对象、传播技术等都发生了深刻变化，越来越多的人通过新兴媒介终端获取信息，青年一代更是将互联网作为主要信息接收渠道。

传统的主旋律内容，在互联网的社交语境下，容易出现水土不服的情况。讲网友“听得懂的话”，讲网友“爱听的话”，是主旋律内容生态构建的关键所在。《70秒·看见中国》系列短视频以恰当的时间长短，用诗意的叙事语言和生动的画面，表现新中国成立以来的巨大变化、人民幸福生活和社会的欣欣向荣。70秒时长，既契合新中国成立70周年这一重大主题，又恰好符合当下互联网受众观看视频的最佳长度。从传播效果看，短视频便于随播随看，碎片化传播属性强，占用时间少，多数网友在各种零碎浏览时间时愿意点击，最终看完，并乐于转推。

适应全媒体时代碎片化阅读，好标题讲好故事。《70秒·看见中国》系列短视频用精细化的视频语言和简明生动的表达在最短的时间展现“70年来中国发展成就”这一宏大命题，用量化时间的方法化解读者对宏大选题的“畏难”情绪，以小见大，以短取胜，把碎片化的只言片语，用完整的逻辑和鲜活的叙述串联起来，让读者能够通过短暂的70秒看得到一份实实在在的共和国发展成绩单。

为了占领碎片化的阅读时间，一个好的标题是成功的关键。《70秒·看见中国》系列短视频运用谐音、口号、对仗等方式，塑造了诸如《人见人爱，“蜀”你最靓》《25度的夏天和3D版屏保，这里是内蒙古》《醉美多彩贵州：大山里，有无限“黔”力》《陕西，美滴很，撩得很！》等标题，既富有地方文化特色，又朗朗上口易于传播。

重塑话语方式，适应“四全媒体”传播。主流媒体的主题宣传习惯于宏大叙事，长篇累牍，但是《70秒·看见中国》系列短视频从策划之初就明确，我们不求“高大全”，我们只求“入脑、入心”。无论是展现经济成就还是社会发展文明，对内还是对外，《70秒·看见中国》系列短视频追求的是“有血有肉有共鸣”的传播话语。如果把《70秒·看见中国》系列短视频拆开看不难发现这样一个模式。“70秒”的第一个段落讲的是祖国的大江大海，大国重器，大开大合。我们借助主题宣传的契机，让中国和世界的观众再一次认识到中国的瑰丽山河。“70秒”的第二个段落则侧重于关照人心、人意，从细部揭示人民群众的获得感，从故事折射新时代中国人的精气神。例如江苏一集时，GDP不再是冷冰冰的数字，而是GDP背后对每个人的影响，如展现“夜经济”这个话题。创作团队注意到，江苏特产小龙虾和大闸蟹，所以“70秒”一句“小龙虾大闸蟹，哼哈二将，霸占夜宵江湖”，引起了许多网友的共鸣，该集的单集传播量也将近1000万人次。

打破传统媒体与读者的“真空地带”，用具有人情味和生活气息的叙事与读者产生直接关联。为了让每个读者切身体会到新中国70年来的各项成就，系列视频从“人”出发，以个体视角关照国家的改变，看见京津冀一体化发展，环首都一小时交通圈正在形成，意味着“奋斗在大城市的你，也可以常回家看看”；看见保护生态环境，离不开“放下牧鞭，成为保护环境的前线战士”的青海人民，你看到的高颜值美图背后，是青海人对家园的默默呵护。从经济高质量发展到扶贫攻坚，《70秒·看见中国》系列短视频用接地气的表达让读者在获得感中感受国家进步。

精巧构思，重视品质。《70秒·看见中国》系列短视频每集只有70秒，容不下拖沓，所以形式主义的内容不能有，创作团队敢想敢做打破原有主题宣传报道中要“面面俱到”“平均主义”的做法。在制作陕西一集时，就不局限于传统视角中的陕西古城墙古建筑，而另辟蹊径，从舌尖上的味道、文创产品小处着眼。目的是唤起普通民众对于陕西风俗、陕西发展的共同记忆。只要创作团队秉持“工匠精神”，把每集内容做得十分精致，“70秒”短视频的长度和形式完全能够承载起重大主题报道。同时，在创作中，适应碎片传播不等于粗制滥造，吸引年轻人需要好品质的内容。

二、传播中国好声音，展示多元中国形象

重视国际传播，主动设置国际舆论议程。中国日报不仅在微博、微信等国内社交媒体上线《70秒·看见中国》系列短视频，还在China Daily海外社交媒体账号、客户端同步发布英文版，内外结合，全球传播。英文版《70秒·看见中国》不仅仅是简单对于中文版的翻译，而是主动贴近受众心理，用国际社会易于接受的语言，用国际的话语体系传播我们的内容和观点，主动设置国际舆论议程。

打破刻板印象，展示多元多维中国。《70秒·看见中国》系列短视频回应了新时代外宣工作需求，从大国重器到吃穿住行全维度描绘国家形象。在画面和文字上讲求细节，既有“高颜值”的壮美河山，又有“高大上”的大国工程，还有“高保真”的小人物生活，突破了原有的宣传思维，通过环境人物、近景远景的交错使用，真诚地还原了一个多元多维的国家形象，每一集都牵涉中国社会生活的方方面面，有助于打破外国受众一直以来的刻板印象。

三、小视频也能有大传播量

爆款频出，吸引年轻受众。《70秒·看见中国》系列短视频于新媒体阵地先声夺人，报、网、端、微等媒体矩阵全线开花，在传播声浪上层层递进，打出了“创意＋内容＋传播阵地”的组合拳。

《70 秒 · 看见中国》系列短视频共计播发 33 期，中国日报自有平台累计传播量超过 1.2 亿人次，传播渠道覆盖报、网、端、微等平台，相关内容在“学习强国”学习平台也同步发布，共获得 2000 家中央及地方媒体主动转载。

主题词“70 秒 · 看见中国”自系列推出后，在网络上曝光量增长千倍以上。在微博上，系列短视频话题阅读量超 7000 万人次，荣登微博热搜榜第一名；在微信上，系列短视频累计获得近 2 万人次的点赞量，带动“山东”“南宁”“河南”“泰山”等地域特色词语，以及“发展”“建设”“文化”等城市建设主题词成为热词，这在一定程度上，反映了各城市的受关注程度，以及阅读受众内心的期待。

好内容，跨界播，多渠道布局传播。《70 秒 · 看见中国》系列短视频除了依托自身新媒体的发布优势外，线下展映成为“70 秒”发力布局的另一重要传播场域。《70 秒 · 看见中国》系列短视频在联合国大会、澳大利亚悉尼文化中心应邀做展映，向国外高端用户展示重大主题宣传内容。《70 秒 · 看见中国》系列短视频，还打通地铁、城市大屏等分众渠道，在北京地铁机场线、江苏苏州地铁大屏、南宁市中心大屏幕、“中国—越南”国际班列凭祥车站等线下大屏做循环展映，每日播映客流量超过 100 万人次。《70 秒 · 看见中国》系列短视频，还拓宽了移动端渠道，在中国移动视频彩铃商城上线，只要拨打移动电话就能在来电时播映《70 秒 · 看见中国》相关内容，作为视频彩铃。

主创人员：孟　哲、焦　洁、王韦翰、葛天琳、高亚美、Owen Fishwick、Nathan Williams、张　霄、何　娜、张若琼、柯荣谊、王　浩

本文执笔人：孟　哲、焦　洁

系列爆款让全网唱响“我爱你中国”

为庆祝新中国成立70周年，人民日报社新媒体中心推出“我爱你中国”全媒体策划，综合运用网友尤其是青少年喜爱的音乐快闪、主题MV、互动H5、网络征集等产品、活动形式，通过线上线下结合、多种渠道融通、发布一系列网络“爆款”产品的传播方式，激发、凝聚起广大网友的爱国热情，引起强烈反响。截至国庆假期结束，主要产品的网友观看互动量就超10亿人次，网络征集内容的累计阅读量超150亿人次，成为庆祝新中国成立70周年新媒体报道中的网络“爆款”。

一、三大板块激荡网友爱国情

围绕国庆报道，主创团队经过讨论，确定将饱含情感浓度的“我爱你中国”作为全媒体策划主题，设计推出了不同形态的产品和活动，形成网络传播矩阵。

“我爱你中国”地铁专列吸引网友“打卡”。国庆前夕报道任务繁重，主创团队克服时间紧张、人手紧缺等困难，在北京市相关部门支持配合下，于北京地铁二号线制作推出“我爱你中国”地铁专列，并策划音乐快闪，在网上网下同步唱响“我爱你中国”。地铁专列车厢内主要元素为习近平总书记曾经提到的15位爱国典型、英模人物的形象和反映他们爱国情怀的精彩话语，例如著名教育家张伯苓的“爱国三问”。为增强网络特色，车厢内还汇集了人民日报新媒体征集到的30位普通网友爱国留言，与先进模范的爱国话语形成互动。“我爱你中国”地铁专列在北京地铁2号线运营时长长达1个月，运营期间吸引众多网友前去“打卡”。

56个民族唱响“我爱你中国”。2019年9月26日，人民日报新媒体推出精心摄制的主题MV《我爱你中国》。MV由56个民族的普通群众共同演唱，88岁高龄的曲作者郑秋枫参与演出。MV在全国20多个地点以电影级品质实景拍摄，历时3个月，前后超过千人次参与拍摄，真实壮美，动人心弦，唱出了亿万网友最真挚的告白。MV发布当天，推出MV配套互动H5《56个民族服装任你选！快秀出你的爱国Style》，帮助网友"换装"，生成脸上贴有小国旗的个性化"民族照"或"头像照"，既体验各民族的服饰文化，更表达出共同的爱国情感，形成网络传播热潮。

网络征集获得积极响应。与此同时，为了增强活动的参与性和互动性，人民日报新媒体与微博等社交媒体平台和抖音、快手等短视频平台联合推出"我爱你中国"网络征集，吸引网友以留言、歌曲、短视频等不同形式，表达自己对祖国的爱，获得积极响应。不少网友纷纷上传歌曲、短视频，成为国庆期间社交平台上的一大传播亮点。

二、10亿人次互动展现强大感染力

寓价值传达、感情传导、信息传递于自发的互动参与之中，这是新媒体传播的一大特点。这次"我爱你中国"活动的创意和传播正体现了该特点，很好地实践了"润物细无声"的要求。活动开展一周后，"我爱你中国"全媒体策划网友互动量超10亿人次，网络征集主题阅读量超150亿人次，网友纷纷表达自己的爱国之情，"我爱你中国"化为广大网友心底自然流淌出来的心声。

人民日报两微两端发布的短视频和图文报道，让"我爱你中国"地铁专列迅速爆红。新媒体中心组织的地铁2号线快闪微视频仅在人民日报新媒体平台的播放量就超过千万人次。

主题MV《我爱你中国》被500多家新闻网站和新闻客户端、微博、微信账号转载，在全国众多电视频道和线下大屏播出，全网播放量超过2.5亿人次。在西藏拉萨布达拉宫广场前的大屏上，《我爱你中国》循环播放。民族服装H5的页面浏览量（PV）近2亿人次，用户主动生成的"爱国民族照"超过7.38亿张。#我穿民族服装的样子#成为新浪微博网友自发形成的"热搜"话题。

网络征集活动获得积极响应。抖音平台"我爱你中国"主题征集到300

余万条视频，总播放量超过84.3亿人次。微博平台“我爱你中国”主题发帖量超过1000万帖，总阅读量超过67.7亿人次。一些影视明星纷纷在各大平台上传短视频，带动了网友的积极参与。有网友在抖音平台留言称，“中国我入股了，占股14亿分之一，只要祖国越来越好，怎么都能通过各种途径‘分红’，能不爱吗？祖国我爱你！”该留言获得其他网友的热烈点赞。

三、5点体会把握传播新趋势

回顾“我爱你中国”系列活动的策划、生产、传播、互动等过程，我们有以下5个方面的体会。

一是注重创新创意，让创新成为媒体融合发展助推器。新闻传播从来没有像今天这样迫切需要创新，也从来没有像今天这样具有丰富多彩的创新条件。以“我爱你中国”为主题的全媒体策划打破思维定式，充分展现出创新思维，地铁专列、快闪、MV等多种形式和各种场景，给用户带来沉浸式的全新体验，创造“有我”的参与感，极大扩大了活动的覆盖面和影响力，才得以获得网友称赞、业界认可。

二是注重互动化、年轻态，让爱国主义宣传出新出彩。在新媒体时代，做好主题宣传，形式越来越多。广告片、微电影、MV、纪录片、海报等非传统新闻语态，只要使用得当，就能够给受众带来超出预期的传播体验。一列装扮一新的地铁+一场充满青春气息的快闪，清新自然、润物无声地传播爱国主义，并带动广大网友将爱国之情化为爱国之行。

三是融媒体思维、全媒体策划，打通线上线下多个平台。在媒介深度融合的当下，用户对产品提出了更高的要求和期待，全媒体策划思维将成为“爆款”的重要孵化器。此次人民日报新媒体中心运用多种媒介形式，打通多个线上线下平台，推出了丰富多彩的融媒体产品。所有的产品不再是孤立的，而是优势互补，统一主题又各具特色，打出漂亮的“组合拳”。

四是站位高远、以情动人，联结宏大主题与个体生活。面对新中国成立70周年这一宏大命题，主题MV《我爱你中国》别出心裁，汇集56个民族的普通民众，在极具生活气息的图景中同唱一首歌，立意高、角度新。民族服装互动H5，用户只需上传个人照片，就可在线换装，既满足了广大用户对各民族服装的好奇，也满足了大家表达爱国之情的需求。宏大主题和个体生活、个人体验紧密相连，引发“裂变式”分享。

五是精雕细琢、追求极致，在细节上体现功力。人民日报新媒体始终把追求极致作为工作标准。“我爱你中国”地铁专列的设计在极短时间内经历了3轮修改，做到精益求精。主题MV《我爱你中国》在全国20多个地点以电影级品质实景拍摄，历时3个月，得到各地政府和相关机构和当地群众的大力支持，形成了爱国主义教育的强大合力。每一套民族服装都经专家仔细审定。互动H5的制作，经过反复测试和调整，目的就是给用户带来最佳体验，进而实现有效传播。

我爱你中国

主创人员：丁　伟、刘晓鹏、余荣华、苗　苗、熊　捷、朱　利、张意轩、宋　嵩、巩　晗、陈泉伊、刘珂君等

本文执笔人：朱　利

全球百家华文新媒体：国庆24小时融合大联播

为做好庆祝新中国成立70周年报道，中新网发挥中新社通讯社特点和与海外华媒长期合作的独特优势，充分挖掘海外华媒作为中国故事扩音器的传播资源，精心策划，推出了“全球华文新媒体国庆24小时联播”大型融合报道项目。中新网与来自五大洲40余个国家和地区的108家海外华文新媒体开展图文、视频、移动直播内容互荐，特色栏目嵌套，社交平台互动等方式合作，形成合作传播平台矩阵，向全球受众全景式展现中国各地各民族群众和海外华侨华人共庆中国华诞的盛况，充分营造全球中华儿女为新中国“庆生”的喜庆氛围，取得了突出效果，成为本次国庆报道媒体“阅兵场”上一道亮眼的风景。

24小时不间断视频、图文直播既突出了融合特点，又达到了创新要求。为准备此次直播报道内容，网站多次召开脚本策划会，详细设计直播方案，协调母媒体中新社28家境内外分社、80余名记者参与直播，联系多家海外华文媒体及海外侨团提供图片、文字、视频等直播素材。这24个小时，背后是长达数月的筹备策划，是百余名编辑、记者的努力付出，更是检验媒体融合发展成果的试金石。

一、24小时，将广电节目与新媒体直播相融

中新网直播从2016年里约奥运会时正式起步，迄今已发展3年。这期间，移动视频直播发展迅猛，我们从中不断感受到移动端网民人数的快速增长、网速的提升，移动直播、短视频等逐步成为填充人们碎片化时间的重要方式。以前，传统的广电新闻节目只能在固定的时长中传递着有限的内容，

而随着技术的发展，更加注重用户参与感和互动感的移动直播更符合互联网的传播规律，可以让身处千里之外的人拥有近在咫尺之感。一场移动直播的时长往往仅有1小时左右，介绍完新闻事件，直播也就告一段落。而要筹划24小时的移动直播，不仅仅需要传统广电节目的专业经验，还需要将这种传统经验和新媒体网络直播结合起来，互相补充。这对于我们而言是一次融合报道的突破性尝试。

24小时直播，首先需要保障的就是安全。其中包括了技术安全及内容安全。该场直播，我们进行了30秒的直播延时，并做好一主一备两路直播信号，若当日直播出现技术故障，也可随时切换，不影响用户观看。直播流程方面，我们精确到了24小时的每一分钟。这场直播统筹了参加天安门广场阅兵式的前方记者——他们参与直播的时间不确定，需要随机应变，但画面生动，现场感强，提供了正式阅兵开始前珍贵的画面素材；也统筹了中新社境内外分社——他们的时间相对固定，但是需要随时因为突发画面的接入改变原有流程，出镜记者必须提前准备，做好流程、时间更改的预案。同时，我们还收到了当天提前拍摄好的活动片段，在审核把关后播出，更加丰富了直播的内容。在内容安全方面，我们也提前进行了直播预演，对提前准备好的资料片进行反复审查，并要求参与直播的记者提前提供报道预案，还多次发出直播的报道提示，请直播记者尤其注意报道安全。我们的导播也准备了备片，一旦出现意外情况，就及时切换，保障整体报道安全。

安全之外，我们需要的是直播有架构、有生命。在这场24小时直播中，我们策划了“壮美山河”“我爱你中国”“晨光序曲”“欢庆盛典”“祝福中国”“烟花璀璨”6个篇章。这6个篇章又由不同的小策划组合而成。其中，“壮美山河”主要内容为航拍中国大美山河，展现泰山、黄山、长江、黄果树瀑布等风景；“我爱你中国”篇章播出了中新网征集的华侨华人快闪歌唱《我爱你中国》《我和我的祖国》的活动；“晨光序曲”展现了王继才曾驻守的开山岛、中国最南端地级市——海南三沙、世界海拔最高的城市广场——布达拉宫广场等地的升旗仪式，在上海中共一大会址、嘉兴红船、南昌八一广场等地，回顾了我国建党、建军及新中国成立的峥嵘岁月，实时连线天安门广场现场记者，展示了阅兵式和群众游行的情况；“欢庆盛典”篇章采用央视信号，稳妥播出庆祝中华人民共和国成立70周年大会的整体流程。

大会结束后，直播报道进入“祝福中国”篇章，记者赶赴多地，带网友回忆往昔——探访毛泽东故里湖南韶山、邓小平故里四川广元；记录当下——探访中越边境东兴口岸及义乌国际商贸城，展现中国经济发展腾飞及“一带一路”建设情况；展望未来——探访雄安新区市民服务中心，展现这座千年之城如火如荼的建设场景。直播还通过航拍画面，展现了母亲河——黄河与长江奔流而去，通过采访南京长江大桥当年的建设者，回顾新中国的奋斗历程。晚间，最后篇章“烟花璀璨”通过航拍镜头，给网友带来烟火表演、多彩灯光秀等视觉盛宴。

二、立足自身优势，展现鲜明特色

中新社以对外报道为主要新闻业务，是以海外华侨华人、港澳同胞、台湾同胞和与中国有关系的外国人为主要服务对象的国际通讯社。此次直播立足中新社、中新网自身定位，特别突出了港澳台侨及民族团结等元素。

从2019年3月开始，中新网就开始与海外侨团联系，请他们录制、拍摄庆祝活动。海外侨团在当地热门地点举行快闪活动，大家一同高歌《我爱你，中国》《歌唱祖国》，情绪饱满，在异国他乡尤有特色，看到这些录制的活动，自己不由得深受感动，更加能体会到海外华侨华人对祖（籍）国的深情。

在当天的直播中，我们也提前联系了海外分社，协调直播当地华侨华人的庆祝活动。如在韩国历史最悠久的唐人街——仁川中华街上，中国姑娘们身着汉服翩翩起舞，不少人以快闪的形式唱响《我和我的祖国》，令人印象深刻。

该场直播着重突出民族团结的主题，内蒙古分社邀请呼和浩特市布贴画非物质文化遗产传承人崔锁莲，拍摄她和她的学生们共同完成《祝福祖国》的画面；新疆分社探访了乌鲁木齐的新疆国际大巴扎，凸显当地民族风情特色，直播了少数民族对祖国的诚挚祝福；云南分社则在民族村拍摄了傈僳族代表性歌舞“阿尺木刮”。

此外，香港分社拍摄的国庆当天港人在太平山顶欢度国庆现场，直播还穿插了大公文汇全媒体录制的香港社会不同界别、不同年龄段代表的祝福视频，表达了各届希望香港早日恢复秩序的心声。

三、传播效果：让全球网友祝福祖国

自 2019 年 10 月 1 日零时起，“全球华文新媒体国庆 24 小时联播”在中新网 PC、App 端口重点位置突出展示，并在客户端重点推送，直播观看次数突破 57 万人次。中新网官方微博也同步置顶本场直播，多次转发，播放总数超 600 万人次，互动总数突破 10 万人次，阅读总数达到 645 万人次。

国庆 24 小时融合大联播

此外，本场直播得到第三方商业平台的重点推送，传播效果突出。在今日头条，该场直播总播放量达到 420 万人次；在百度搜索头条区展示，增加了曝光率。

中新网在海外社交平台脸谱、推特及优兔平台同步推送直播内容，覆盖人数达到近 30 万人，互动突破 10 万人次，创下中新网、中新社海外社交平台账号传播效果新高，海外网友纷纷表达对中国的祝福。

来自五大洲 40 余个国家和地区的 108 家海外华文新媒体积极参与本次联播活动，意大利欧联网、阿根廷华人网、希腊中希时报、美国神州时报、日本新华侨报、澳洲新闻网、西班牙欧华报、加拿大超级生活网、菲商报等华媒在网站首页头图等重点位置给予了展示。大公文汇传媒、泰国网、星暹日报、英国侨报等在其官方微博上重点推荐，并与中新网官方微博进行互动。

合作华媒对这种合作传播方式非常认可。《澳洲日报》执行编辑葛广韬表示，作为海外华文新闻工作者，能参与到70周年活动报道中，深感荣幸。《高加索华人报》负责人黄从军说，此活动办得非常好也非常成功，让格鲁吉亚等国家的华人能通过直播活动为祖国庆生，真是非常有意义。澳大利亚华厦传媒集团董事长项翔认为，这种合作非常有必要，通过新媒体平台不仅迅速通过海外华文媒体收集世界各地关于一个重大事件的报道并迅速通过一个平台快速传播，达到了迅速、有效、全面、权威。阿根廷华人网负责人崔明才提出，这次活动从效果来看是非常成功的，发挥出也体现出了海外华文媒体分布广、影响力大的优势，还为海外华人华侨提供了一个观看国庆直播的入口。《菲律宾商报》负责人蔡友铭表示，活动很好，让全球华人彼此有个互相认识和了解的平台，通过中新网的联播，我们可以看到其他国家的华人华侨如何庆祝新中国成立70周年。

主创人员、本文执笔人：集体

▶ 庆祝新中国成立 70 周年融合报道地方媒体十大创新案例

庆祝新中国成立 70 周年融合报道十大创新案例（地方媒体）颁奖仪式

双屏互动：跨越 70 年“平行世界”的对话

2019 年是新中国成立 70 周年。在 1949 年的重庆，300 多名革命志士因屠杀倒在黎明前夜。70 年后，当悬挂 1949 和 2019 车牌的阅兵车从天安门广场上驶过，无数人泪崩了：烈士们的鲜血没有白流，共和国的盛世如你所愿！

生活在新时代的我们，若在“平行世界”遇见 70 年前的他们，会发生什么？华龙网－新重庆客户端创新使用“双屏互动”等新媒体技术，从 70 年这一特殊时间节点切入，策划推出 H5 产品《2019 对话 1949：时代变了　初心未变》。产品以 H5+ 短视频的表现方式，主打“平行世界”这一核心概念，通过现代人与革命志士“隔空对话”，创造 3 个沉浸式场景，供网友互动观看，取得了较好的社会传播效果。

2019 年 10 月 7 日，《2019 对话 1949：时代变了　初心未变》H5 一经上线，便引爆了无数人的泪点。5 分钟的创意视频，用新新人类的语言，传递了宏大主题，触动了众多网友的心。上线一周内，全网总点击量超过 2100 万人次，仅在华龙网－新重庆客户端上，点击量就突破 230 万人次，为主流媒体在新时期探索提升重大主题报道影响力提供了一条全新路径。

一、创意：“大主题”寻求“小切口”

2019 年恰逢新中国成立 70 周年，“70 年”自然成为主流媒体贯穿全年的最大报道主题。如何在这样一个宏大历史节点找到落脚点，打造出一款新媒体现象级产品？

华龙网－新重庆客户端的采编团队经过头脑风暴，很快就达成一致：这款产品一定要小切口、不空洞、有意义。最终，在翻阅历史资料并讨论了近 10 个方案后，采编团队将思路集中到了渣滓洞、白公馆的革命志士上。正是因为有革命志士的抛头颅洒热血，才有了如今共和国的繁荣昌盛。在70年后的今天，若能用影像这样特殊的方式向他们致敬，相信也是网友们希望看到的。

在中国历史上，很少有一座城市像重庆那样，因历史机缘，在短短几年内成为全中国乃至全世界瞩目的焦点。对于重庆人而言，铭记惨痛历史，传承红岩精神，才能经得起改革开放和市场经济的考验。华龙网－新重庆客户端借助新技术，让现代人与革命志士“隔空对话”，才变得简单而又充满意义——尽管时代已经发生翻天覆地的变化，但建设新中国的初心、牢记时代使命从未改变。

最终，《2019对话1949：时代变了　初心未变》以现实中的小学生、职场女性、大学应届毕业生为主人公，分别与革命志士“小萝卜头”宋振中、杨汉秀、王朴“相遇”于渣滓洞、白公馆，一场跨越70年“平行世界”的“隔空对话”就此产生。

采编团队之所以选择宋振中、杨汉秀、王朴为对话人，既考虑了他们的知名度与贴近性，还尽可能地覆盖了不同的性别和年龄阶段。当作品再现于网友面前时，其本身也被赋予了更多的代表性和社会价值，这也是现象级产品传递出的最大意义。虽然革命志士倒在了黎明之前，但他们的精神被以各种方式传承下来。70年来，他们的初心和信念依然熠熠发光，并不断感染和激励着一代又一代人。

二、采编：“内容＋技术”缺一不可

从专业角度来看，在“内容＋技术”并重的采编思路指导下，《2019对话1949：时代变了　初心未变》无论是互动体验的流畅度，还是技术效果的完整性，都经受住了考验。

首先是内容上，在创意确定后，华龙网－新重庆客户端采编团队多次展开讨论，为“隔空对话”的双方设计了多个版本的台词，拍摄脚本也经过多次改动。

和宋振中、杨汉秀、王朴“隔空对话”的小学生、职场女性、大学应届毕业生，此前均无影视作品拍摄经验。而产品创作采用漫画的动画效果与实景相结合的形式，要求 3 位现代主人公全程无实物表演，与漫画还原的革命志士进行互动，进而构建起 3 个不同的故事场景，这对 3 位表演者提出了非常高的要求。

为保证画面效果，采编团队放弃了最初考虑的室内影棚拍摄的想法，在录制时全部采用实地拍摄，避开渣滓洞、白公馆等热门景点白天游客高峰期，多次在拍摄现场待到深夜，让演员更好地进入角色，拍摄记录了几百分钟的视频素材。

其次是技术上，产品采用单双机模式，同步制作推出两个版本。单机版本中，“对话”的现代人和革命志士同处一个画面；双机版本中，现代人和革命志士分处两个画面。观看时，网友可选择单人欣赏，也可邀请多人双机同步看片，互动分享。

在后期制作中，采编团队查阅史料，对宋振中、杨汉秀、王朴的漫画形象进行了创作，确保内容和导向正确。同时，为达到“隔空对话”的效果，对画面进行一帧一帧的核对调整，并多次调整修改、三审三校，最终成片在 70 周年庆典之际推出，成为刷屏的爆款作品。整个作品主题突出、系统流畅、情节完整，充分发挥了新媒体产品在移动端的优势，以内容为核、技术制胜、互动创新，是“庆祝新中国成立 70 周年”系列融媒体产品中难得一见的上乘之作。

三、传播：立体格局“借势”裂变

《2019 对话 1949：时代变了　初心未变》项目制作由华龙网集团融媒体新闻中心牵头完成，在华龙网及旗下新重庆客户端头条首发，在重庆客户端“1+39”集群推送转载，重报数字屏、城市商圈户外大屏等平台同步刊发，在多个第三方平台分发，形成立体化推广格局，提高了曝光度和用户触达率。

2019 对话 1949：时代变了　初心未变

移动互联网时代，社交平台上热点层出不穷，网友也时常被海量信息淹没。2019 年国庆节期间，“阅兵车牌号是 1949 和 2019”成为刷屏最多的热点之一。《2019 对话 1949：时代变了　初心未变》，恰好抓住了节日期间这一最大的流量入口，让这样一个有着主题宣传内核的新媒体产品，在社交平台上乘风起飞，以互动的方式实现了现象级传播。作品全网总点击量超过2100万人次，仅在华龙网－新重庆客户端上，点击量就突破230万人次。

主创人员：曾　静、黄　宇、易　华、宋　卫、陈　洋、尹建红、李春雪、胡宝雨、冯　珊、刘　颜、康延芳、张一叶

本文执笔人：黄　宇

历历行程十万里　国旗漫卷映初心

新中国成立70周年之际，用高质量作品讴歌伟大时代，是新华报业传媒集团全年60项重点工作的第一项任务。新华日报社社长、党委书记、新华报业传媒集团董事长双传学，新华日报社总编辑、党委副书记顾雷鸣高度重视、亲自谋划、部署协调，并明确一位副总编辑抓好落实，确定以“国旗漫卷，初心永恒”为主题，以“我们的五星红旗”为核心内容，从集团报、网、端三大主要媒体中抽调骨干力量，实施融媒体采访行动。

集团全媒体记者兵分8组16路，历时1个多月，行程10万余里，克服高温、高海拔、塌方、洪水等不利条件，从瑞金到新疆塔城，从帕米尔高原到开山岛，从漠河到海南椰林，从戈壁东风航天城到四川大凉山……采访与五星红旗相关的动人故事，记录下了中华人民共和国70年砥砺前行的历史足迹。32位前方记者，27位后方文字、视频编辑，以16个整版通讯近5万字的恢宏报道，用实际行动践行“四力”。

一、多跑一米，才有好新闻

8月盛夏。平均海拔5000米的红其拉甫热斯喀木村，气温不到10℃，雪花和风打在脸上如刀割一般。跟在红其拉甫边境派出所民警后面巡边的记者王拓、唐澄、潘海兵、曹阳、余勤雍已经上气不接下气，连续的上坡下坡，含氧量不足48%，还背着几十斤摄像器材，让他们备受煎熬。

“坚持住，不掉队。”上高原两天多，又连续徒步跋涉几个小时的记者们吸着氧相互鼓励着。他们身前，民警们举着国旗，唱着《歌唱祖国》，跨过乱石堆，向上正翻越一座达坡。“快跑，再往前一米，放飞机，拍照片。”记者们忘了身心疲惫和缺氧带来的剧烈头痛，立刻工作起来。这个瞬间成为《让五星红旗在帕米尔高原迎风飘扬》的经典画面。越接近现场，越有好新闻。"国旗漫卷，初心永恒"报道组无不以此为准则，践行"脚力"，坚持好新闻永远在基层！

为了采访东极黑瞎子岛边防战士，采访组整整等候了43天，因为洪水围困，人无法上岛，岛上又断水断电。电话连线也可以完成采访，但采访组认为，不上岛就无法零距离感受战士们在艰苦环境里克服一切困难的决心和意志。机遇不负有心人，终于在截稿前几天，洪水稍退时，采访组搭乘冲锋舟上岛，完成了任务。

这样的事例不胜枚举，陈月飞、华夏、万程鹏、王子杰在开山岛上再访时代楷模王继才的妻子王仕花，杨蓓萍、陈彤、张琦、王子杰在蛟龙号研发基地再访总设计师叶聪……熟悉得不能再熟悉的人物、去了又去的地点，但"每一次去现场，都会有不同的新闻"，新闻在脚下，深入一线新闻才有泥土的芬芳，这是每个报道组一直坚守的真理。

二、你看到了什么

赶集回来的小姑娘某色拉作背着两个纸箱，手脚并用地爬上钢梯。纸箱里装的是土鸡，她中午前就能到家了。

21岁的小伙子俄依体在手机前用手指比着心，拿着一筐红辣椒在镜头前摆示。他正在直播。某色伍哈在滚烫的钢梯上憩息，笑吟吟地看着不远处上初中的儿子某色布且。

这些毫不吸引人的"小事"，平淡无奇，却深深打动了采访组成员范杰逊、黄欢、刘莉、韩军。这里是四川省凉山彝族自治州昭觉县支尔莫乡阿土列尔村，曾经因为艰难的藤梯路被外界熟知并被称为"悬崖村"。

由某色伍哈和村民们亲手搭建的800米高2556级钢梯彻底改变了"悬崖村"：山上开办了幼教点，有了光伏发电，接通了手机电视信号，俄依体成为家乡土特产的"带货网红"……连接山上山下的钢梯，成了"悬崖村"人们脱贫致富的道路。

"善于发现，用敏锐的目光捕捉事实背后深意，写出来的作品才能有锐力。"组长范杰逊说。《800米悬崖，一梯天堑变通途》，他们没有将笔墨放在政府部门如何重视上，而是通过观察一个个小人物、一个个小现场，

“润物无声”地表达出重大主题：精准扶贫，正在改变千百个“悬崖村”。

正是这双善于发现的“眼力”，朱威、丁叮、宋峤、王悦谋在红旗渠找到了张学义一家三代人，他们一个修渠牺牲、一个建渠圆梦、一个护渠坚守，薪火相传红旗旗帜和红旗渠精神；王宛璐、罗鹏、余萍、唐磊在百坭村找到了时代楷模黄文秀那么珍爱国旗的缘由……

三、多想想，他们为什么甘于平凡

深夜，群里的头像闪烁起来，甘肃酒泉东风航天城采访组组长郭蓓，已经习惯于编辑近乎苛刻的要求了。

“这么多年、这么多代航天人坚持下来，非同一般。采访到的人，讲的话都非常普通，做的事看上去也很平凡，但我们要多想想，是什么让他们甘于普通、甘于平凡？”

荒漠里的沙尘味，仍停留在嘴里；和小伙伴孔婧、蒋文超、费念渠马不停蹄两天一夜，辗转高铁、飞机、汽车赶到东风城的艰辛记忆犹新；回来后10余天的埋头写稿、改稿似乎比采访更苦更累。

“每次发射时，我都希望离火箭近一些。”“火箭燃料加注，几百吨的燃料，总体误差不能超过万分之几。”“万人一杆枪，每一次火箭腾飞，有成千上万航天人在岗位上。”“这没什么，国旗在太空中亮相，我们就满足了。”

受访年轻航空人朴素的话语震撼了采访组。是的，他们心里有一根线，有一种情怀，它传承了几代人，从未断过：爱国、敬业！

航天人的精神力透纸背，跃然而出：《国旗红航天蓝绘就绚丽青春》一气呵成！在写作中思考，在提炼中增强深度和高度，每一组都在这个过程中不断提升自己：椰林深处，海南文昌厚禄村，为什么一条新路、一面国旗，让村民发现自己内心不同寻常的力量？中国女排，几十年来是什么让女排精神成为民族精神？打不垮、震不倒，多次迁址办学的汶川璇口中学（七一中学），为什么总是能保证教学质量？

高看一眼、深挖一层，普通的事件背后都蕴含着伟大。

四、最感人肺腑，最贴地气

"刘老师，您的稿子，真是写得太好了，这是10多年来报道贾晨翔的稿子中，写得最大气磅礴，最感人肺腑，也是最贴地气的一篇报道。"

这是黑龙江移民管理局发给采访组组长刘海琴的一条微信，她与周娴、陈俨、高鑫共同采写的《中国最北的国旗，深深刻进他的名字》一稿在国家移民局系统引起强烈反响。

"往北，往北，一路往北。

"汽车转飞机再转火车，过渤海湾，跨东北三省，穿越整个大兴安岭，历时两天两夜，奔波3046公里，7岁的北北终于到'家'了。

"北北大名贾云旗，7年来他像一只候鸟，每年春夏就从山东荣成石岛出发，飞回到北纬53.3度的黑龙江北极镇洛古河村——中国最北的村庄。那是他爸爸驻扎的地方，有他爸爸和妈妈建起的中国最北的夫妻警务室，那里的'白云'和'国旗'是他名字的来历。"

这是文章的开头部分。

节奏明快，气势凝练，情感深沉……瞬间打动了读者。

"我们写作的时候，也考虑过是不是煽情些，后来觉得朴实最能打动人，决定去掉一切修饰，以最简洁的文字架构全文。"

刘海琴说，会写、有"笔力"，就是要善于表达，用最恰当的文字去和题材吻合，前提是自己对采访的新闻要有强烈的情感："没有情感就没有冲动，写出的作品就没有可读性、没有温度，更不要说深度、厚度。"

正是有了这样的"笔力"，我们读到了王拓采访组在新疆塔城采访到的维吾尔族老人沙勒克江十年如一日在自家小院升国旗的坚守；读到了杨蓓萍、陈彤、邵丹、张琦在瑞金城外华屋村后山上寻访到的"17棵青松"感人故事……

16篇通讯、16部视频、H5、影像志、海报，文字、摄影、编辑（剪辑）、技术紧密结合，制作出多形态作品，"国旗漫卷，初心永恒"融媒体行动，是新华报业传媒集团"队伍建设加强年"大背景下的一

我们的五星红旗

次“四力”的全面实践和检验，锻炼了队伍、达到了要求。整个行动中，共有4篇稿件被全网推送，3篇稿件被公安部、国家移民局采用，进一步提升了集团全媒体的传播力、引导力和影响力。

主创人员：双传学、顾雷鸣、陆　峰、陈炳山、周贤辉、戴军农

本文执笔人：陈炳山、戴军农

“找到你”：新闻与历史的相互映照

1949年5月27日，上海解放。翌日《解放日报》创刊。这份报纸，始终与上海风雨同行。

今天，我们重温当年波澜壮阔的历史画卷，重温从“战上海”到“建上海”到以改革创新的精神持续不断发展上海的历史进程，仍会深深感动于那种非同寻常的壮怀激烈、非同寻常的精益求精、非同寻常的接续奋斗。每到历史节点，我们回望过去，致敬为上海解放和建设立下历史功勋的老一辈无产阶级革命家、革命先烈；我们也致敬所有为这座城市挥洒汗水、作出贡献的普通劳动者、建设者、创造者。

在《解放日报》累积下的报纸资料中，我们看到了创刊以来报纸版面刊发过的一些普通人的人像。从寻常意义上说，能见报者多为领导名流或者典型人物，这就凸显出这些不知名的普通人人像的可贵。他们有的出现在一些大型场景的角落，有的只是为配一篇报道而出现的形象，有的甚至都没有被记录下名字。这么年过去了，我们还能找到他们吗？他们现在过得怎么样？城市的面貌和经济发展，已经发生了沧海桑田般的巨变，这些人所处的行业、街角、家庭环境又发生了哪些变化？

从2019年4月1日开始，《解放日报》和上观新闻，同步在头版和首页位置，刊出“找到你”系列。以寻人启事的方式，将从报纸资料库中遴选出反映不同时代故事的13幅老照片陆续刊出。呼吁全社会与我们一起辨认、寻找这些照片里的普通人。在收集线上和线下读者反馈的同时，并发动报社的80后和90后青年记者着力寻找照片中场景，再现当年的新闻事件，梳理从拍摄瞬间至今几十年里该人物或者领域发生的变化，折射时代变迁，反映城市发展建设。

在第一篇《找到你·寻人启事》中，我们写道：我在找你／你曾经出现在《解放日报》的版面和老照片里／这份诞生于1949年5月28日的报纸，

与上海同行七十年 / 记录下你所处的时代 / 也记住了你的样子 / 现在，我们为你而来。我们邀请大家一起寻找你 / 你过得好吗？你现在哪里？

当启事发出，各种线索立刻汇聚而来，一张张岁月中泛黄的面孔变得清晰，他们的故事如拼图般渐渐拼凑出现，上海经历的70年沧桑巨变，也从这一个个普通人的人生经历上折射出来——

1992年7月1日，《解放日报》头版头条位置刊登的是一张照片。照片里，被人群簇拥着的邓小平，在上海郊区闵行区旗忠村，抱起并亲吻了一个小男孩的面颊。昔日的旗忠村是个经济水平倒数的养猪村，被称为“马桥乡的西伯利亚”。在改革开放的浪潮下，旗忠村大胆创新，探索出一条壮大集体经济、逐步致富的道路。短短几年间，旗忠村从一家电线厂发展出电线电缆、电器材料、线材、纺织器材四大企业，一跃成为“华东富裕村”。1992年面对国内国际的复杂形势，邓小平发表了著名的“南方谈话”，坚定了我们国家改革开放的决心。正是在这样一个不平凡的年份中，邓小平到来并吻了这个孩子。20多年过去，记者在上海的闵行区辗转找到了照片中的小男孩，他如今已成长为男子汉。邓小平的吻，成为他人生中的高光时刻，时刻鼓励他成为一个对社会对家乡有用的人。就在留有当年邓小平足迹的村里，这个男孩毕业后归来，成为当地的村干部。

另一张来自历史更深处的照片，是《解放日报》于1959年刊登的，庆祝新中国成立10周年的摄影作品画刊。画刊中，有一张照片，记录了曹杨新村中的一户普通家庭。丈夫和妻子在说话，几个幼儿在家里玩耍。文字说明只有一行字：寅丰毛纺织厂工人居永康一家，解放前住在一条破船上，解放后搬进了曹杨新村。若不对照历史看，如今很难明白其中的巨大意涵。曹杨新村是新中国第一个工人新村的落成，标志着工人群体得到前所未有的重视。记者根据有限线索，几次走访曹杨新村和寅丰毛纺织厂，才发现随着经济结构调整，这家工厂早已不在，照片中的居永康也已过世。只有照片里的“小毛头”（上海话：婴幼儿）还住在曹杨新村。探访这一家，可将上海有关产业工人的这一页故事钩沉再现。

还有一张1954年的照片，显示一群少年正在草坪上，在老师指点下练习站姿。看上去普通的校园场景背后，是上海为传承国粹艺术作出的努力。当时，昆曲艺术几近濒危，位于上海的华东戏曲研究院创办昆曲演员训练班，从全国6000名考生中选拔出60位男女学生，由昆曲界传字辈老艺人传戏、授课。记者找到了年近80岁的昆曲名家蔡正仁，他接过照片立马认出自己：“你看，这就是我。”经过上海昆剧团工作人员的比对后，确认照片上后排右一是周启明，前排左三是甘明智，前排右一是白正东，前排右三是郑亚庆。站在孩子们前面指导的老师是辛清华，原先是京剧文武老生，后来成为昆曲作曲家。当年，包括辛清华在内的几位老师主要教授基本功，如拉云手、跑圆场、走台步等，昆曲则是由传字辈老师亲自教。艺术生命由此得到延续，并最终在此迎来艺术新的春天。一个剧种的盛衰兴替背后也是一代代昆曲艺术传承者的薪火相传。

就这样，我们陆续找到了1951年正在复旦大学的花园里跳集体舞的新中国第一批大学生；辨认出了参加新中国扫盲班的工厂女工；采访到了1952年国庆节身着盛装在街边举着鲜花欢笑的女青年；也重逢改革开放后新中国第一支时装表演模特队女队员的身影；认识了1995年参与上海地铁一号线通车的工作人员；面对面看到了2003年参加抗击非典的医生们，当年他们登在报纸上的形象，口罩遮住了脸，只露出了一双双眼睛……

时光流转，当年的新闻热点或许速朽，但事件留在城市的痕迹永存。这些普通人，因为我们的寻找，浮出历史的水面，穿越时空，来到我们身边。他们留在照片里的形象只有刹那，而这次重温，他们补充完整了刹那以外的故事，更为丰沛的人生，和他们见证的行业、社区、街区、环境的改变。呈现历史纵深的大开大合，与普通人经历的时代巨变。结合多媒体方式，同时呈现H5、视频、音频、照片。

文章陆续在《解放日报》重要版面和上观新闻首页登出，取得巨大社会反响。其中单篇点击量，最高达到331万人次。

新闻与历史，在这系列报道中，互为映照。历史中的老人，与采访团队中的青年，跨越时空交谈。我们满怀对历史的敬意，并当把这样的敬意化作砥砺前行的宝贵动力。因为我们深知，只有把上海这座光荣的城市建设好、发展好，才是对每一个为上海奋斗过的普通人最好的告慰。

回首过往，可以激励未来，也可以启示未来。历史总是由机遇和挑战组成，历史也总是由一代代人接力书写。新中国成立以来，一度面临经济瘫痪、民生凋敝的上海，一再攀登新台阶、创造新传奇，实现了前所未有的历史性跨越，取得了举世瞩目的辉煌成就，演绎了中国特色社会主义的生动实践，成为世界认识中国、理解中国的一扇窗口。几十年来，上海数次得到历史机遇的眷顾垂青，也几度面临风险挑战、坎坷难关。但历史一再证明，只要认定了正确的道路，抓住每一次机遇，驰而不息攻坚克难、创新探索、勠力前行，就没有过不去的难关，没有创造不了的奇迹。

这是“找到你”用厚重的历史告诉我们的故事，如今，我们也用新媒体的方式呈现给所有人。

主创人员：双传学、顾雷鸣、陆　峰、陈炳山、周贤辉、戴军农

《七十韶华》：以小见大展现壮阔历史长卷

《七十韶华》聚焦新中国主要缔造者毛泽东的故乡韶山，以小见大，以点带面，呈现新中国从站起来、富起来到强起来的伟大历史成就，是一篇管中窥豹的融媒短视频匠心之作。作品于2019年10月1日国庆节当天下午在新湖南客户端、华声在线新闻网站，以及湖南日报社所属其他新媒体平台包括微信、微博、今日头条、抖音、快手等矩阵群同步推出，成为引爆网友爱国情的助燃剂。网友大量转发和评论，截至发稿时止，全网传播量已达3970万人次。

一、大主题与小切口

好的新闻作品，总是与伟大的时代同频共振。在庆祝新中国成立70周年的高光时刻，新湖南客户端创作团队把目光投向了湖南韶山。

韶山，在每个中国人心里，不仅是一个地名，更是一个符号、一幅图腾。她是中华人民共和国主要缔造者毛泽东的故乡，是红色基因薪火相传的圣地，更是展现共和国实现站起来、富起来到强起来这一伟大飞跃的精彩缩影。团队围绕紧扣时代脉搏、反映时代风貌、昭示社会前进方向等关键词，提炼出《七十韶华》这一创作主题，一方面意指韶山与中华人民共和国70年同成长、共命运，另一方面隐喻新中国70年美好年华。作品用新中国三代领导人的同期声视频营构叙事时代背景，从长安街上的伟人声音到韶山冲里的百姓故事，从改革开放的宏大浪潮到小山村里的张张笑脸，从泱泱大国的铿锵步伐到主席故里的文化自信，把小人物的生平故事置于意境恢宏的时代洪流中，“管中窥豹”，勾画出新中国成立70年来波澜壮阔的历史长卷，展现新中国和她的人民从站起来、富起来到强起来的伟大历史成就。

二、大时代与小人物

无论怎样的时代，都是由无数小人物的命运沉浮组成，小人物的故事，恰恰是大时代的缩影。《七十韶华》力求记录大时代中鲜活的细节中国。

报道团队几次前往韶山，精心遴选讲述者。最终选定3位代表老、中、青三代人的普通韶山市民。一是78岁的韶山市人民法院原副院长易斌，他解放前跟着母亲四处讨米，解放后成长为人民法官，他的身份转变折射出新中国成立后中国人民“站起来了”的宏大叙事。二是毛泽东儿时伙伴李南冲的孙子李定洪，他既有主席邻居的渊源，又在改革开放的弄潮中，从农民逐步融入市场经济大潮，租下毛主席家的祖田，种下袁隆平院士的超级稻，将产品注册成品牌，作为韶山特产向国内外游客销售。他生活面貌的转变，正是改革开放时代很大一部分中国人的真实写照。三是韶山毛泽东同志纪念馆讲解员毛婉瑶，她是地道的韶山妹子，当讲解员已经10年。她不但亲眼看到近几十年韶山旧貌换新颜，也在“走出去”中，更加感受到祖国的强大。在她眼里，随着经济实力的不断提升和文化自信的不断加强，韶山实现了从革命圣地到红色旅游目的地再到世界级旅游地的质的飞跃，这无疑是新中国由富起来到强起来历史方位演进的具体体现。

三、大时空与小镜头

《七十韶华》以4分25秒短视频徐徐吟诵新中国从“1949开国大典”到“2019国庆阅兵”的70年壮美史诗，采用的是“大时空”与“小镜头”强烈对比与映衬的艺术结构形式。

构思灵感来自李白的《公无渡河》。诗云：“黄河西来决昆仑，咆哮万里触龙门。波滔天，尧咨嗟。大禹理百川，儿啼不窥家。……被发之叟狂而痴，清晨临流欲奚为。旁人不惜妻止之，公无渡河苦渡之。……”诗作开篇将巨笔伸向苍茫辽远的往古，以突兀惊呼之语，写黄河刹那间冲决之力和磅礴气势。然后将镜头拉近，定格于一个小人物的叙事，意与境谐，阔远无穷。

《七十韶华》将这种“大时空”与“小镜头”对比铺陈法，连用3次，循环往复、层层递进，将叙事及爱国情一浪接一浪地推向高潮，然后戛然而止，余音绕梁。“大时空”由新中国三代领导人的同期声视频来营构：首先是开国大典上毛泽东宣布中华人民共和国、中央人民政府成立的影像；其次是邓小平关于“一部分人先富起来”“实现共同富裕”理论阐述的影像；最后是习近平在中国共产党第十九次全国代表大会上提出“从站起来、富起来到强起来的历史性飞跃”论断的影像。“小镜头”由3位普通韶山人的鲜活故事来铺陈。这3个篇章又以绿幕抠像技术将一位主持人嵌入3D虚拟场景中串场，以《东方红》《走进新时代》《我和我的祖国》3首脍炙人口的歌曲作为背景音乐，以一本相册作为载体，使整个作品衔接流畅，浑然一体。

四、大团队与小细节

《七十韶华》是由新湖南客户端牵头策划，抽派华声在线摄像及后期制作、三湘都市报视觉、湖南日报影像中心无人机拍摄等人员组队创作。这是湖南日报社从2015年启动媒体全面融合改革以来，在“一体策划、整体作战、全面融合”的理念下，在体制、机制方面取得的突破性进展：遇到重大主题报道，会组建“虚拟团队”形成报道项目组。

项目组成员分工合作，文字记者会花费大量时间，前期与采访对象成为朋友，比如负责采访易斌老人的王为薇，多次到易老家访问，又带他到韶山曾经工作过的地方回忆往事，在反复交流中偶然抓住了易斌老人曾经讨过米的细节。为了突出现场感、细节化、故事化、情感化等因素，团队对拍摄脚本反复打磨。后期制作中，视频编辑又几易其稿，通宵剪片，通过抠图、3D成像等技术，将桌面场景“变大”，主持人“缩小”，产生视觉反差之奇效。

五、大传播与小制作

5G技术使打开视频像打开图片一样快，短视频将成为媒体融合发展的新业态，短视频将面临大传播格局。《七十韶华》是一则4分25秒的短视频，只能算是小制作，但它的刊播策略已经开始试点大传播路径。

一方面，“融媒时代时效依然为王”，《七十韶华》以代表韶山老、中、青三代人的讲述者聚首在大屏幕前观看“2019 国庆大阅兵”作结。国庆节当天，阅兵仪式结束后不久作品即推出，体现着新湖南客户端坚持“传播有速度”的制度设计，前方采访、后方制作、严格三审、即时刊播，真正实现了在中央厨房指挥体系下的“策采编播一条龙”无缝衔接。另一方面，实现全方位传播渠道“加持”。《七十韶华》发布时，除了充分发挥湖南日报社自有矩阵群的同步传播优势外，还大力借助央媒、门户网站、商业社交平台、流量大V等的传播力量，包括争取主管机构推介的方式，以延伸报道的传播链和覆盖面。作品推出后，人民网、腾讯视频、今日头条、新浪网等纷纷转载，微信朋友圈积极转发，成为网络热点。

七十韶华

主创人员：颜　斌、文凤雏、毛晓红、曾　益、王为薇、朱玉文、秦慧英、朱加宁、李　征、陈　萌、唐　俊、王　珏、郭宇轩、胡志丹、张嘉诗

本文执笔人：颜　斌、文凤雏、毛晓红、王为薇、朱玉文、秦慧英

三代新闻人重返现场“同走新闻路”

2019年4月，浙江日报启动庆祝新中国成立70周年大型融媒体报道——“同走新闻路”，在历时两个月的报道中，由老记者、一线骨干记者、高校新闻院系学生组成的三代新闻人，兵分15路，以浙报刊登过的、产生重大社会影响的名篇佳作为源头，重返新闻现场深入采访，追溯历史，记录当下，展望未来。

“同走新闻路”报道将融媒体理念贯穿始终，策划之初就围绕全媒体采访、全网分发来设计方案，每组报道均包括视频等多媒体产品，力求实现全程、全息、全员、全效的全媒体传播。在报纸上，连续使用了15个打通版，声势宏大，每篇均采用矩阵化组合发稿模式：亲历体主稿、老记者感言、大学生手记、专家点评、新老图片、大事记，配上视频报道、佳作原文的二维码。在互联网上，多媒体、多形态的产品适应不同平台需求，实现广泛传播。15组报道悉数被“学习强国”学习平台转发，其中3条还在推荐频道的首屏刊播。人民网、央视新闻、今日头条、网易新闻、中国记协网、环球网、凤凰网、经济网等对报道进行了转发。15篇主稿，在浙江新闻客户端上的总点击热度值达721万人次，每篇均在30万人次以上，远高于常规稿件；在外部平台有效曝光量近百万次，17条视频稿件全网总播放量约251.3万人次。

“同走新闻路”，也是一堂新闻界“四力”教育实践课。活动中共有6名浙报退休老记者、55名浙报在职记者和17名浙江大学新闻专业学生参与，三代新闻人年龄差最高达70岁。年轻记者和新闻学子感慨：同走新闻路，走的不仅仅是新闻佳作的回访之路、时代变革的记录之路，更是传承好作风、践行“四力”之路。中宣部教育实践工作领导小组办公室为此编发工作简报——《三代新闻人　同走新闻路——浙江日报新闻队伍践行和感悟“四力”的生动一课》。

一、跨越70年的回眸：兼具厚重感与独特性

"壮丽70年·奋斗新时代"是一场全国性的重大主题报道竞赛，同题作文，作为省级党报的《浙江日报》，有什么优势，怎样才能做出最大成效？面对这种挑战，自2019年3月开始，浙报全媒体编辑中心多次头脑风暴，努力寻找全国性主题与浙江特色的结合点，力求既具有厚重感，又体现独特性。经过反复梳理推敲，最终决定推出"同走新闻路"这一融媒体报道。它的亮点体现在如下几个方面。

1. 视角新：以15篇新闻佳作为原点

选取名篇佳作时，尽量突出浙江开创性、全国影响力等特点。例如，由浙报记者徐永辉拍摄的大型图文报道《一户人家十年间》(1959年9月23日刊登)，新旧社会对比鲜明、强烈，以贫苦雇农叶根土一家的10年之变，生动记录和反映了新中国初期亿万农民在中国共产党领导下获得大翻身的历史性时刻，曾在全国轰动一时。为农村改革发出先声的作品《砍掉四千株桃树的错误必须纠正》、报道改革家步鑫生的作品《企业家的歌》、反映企业家鲁冠球事迹的作品《鲁冠球成功之路》，以及《习近平告诫领导干部——要算一算"三笔账"》等篇目，都反映了浙江在不同历史时期勇立潮头的大胆探索，产生全国影响，推动了社会进步。

2. 载体新：以"同走新闻路"采访活动为路径

回顾历史的同时，更要聚焦当下、展望未来。不仅要学习旧作，还在通过新闻实践，捕捉鲜鱼活鱼。为此，浙报联合浙江省新闻工作者协会、浙江大学传媒与国际文化学院，组织老记者、一线骨干记者、高校新闻院系学生组成的三代新闻人，重返新闻现场，为佳作续写新篇。

对于发源于20世纪60年代初的"枫桥经验"，毛泽东等中央领导同志作出过重要批示。1999年4月19日，《浙江日报》头版头条刊发长篇通讯《就地化解矛盾的典范》，让"枫桥经验"与时俱进、历久弥新，再次引起各界广泛关注。2019年4月，三代新闻人重访枫桥，走村入户。采访中，记者了解到"以快捷便利的服务解决矛盾"，用"处理"代替"处罚"的鲜活故事，亲历了困难群众通过惠民服务快速解决生活问题的生动事例……新鲜

出炉的通讯《与时俱进，平安枫桥景常新》，展现了人民安居乐业、社会和谐繁荣的新枫桥。

一则则“新闻”续“旧闻”，新旧对比，今昔呼应，激励读者从历史中汲取力量，在建设新时代中国特色社会主义伟大事业中创造新的辉煌。

二、年龄跨度达70岁的团队：传承“四力”与使命担当

参与“同走新闻路”的老中青三代新闻人，年纪最大的老记者年逾90岁，年龄最小的浙大新闻学子才20岁。他们走进田间地头，奔向山村海岛，少则蹲点三日，多则奔波一周，深入挖掘当年新闻背后和后来的故事。从实际效果看，“同走新闻路”以重大主题报道为牵引，在实践中“传帮带”，是一次成功的“四力”示范和传承。

1.“四力”怎么炼？九旬记者做榜样

15篇新闻佳作的作者，包括90岁的徐永辉、89岁的周守瑾、87岁的吕韶羽、85岁的江坪等早已退休的浙报老记者、老总编，积极响应活动，相继回到报社，分组带领年轻记者和新闻学子重返新闻现场采访。

采访中，年轻记者和新闻学子得知，被誉为“新中国跟踪摄影第一人”的徐永辉，70年来曾200多次奔波浙江黄岩、嘉兴乃至上海等地，持续跟拍叶根土一家。2019年，九旬高龄的他又两次背着沉重的摄影包出发……“四力”是什么、怎么炼？老前辈用70年的坚持，作出了最好的表率。

2.“佳作”怎么写？老总编亲自指导

循着佳作而去，带着佳作而回，以佳作致敬佳作，恰是“同走新闻路”活动独具匠心的地方。

年轻记者翁浩浩认为，名篇佳作《嵊州雅璜乡干部〈民情日记〉连民心》之所以能让“串百家门，记百家情，解百家难”的“雅璜经验”推向全省、影响全国，就因为它击中了当时基层干群关系普遍紧张的痛点；跟着老总编江坪回访《企业家的歌》刮起的那场“步鑫生旋风”时，记者吴妙丽感悟道：“精神的力量能穿透时代的帷幕。一部好的新闻作品，也会因精准把握时代精神而产生深远的社会影响。”年轻新闻人由此加深对佳作的认识，激发出创新创优的热情。

3. “好记者”怎么当？一只梨中找答案

与老农业线记者陈纪蔚同行时，记者翁杰了解到，20 年前还是“小记者”的陈纪蔚，偶然中获知慈溪一只梨卖 5 元钱的新闻线索时，并未轻易放过或简单处理，而是持续追踪、深入思考，最后在报道中引出“效益农业”新理念，反映了浙江农业工作的新抓手。这种对事物的敏锐觉察和对细节的用心捕捉，正是记者需要掌握的独门绝技。无论采访手段多么先进、传播介质如何变化，记者的这门功夫，机器永远无法取代。

三、超 200 人的融媒体大练兵：打造主题报道的精品力作

“同走新闻路”报道能获得良好的传播效果、社会效益，是因为从策划、采写、编辑到运营，每个环节都浸透着融媒体的理念。为抓好这组报道，浙报更是打破常规，组建前后方超200人的跨部门采编团队，实现集团化作战、专业化生产，成功开展融媒体大练兵，探寻到了全媒体时代内容精品化生产的一条新路径。

1. 创新纸媒表达方式，提升“悦”读感

与以往“纸”上的主题报道相比，“同走新闻路”报道融媒体特色鲜明。15 个报纸打通版，体量大、分量重，但因版面元素丰富，版式时尚大气，视觉冲击力强，读起来并不“沉重”。不到 3000 字的主稿，以记者的亲历式报道引读者入境。老记者感言再现佳作魅力，大学生手记着重“四力”体悟，专家点评提升报道高度。新老图片、佳作回眸和大事记等配件则丰富了版面语言。每个版面都配上视频报道、佳作原文的二维码。不同形态的报道相互补充，大大增强了主题报道的吸引力、感染力、影响力。

2. 组建跨部门采编团队，开展融媒体大练兵

按照融媒体报道要求，浙报从各部门调集精英，组建起超过 200 人的“同走新闻路”项目团队。

前方采访人员共 70 人，分成 15 个采访组，每组都配备两名视频影像记者。他们在采集和生产图文等常规新闻素材的同时，还制作出 15 个高质量的独立视频产品、1 个微电影产品和 1 个“快剪”产品。

后方共计 130 余人，包括选题策划、报网端编辑、视觉设计、运营分发

等人员。后方会根据前方提供的新闻素材，按照报纸、网站、客户端、微信、微博、抖音等不同传播平台的特质，对素材进行个性化的二次加工，然后再推送至各个平台进行播发，从而确保优质内容以最优状态“面世”。

通过这次大练兵，采编人员树立起融媒体思维和创新意识，大大增强了融媒体实战本领。

3. 整合集团平台资源，奏响全媒体时代主题报道大合唱

“同走新闻路”能实现从单一图文到全媒传播，内容的高质量是前提，新媒体矩阵的联动、多平台资源的聚合则是助推器。

稿件未成形，运营已开始。“同走新闻路”报道启动时，浙报全媒体编辑中心便同步成立了运营小组。每天凌晨，待版面签发付印，栏目编辑部将所有素材，包括文字、图片、视频、图表等各种元素打包，发送至分发小组微信群。清晨，浙江新闻客户端无缝对接在头条重要位置发布稿件，同时分发给学习强国、浙江在线等平台。接着，浙报新媒体矩阵集体加入推广团队，视频影像部制作视频适配链接，官方微信、微博及“政已阅”“涌金楼”“有风来”等浙报集团下属微信公众号及时推送。随后，集团新媒体发展中心则根据当天稿件特点，向人民网、央视新闻、今日头条等平台做纵向精准推送，并向浙江省内多地的地方发布、门户网站和行业企业微信公众号做横向精准推送。运营上的内外合力、纵横交织，使报道快速传播开来，成为热点。

从浙报“同走新闻路”大型融媒体报道实践可以看出，善于在浪潮中勇立潮头，勇于在变革中创新发展，以深化改革推进深度融合，以融合力壮大主流阵地影响力，就一定能展现新闻舆论新气象，赢得主流媒体新未来。

主创人员：张　亮、檀　梅、许春初、邓国芳、徐　斌、沈建波、管哲晖、应建勇、刘　刚、童颖骏、苏　靖、霍建虹、吴妙丽、裘一佼、何苏鸣、刘乐平、方　力、王增军、翁浩浩、曾福泉、李月红、翁　杰、聂伟霞、李震宇、黄　昕、吴雄伟、陈仰东、刘　伟、李雅南、童　健、王卓尔、包璇漪、余赛尔、屠晨昕

本文执笔人：许春初、邓国芳

以北京视角讲述国家记忆：珍贵老照片的创新传播

2019年是新中国成立70周年，为反映和讴歌中国共产党领导中国人民在革命、建设和改革开放的历史进程中创造的伟大成就，以及新时代各行各业展现出的新成就、新气象，北京日报社依托自身图片资源库，充分挖掘珍贵历史照片背后的故事，以传统媒体的资源优势，融合新媒体的创意制作和传播方式，为共和国成立70周年献上基于北京视角的国家记忆。

这不仅是主流媒体进军网络主阵地的一次重要尝试，也是优质内容与强大的传播渠道共同联手重塑网络内容生态的创新之举。经过近一年的探索和努力，目前《光影记忆》已连续推送60余集，网络传播量数千万，取得口碑和流量双丰收，成为北京日报社新媒体的品牌产品、党报大IP，也为媒体融合发展开辟了路径，提供了经验和借鉴。

一、盘活主流媒体内容资源

北京日报社创立于1952年，与共和国共同成长，旗下北京日报、北京晚报全程记录了共和国成立以来每一个重大历史事件，留下了大量的历史照片，成为珍贵的时代记录。这些老照片记录了中国的发展历程，也记录着首都北京的发展变迁，这是北京日报社的重要资源，更是有待开发的新闻富矿。

北京日报社有一个传统，从创办之初就一直有专门的资料员负责整理、保管这些老照片，2000年以后，报社还投入大笔专项资金，把这些胶片资料做了高清数字化处理，为之后的深度发掘利用打下了很好的基础。时至今日，当年这些照片的拍摄者和新闻事件的采访者纷纷离世，老照片背后的时代故事和丰富的信息如果就此埋没，实在令人痛惜！

如何把北京日报社的这些无价之宝开发利用，不让它们沉睡在资料库里，让它们成为活的历史，这就需要把这些珍贵的文化积淀通过当前受众喜闻乐见的形式传递出来，然而，用什么方式来呈现呢？

2016 年 2 月 19 日，在党的新闻舆论工作座谈会上，习近平总书记提出：“团结稳定鼓劲、正面宣传为主，是党的新闻舆论工作必须遵循的基本方针。做好正面宣传，要增强吸引力和感染力。”这一讲话对于强化正面引导、壮大主流声音、提升新闻舆论工作的吸引力、凝聚力和传播力点准了穴位、指明了重点。为了实现这一目标，北京日报社融媒体中心大力发展融媒体产品，《光影记忆》就是在这样的背景下孕育而生的。

照片记录了历史，不仅具有历史价值，也具有艺术价值。党媒独有资源，也是互联网稀缺资源；而网络短视频是目前互联网中最受欢迎的传播方式，如果把它们相互结合，用短视频的方式把照片背后的故事挖掘出来，在互联网上传播出去，这不正是一条创新融媒体之路吗？就这样，《光影记忆》的最初创意诞生了。

从 2018 年 12 月开始，《光影记忆》从创意变为北京日报客户端的一个主打新媒体产品，它以 3—5 分钟的短视频，秉承小瞬间见证大时代的定位，以最珍贵老照片重现重要历史事件、重要新闻事件中的经典瞬间，并邀请新闻事件当事人或记录这一事件的记者讲述图片背后的故事，展现新中国的光辉历程。

《光影记忆》是京报集团第一次与互联网平台联合推出的系列短视频。这是北京日报社进军网络主阵地的一次尝试，也是延伸新闻价值，盘活北京日报影像资源的重要途径，更是北京日报按照市场逻辑生产内容的创新之举。

二、讲述小瞬间里的大时代

如今，互联网的海量内容每天不断冲击着人们的视听，如何使一档节目成功地吸引受众，给人留下深刻的印象呢？在这个问题上，传统媒体和新媒体殊途同归，那就是独家生动的原创内容。

在内容制作方面，北京日报社拥有强大的优势。北京日报社作为一家主国庆庆典的一个“意外”竟成经典，“小平您好”的背后发生了什么?

流党报集团拥有丰富的内容创制经验，参与创作的团队成员都非常资深，曾经是北京日报和晚报的首席或者骨干记者编辑；同时选用短视频方面的新锐制作团队，集合文字、图片、设计、录制、合成、推广等创作主力，保证视频的内容质量和呈现效果。正是这样一个深度融合的团队，才能共同打造《光影记忆》这个互联网节目中的精品。

《光影记忆》于2018年年底上线，2019年推出“新中国成立70周年特别见证”系列，节目讲述了天安门开放、恢复高考、北平谍战、建设人民大会堂等重大历史事件中引人入胜的故事。在国庆前夕，《光影记忆》突破以前每周一期的频率，大规模、高频率、成系列推送，在一个多月的时间里，集中播出了“大阅兵揭秘”和“天安门揭秘”等系列为国庆节专门打造的节目，为大家讲述天安门的红舞台、红灯笼、标语、国徽、毛主席画像背后鲜为人知的故事。

讲述小瞬间里的大时代，是《光影记忆》一贯秉承的宗旨，然而，在几分钟的时间里反映时代风云并不是一件容易事，寻找老照片背后的见证者、当事人更是困难重重，所以短短一期《光影记忆》的背后，通常凝聚着编辑记者大量艰辛的工作。

2019年6月播出的《开国大典近40年后，共和国圣地终于揭开了神秘的面纱》，讲述的是1988年1月1日天安门城楼第一次向普通游客开放这一举世瞩目的历史事件，故事从北京日报记者当天在天安门城楼拍摄的一张新闻照片展开，然而，谁来讲述这个故事最生动呢？由于照片里拍摄的当天第一个登上城楼的北京老人已经去世，我们希望能找到当天的工作人员，于是联系了天安门管委会。

开国大典近40年后，共和国圣地终于揭开了神秘的面纱

由于性质特殊、位置敏感，天安门管委会很少接受媒体采访，我们通过各种努力终于递进去采访函，并多次登门拜访，向有关领导说明我们的党报属性以及采访意图，终于得到理解和支持。管委会为我们找到了一位80多岁的老处长，当年正是他见证了整个开放过程并做了大量工作。为了帮助老处长回忆当年的情况，天

安门管委会还特意召集一些退休老同志开了一个座谈会，大家一起帮他回忆30年前的往事，最后完成了采访拍摄。

毛主席指挥的最后一役，威震南海

每一期《光影记忆》都是这样悉心打造、反复磨合，节目还采访了101岁的新四军老兵和亲历开国大典的著名历史学家阎崇年、曾经打出“小平您好”标语的北大学生、解放前北平谍战的地下电台女特工、在人民大会堂拿到证书的新中国第一批博士……这些从个人视角讲述的故事没有宏大叙事，却从侧面反映出共和国70年的辉煌历程，感人肺腑，激动人心。

三、网络传播的优势与展望

一年来，《光影记忆》已经播出60余集，平均每集播放量近百万人次，最高达390多万人次，尤其是主打的“新中国成立70周年特别见证”系列视频，以正能量和珍贵史料吸引了大量观众，项目组还成立了来自各个不同研究领域的专家团队，确保历史素材的准确性，全力保障视频的精准呈现。《参加开国大典的老兵》《开国第一宴》《毛主席指挥的最后一役，威震南海》等反响强烈，每条光点赞就过万，读者评论留言互动积极踊跃。

在传播渠道方面，新媒体相比于传统媒体有着强大的优势。作为主流媒体，北京日报社全网用户总数超8000万人，有着稳定的受众群体。为了畅通传播渠道，北京日报社还引入强大的合作机构——百度，并与百度联合推出《光影记忆》，百度公司是全球最大的中文搜索引擎、最大的中文网站，百度App日活用户近两亿人，北京日报社与百度联合推出《光影记忆》，大大增强了传播的广度和深度。同时，《光影记忆》还在“学习强国”学习平台推出，成为北京日报社的品牌栏目，也吸引了大批粉丝。

开国大典接受毛主席检阅的洋车夫有一个大愿望

主 创 人 员：温子健、张　鹏、王东亮、杨　萌、高海珍
本文执笔人：张　鹏

全景构筑人物群像：长镜头下的浙江 70 年

2019 年是新中国成立 70 周年，面对这个重大主题报道，浙江广电集团新蓝网－中国蓝新闻客户端精心策划，推出手绘 H5 产品《浙江路 70 号》，采用鸟瞰式全景法构筑了人物群像的长卷画，生动地记录了浙江的城市面貌和 70 年中社会各阶层人民的生活变化。

《浙江路 70 号》用生动鲜活的场景、细致入微的细节，以及极强的历史还原感，真实刻画出 70 年间浙江翻天覆地的变化，并瞬间把人们带回到新中国成立 70 年来风雨兼程的场景中，不同年代的人均能够在此找到共鸣和感动，彰显时代温度。

一、重大主题轻量化表达

2019 年 5 月 3 日，是杭州解放 70 周年的大日子，同事们纷纷感慨 70 年间的生活变化，我突然冒出一个想法："如果做一个浙江 70 年变化的手绘 H5 产品怎么样"？向总编辑沈芸汇报创意思路后，她立刻牵头召集人马开会讨论，编辑组、设计组、技术组等派出精兵强将迅速启动制作计划。

《浙江路 70 号》没有从居高临下的视角对浙江 70 年发展进行概括性陈述，而是选取了 70 年中让人印象深刻的大事件，以小见大，并用时下最流行的手绘设计语言来贯穿。重大主题被分解和具象化地呈现，由典型具体的人物、场景、案例呈现出来，抽象的情感被落到实处，更加直观地展现给用户，有更强的影响力和更好的传播效果。

根据新中国和浙江发展脉络，我们将浙江 70 年划分为了 4 个篇章，分别是浙江解放（1949—1950 年）、浙江发展（1951—1977 年）、改革开放（1978—2002 年）、八八战略（2003 年至今）。创作团队花费一周时间进行大事件的梳理，本着"有代表性、多维度、同类择一、内容丰满"的原则进行了多次筛选。如果仔细观察，会发现整个H5中，每一处都暗藏玄机。

纵观整个H5，能看到个体工商业营业执照颁发、绿水青山就是金山银山、“一带一路”、最多跑一次等政策大事；能看到浙江全境解放、新安江水电站发电、宁波北仑港开放、世界互联网大会、2022年亚运会申办成功、G20杭州峰会等备受全民关注的浙江大事；也能看到具有时代纪念意义的文化符号，如杭州人爱吃的新丰小吃、传唱度极高的《我想有个家》、朗朗上口的广告语“喝了娃哈哈　吃饭就是香”、随处可见的农村文化礼堂、被全世界关注的“良渚申遗成功”；等等。

可以说，整个H5囊括了政治、经济、文化、娱乐，甚至衣食住行等各方面的时代元素和变迁轨迹，这些元素的选取大多数是时代群体的共同记忆，再辅以音频和画面，从微小的细节中映射出整个时代的样貌，勾勒出一幅极具震撼力与感染力的“浙江70年”恢宏画卷。

二、细节决定品质

在形式上，我们选择了横向滑动的观看方式，4个篇章的色彩由黑白渐变为彩色，内容层次也越来越丰富，这样既符合历史特色，避免审美疲劳，也寓意着人民生活越发丰富多彩。

在内容上，因为某些历史素材非常稀缺，所以只能参照现存素材来融合替换，我们也多次请教不同年龄层的浙江人，尽可能还原场景。同时，我们充分利用了浙江广电集团音视频资源，在背景音乐之外，添加了许多富有年代感的音效，让H5有声有色，更有趣味，例如1949年杭州解放时的广播音频，1957年新安江水电站开建时的电视播报，1980年拿到中国第一份个体工商业营业执照章华妹的采访原声，还有街头唱歌声、广告声、叫卖声……这些“独家记忆”以一种平易近人的手段，将用户拉进了H5的场景中，无论滑动到哪个年代，都能引起人们心底的回忆。

在动画上，“能动的地方一定要动”是主创们经常挂在嘴边的一句话，但如果想要人物、场景动起来，就意味着每个动效都需要至少3幅手绘，整个绘画工程量比静态图多了2倍以上。此外，糅合H5场景声效、人物音频、GIF动画、图集等多媒体元素，要让这些元素在整体设计中不生硬，就需要与画面有机结合，不能过于刻意，保持观感流畅度。

在交互上，《浙江路70号》中的“前进”“后退”按钮贯穿始终，用户按住按钮，即刻开启时光之旅。在“旅途”中，用户点击“相机”按钮，便可自动生成所处时代的专属海报，海报可以一键分享至各类社交媒体，激发了用户的转发欲望，令用户主动成为产品的宣传者、参与者。在产品的结尾，还设置了“彩蛋”，用户点赞后，绽放中的烟花将瞬间拼成“我爱你中国”的字样，将情感的整体性和延续性推到高潮。

三、多维度发散传播

2019年9月29日至30日，新蓝网－中国蓝新闻客户端先是连续两天从一早就推出开机图海报，以《浙江路70号》为题，用极富年代感的投影动画为背景，展现70年间浙江生活的点滴变化，为即将推出的H5产品造势。

9月30日下午，《浙江路70号》正式在新蓝网－中国蓝新闻客户端上线，仅在中国蓝新闻客户端平台，点击量就突破200万人次，网友们纷纷留言“我大浙江发展杠杠滴”“G20峰会让杭州成了世界的网红”“还记得当时看完《白毛女》的我热泪盈眶”“远在他乡的我看得想家了”……

正如我们主创团队的观点：任何传播都需要一个爆发点，移动互联网社交时代的传播引爆点在于“让更多人参与并行动起来”。《浙江路70号》便是如此，既通俗易懂，又不失历史纵深感，产品中的每一处小心思都能引发用户感触，使得用户在情感共鸣的思绪下主动分享转发。

9月30日至10月7日期间，《浙江路70号》在全国多家新闻资讯网站总点击量超1000万人次。同时，全省广电融媒联盟“蓝媒号”积极响应，近百家浙江各地广电机构在当地官方微信、微博平台进行了转发，省内外联动，全面刷屏。

主创人员：刘彦辰、袁　爽、许　婷、沈　芸
本文执笔人：刘彦辰

广播融媒新传播：听外交官讲述风云 70 年

一、策划组织

策划是主题报道的前期准备和基础，是对宏大主题的破题，是对新闻内容的整合与优化。因此，在主题报道之前，针对角度选择、资料收集、报道规模、采访对象、报道方式等诸多环节都需要进行周密的策划。

主题报道肩负着传递党和政府声音、主导舆论导向的重要任务，是历来主流媒体核心工作之一。但很多报道由于形式和内容没有跟上时代步伐，难免给受众留下刻板、雷同的印象。因此，做好一个主题报道，前期策划尤为重要。

在新中国成立 70 周年之际，各新闻媒体都策划进行了各种报道，如何独辟蹊径，让宏大的主题报道不空洞，策划切入点尤为重要。独特的角度会让人耳目一新，在众多同主题报道中脱颖而出。

北京人民广播电台交通广播《行走天下》节目策划了系列访谈《风云七十年——外交官眼中的世界》，采访了 14 位特殊的北京市民——曾经的中国驻外大使。既符合都市媒体的角色定位，又能放眼全球。格局更大，角度更新。

二、新闻背后的故事

《风云七十年——外交官眼中的世界》系列访谈从项目筹备到播出完成前后历时 7 个月。为了能够对采访嘉宾有更深入的了解，更好地完成采访，主持人大量查阅资料并阅读、观看和采访嘉宾有关的书籍、新闻报道。最终，将 30 个小时、近 40 万字的采访素材浓缩成 14 期访谈节目，在 2 个月的时间内集中播出。这 14 位曾经的驻外大使，年龄最大的 85 岁，最小的

62 岁。其中：有人缔造了中德建交，也有人是中国重返联合国之后第一批赴美代表团的成员；有人见证了乒乓外交，也有人用双脚丈量了曾经的中苏 7000 多公里边境线；有人曾参与驻外使领馆的建馆工作，也有人见证了中国海外承建首条高铁通车；有人曾担任外交部发言人、代表中国的大国形象，也有人组织撤侨和人质解救，是电影《红海行动》《战狼》所展现的原型……

系列访谈通过他们对过往经历的回顾，既能感受到共和国成长过程中经历的风雨，也能感受到老一辈外交官把祖国的利益和荣誉放在首位，克服重重困难，坚守外交战线的感人事迹。通过个人视角重现历史，把访谈人的职业生涯同重大国际事件结合在一起，让听众在收听过程中产生共鸣和强烈的代入感，为人物的选择、命运而感动。

杨洪林大使的外交生涯可以用一个词来形容，那就是“临危受命”：他曾组织协调了新中国成立后第一次大规模的海外撤侨——科威特撤侨；伊拉克战争爆发后，他又在战火中赴任伊战后第一位中国驻伊拉克大使，成为新中国成立后第一位穿着防弹背心，由武警保卫赴任的驻外大使。而杨大使的回忆却充满了“以身许国，再难许家”的愧疚：对女儿他充满愧疚——他和夫人在女儿出生满月后就不得不将襁褓中的婴儿交给母亲出国赴任；对母亲他更是充满愧疚——解救人质期间，母亲因病去世，没有见到母亲最后一面成为他人生中永远的遗憾。也许这就是外交官，既有人前的光鲜，但更多的是人后不为人知的压力和心酸。

对受众来讲，孙玉玺大使可能是系列访谈中最熟悉的一位。因为他曾是外交部发言人，很多人都曾在《新闻联播》中听过他的名字，看过他的答记者问。孙玉玺大使曾走遍了五大洲，去过 138 个国家。他说，他曾和 3 个历史人物有着奇妙的交集。和张骞一样出使西域，向阿富汗递交国书，只不过相隔了 2141 年的光阴。和玄奘一样西行印度，架起了世界上人口最多的两个国家之间沟通的桥梁。600 多年前，郑和七下西洋，交流了贸易与文化，拓宽了中国的外交领域；600 多年后，他作为中国驻意大利、波兰大使，继续为海上丝绸之路的便捷与畅通添砖加瓦。他丰富的外交经历让节目内容丰富好听，也让主持人的前期准备工作面临巨大挑战。

三、创作经验和体会

访谈节目，不同于脱口秀，也不同于漫谈、散讲，是有目的有主题的，主持人和嘉宾在双向交流中相互影响、相互启发，从而实现事实的还原或情绪观点的传播。主持人访谈能力的高低将直接影响节目的厚重感、趣味性和可听性并决定访谈节目的质量。因此，好的访谈节目主持人要懂得倾听，同时具备很强的随机应变能力和驾驭节目的水平。

人物访谈，是现代广播媒体中一种重要的节目形态，它以强烈的时效性、亲切感和现场感，赢得了受众的支持与喜爱。但是，广播是声音的艺术，缺乏视觉和实体认知。要想为广播增添视觉形象的冲击力和感染力，就需要在节目制作过程中，建立和强化情节意识。因此，新闻故事化是一种新的创作思路和表现方式，也是提升广播新闻可听性的一剂良方。它让原本枯燥无味的新闻报道更有人情味、更生动，同时使交流与分享实现真实性与艺术性的统一。

与此同时，随着新媒体技术的不断完善和发展，新媒体技术的应用早已渗透人们生活的方方面面。传统媒体要想在新媒体的冲击下提升影响力和关注度，就要借助信息技术的优势，吸引更多观众。这就要求节目制作人员调整自己的工作思路和状态，不仅要发挥传统媒体优势，制作优质的广播节目在传统平台播出，更要适应融媒体发展规律和传播要求，在两微一端、手机App等融媒体平台同步推送，为互联网传播提供符合主流价值观、严谨真实的音频产品。

四、报道情况和社会反响

《风云七十年——外交官眼中的世界》系列访谈播出后，收听率和市场占有率均为同时段北京广播市场第一位。很多听众通过微博、微信以及听听FM平台留下了自己的收听感言。

系列访谈也做出了广播融媒体的全新尝试。每期节目除了音频版本之外，还制作了视频精华版以及H5页面。除了在广播节目中播出外，还在听听FM等平台制作节目专辑同步推送，并通过微博、微信图文推送、二维码推送等方式传播。既弥补广播线性传播的不足，也在一定程度上为互联网传播提供一些符合主流价值观、严谨真实的音频内容。

其中，微博视频点击收看累计将近20万人次。在听听FM平台，节目播放量破10万人次，《风云七十年——外交官眼中的世界》专辑播放量、点击量达到了将近10万人次，节目播放次数和播放人数同比增长40%左右。

风云七十年——外交官眼中的世界

在2019年的北京广播电视网络视听发展基金申报过程中，《风云七十年——外交官眼中的世界》系列访谈从全市338个项目当中脱颖而出，成为7个获得扶持的广播电视节目中唯一的广播节目。

主创人员：唐　琼、罗霄兵、刘甜甜、梁和芝、孙　潇、薛晓明、赵阳东、辛疆奇、贾智慧、李懿婕、延煜然

本文执笔人：刘甜甜

精品原创手绘唱响云南“英雄赞歌”

习近平总书记指出：“崇尚英雄才会产生英雄，争做英雄才能英雄辈出。”在举国上下欢庆新中国成立70周年的历史节点，云南日报报业集团推出的新媒体产品《原创手绘H5——祖国不会忘记　云南永远铭记》，旨在传颂在各条战线为新中国成立和社会主义建设作出伟大功勋的英雄，激发全社会对英雄的崇敬之情，唤醒每个人内心深处的英雄情结，唱响一曲铭记英雄、崇尚英雄、争做英雄的“英雄赞歌”。

一、报道情况和社会反响

2019年10月2日，云南日报报业集团全媒体指挥中心策划、制作的庆祝新中国成立70周年献礼产品《原创手绘H5——祖国不会忘记　云南永远铭记》在云报客户端首发。该产品以H5页面为载体，通过原创手绘的形式，回顾了云南不同历史时期涌现出的最有代表性的英雄人物，展现了一大批英雄模范和英雄群体的先进事迹和崇高精神，号召社会大众像英雄模范那样坚守和奋斗，在平凡岗位上做好本职工作，共同谱写新时代人民共和国的壮丽凯歌。

《原创手绘H5——祖国不会忘记　云南永远铭记》在国庆期间发布，引发广泛关注和转发热潮，迅速在微信朋友圈等社交平台刷屏，累计阅读量超过10万人次。读者反馈：该新媒体产品饱含感情，观看后深受感动，是一次很好的爱国主义、英雄主义教育。

二、策划选题的3个考量

2019年9月，我们开始相关产品的策划和准备工作。在研究庆祝新中国成立70周年专题报道时，始终有一个问题萦绕在我们心头，我们应该用什么样的方式为新中国70华诞献礼？是辉煌成就激励人心，还是伟大历程催人奋进？我们根据自身情况，在策划之初就明确了创作思路：第一，坚持正确舆论导向，坚持团结稳定鼓劲、正面宣传为主；第二，把握传播规律，提升内容品质、丰富内容表达、拓展内容呈现，努力推出有思想、有温度、有品质的产品，坚持以真材实料、真情实感、真知灼见打动用户；第三，不做大而全的报道，要用小切口反映大主题。经过多次策划会，在众多报送的题材中反复筛选，我们最终决定的一组选题中，就包括“铭记英雄”这个主题。

“这盛世，如你所愿”——这句话近来逐渐成为送给所有值得我们铭记的英雄与奋斗者的回答。在云南这片热土上，从不缺乏平凡中走来的英雄人物，他们中有的是我们早已熟知的，有的至今仍鲜为人知，收集他们事迹的过程，于我们而言，也是一次“不忘初心、牢记使命”的精神洗礼。于是，便有了《原创手绘H5——祖国不会忘记　云南永远铭记》最初的设想。

满怀对英雄的敬意，在创作组的产品制作过程中提纲挈领，贯穿了产品的酝酿、资料收集、人物绘画创作、文案编辑和最终制作调试的全过程。在人物选取上，我们着重聚焦不同历史时期云南涌现出英雄模范代表——他们当中有为新中国成立立下赫赫战功的“奴隶将军”罗炳辉，有人民音乐家、《义勇军进行曲》作者聂耳，有为“两弹一星”事业作出卓越贡献的科学家王希季，有不忘初心、奉献一生的优秀共产党员杨善洲，有被授予“人民楷模”国家荣誉称号的“老县长”高德荣，有被誉为“中国保尔·柯察金”的战斗英雄史光柱，有“八一勋章”获得者缉毒英雄印春荣，有英雄的扫雷战士、“时代楷模”杜富国，等等。除此之外，产品还集纳了扶贫队员、羊拉派出所、维和英雄、消防队员等英雄群体，通过手绘、图片和文字的综合应用，生动描绘出一幅云南英雄群英图。

中华民族浴火重生、新中国砥砺前行的壮阔历史中，照亮我们前行征程的英雄层出不穷，但新媒体产品的篇幅不宜过长，因此在选取英雄人物时，项目小组颇费功夫，主要遵循以下原则进行筛选：一是英雄人物要具有足够的代表性、先进事迹突出，能够体现英雄精神、英雄气节和英雄信仰；二是不同历史时期均要有所涵盖，从革命斗争年代到新中国成立，从改革开放到新时代，每个时间段都要有相应代表性人物；三是要兼顾各个领域、行业和群体，包括革命家、领导干部、少数民族代表、军人、警察、科学家、音乐家、医生等。为此，项目小组进行了大量的工作，从数十人的候选名单中，反复推敲、平衡，最终确定了入选产品的10余个英雄个人和群体代表。

三、注重突出特色增强互动

《原创手绘H5——祖国不会忘记　云南永远铭记》这款产品主要从手绘、互动、文案、音乐等方面突出特色、打造精品。

第一，精美手绘，提升质感。为了达到最佳的视觉呈现效果，云报新媒体部美编进行了大量的尝试，先后尝试了素描、版画和线描3种绘画风格，创作了数十幅设计概念图，通过反复比对，最终决定使用人物轮廓线描的表现手法。随后，美编耗时两周时间，根据照片精心手绘了10余幅人物的肖像，并将绘制过程、绘画线条制作成动画嵌入H5产品，通过一笔一画的勾勒，与人物照片、背景叠加，最终实现手绘与照片的完美结合，提升了整个产品的质感和阅读体验。作为献礼产品，在首页显著位置使用了庆祝中华人民共和国成立70周年活动标识，产品以正红色为主色调，配合金色的字体，整体基调喜庆、热烈、庄重、大气，在国庆期间推出，烘托了隆重的节日气氛。

第二，架构清晰，增强互动。互动意识对于传播产品实现裂变式传播，具有至关重要的作用。产品开篇开门见山突出主题，设计了一组横向卷轴动画，按照时间顺序对英雄人物照片进行滚动播放，全景式的展现的集纳；正式内容部分则采用纵向分页设计，这样的形式既保证了产品结构层次更加合理，同时也能使用户在浏览时获得相对流畅的操作和较好的观看体验。英雄人物和群体的简介被隐藏在“简介”按钮，读者看到的每一位英雄人物和群体，先看到的都是专门为之创作的散文诗，然后点击“简介”了解其生平，之后再关闭“简介”界面，回到散文诗界面，在互动过程中，读者在阅读体验上经历了“认识—了解—升华”的过程，既获得了情感满足和愉悦体验，又产生了强烈的分享意愿和传播动力。

第三，文案细腻，内容精练。该产品的两大难关，一是人物取舍，另一个就是人物呈现。每一位英雄人物、英雄群体都有着生动细腻深刻感人的故事，简单堆叠没有任何意义，篇幅也不允许，新媒体不受篇幅限制的优势在这里失了效。创作组将编辑力量进行了合理分配，每位编辑优先选取自己较为熟悉、做过报道的英雄人物，在分工范围内大量收集阅读相关英雄人物的资料与故事，截取其核心经历为简介部分。每位编辑熟知英雄人物的经历之后，经过酝酿，再为其创作散文诗式的长短句，以诗意的表达、细腻的文字，将英雄们由平凡走向伟大的闪光点娓娓道来。为求真情实感流露，在短短几句话内，将英雄的事迹跃然浮现眼前，文案历经数个版本反复打磨。在创作过程中，不少英雄人物的散文诗数易其稿，有的版本一气呵成却篇幅过长，不得不进一步精简……历经无数次修改与完善，最终确定了产品文案，为确保内容精练、表达准确，直到发布前，创作组还对文字进行了逐字逐句的最终校对与调整。

第四，配乐切题，感人至深。为了营造沉浸式的阅读体验，创作组从曲库中挑选了多首候选背景音乐，在文案的创作编辑过程中、在美编的绘画绘制过程中、在产品的设计制作中，均要求时刻与背景音乐进行比对，力求在契合度上做到最佳，经反复挑选、全要素试运行，最终根据产品主题和节奏，选取著名歌手韩红演唱的歌曲《祖国不会忘记》作为背景音乐。这首歌曲与产品主题高度契合，起到了较好的情感烘托作用，提升了阅读体验和整个产品的质感，乐曲一方面增强了产品的感染力，一方面通过歌词引发了读者的共情。

铭记英雄是全社会对英雄精神最好的褒扬传承。崇敬英雄、善待英雄才能营造出英雄辈出的良好社会环境。《原创手绘 H5——祖国不会忘记　云南永远铭记》这个新媒体产品以手绘形式，展现了不同时代的云南英雄群英谱，制作精良、感人至深，读来令人荡气回肠、心有荣焉。在庆祝中华人民共和国成立 70 周年庆典期间推出，烘托了隆重的节日气氛，营造了崇尚英雄、争做英雄的舆论氛围，是一堂经典而神圣的爱国主义教育课，也探索了新时代主流媒体如何打造主旋律产品、引领舆论强音的新路径。

祖国不会忘记　云南永远铭记

“三代人·七十年”：创意创新展现时代精神

2019 年 9 月 23 日至 29 日，吉林日报连续推出 7 篇“三代人·七十年”系列 H5 作品，一经省内全网推送，在吉林人的朋友圈形成刷屏效应。

这组作品以小切口反映大主题，选取不同行业中的三代人，通过讲述平凡人的奋斗故事，折射出新中国成立 70 年来翻天覆地的变化。

新媒体技术手段的充分运用，文字、图片、视频、油画、素描、音乐等多种元素的巧妙组合，令这组 H5 作品直观生动、丰富精彩，既体现了新闻作品在融媒体时代的品质化追求，实现了直抵人心的传播效果，又充分体现出传统主流媒体在转型发展过程中的创新意识和开拓精神。

一、作品的策划

纸媒新闻作品的策划我们并不陌生，但在这组 H5 制作的过程中，我们体会到策划对于全媒体产品的特别之处。

系列作品由 7 个 H5 组成，全部看完时长不会超过 30 分钟，但为了这不到半小时的时间，我们用了两个多月的时间去策划、采访、制作。

我们围绕大主题，寻找切入点。大处着眼，小处着手，是宏大主题报道常用的手法之一。以小见大，关键在于找准这个“小”。我们想过一个行业的 70 年变迁，单个人物的 70 年命运，最终决定将二者有机结合在一起，策划出“三代人·七十年”这个主题。主要有两个理由：一是新中国的 70 年恰恰经历了从艰苦奋斗到改革开放，再到迈入新时代的 3 个历史节点，而这也恰恰与三代人的年龄跨度相吻合；二是通过三代人的衔接，一方面能比对出 70 年翻天覆地的变化，另一方面能更直观折射出时代精神的传承。

二、内容品质化的探索和尝试

在当前人人都是自媒体的生态环境下，碎片化是一些新闻产品的主要特征，但是，作为推动媒体融合发展的主力军，传统主流媒体更应该注重内容品质化的追求。所以，在这组H5作品的价值定位上，我们决定做出一组既有主流媒体“高大上”特点，同时又被用户易于接受和传播的产品。

第一，站位上有高度、立意上有深度、情感上有温度。这组系列报道，一方面我们追求传统新闻策划与新媒体产品、传统新闻创作与新媒体技术的有机结合；另一方面我们更看重的是打造一组站位上有“高度”，立意上有“深度”，而情感上更有“温度”的融媒体产品。这也是吉林日报全媒体转型过程中，追求内容品质化的一次探索与尝试。

第二，在“四力”上下足功夫。文生于情，情生于身之所历。新闻记者怎么有“所历”，要用“脚”来走，要踏入泥泞的农田，要走进火热的车间，要深切感受到基层群众的所思所想、所苦所乐。7个作品采访足迹从吉林省内的白山、松原、吉林等地，到云南、新疆，再到老挝。其间，进车间、入厂矿，深入崇山峻岭、戈壁荒原，采访里程超过万余公里；克服重重困难，采集了大量鲜活的素材，视频拍摄时长达2000余分钟，录音时长达52个小时，文字素材4万多字；9月后期制作进入攻坚阶段，文字上字斟句酌，技术上精益求精。

第三，达到了预期传播效果。“三代人·七十年”报道组，千名主要成员加一起近200岁，第一次进行新媒体产品的策划、采访和制作。由于前期进行了充分的准备工作，经过一番摸索和实践，这组H5作品达到了预期的效果和目的。

第四，传统新闻创作经验，与新媒体创作实现了较好的结合。作为传统新闻人，深度融合刚刚起步，担心在全媒体转型过程中，传统的新闻创作方法和思路跟不上，但在这次“你就是我，我就是你”的实践中，发现新媒体创作中的文字表达、视频拍摄以及技术运用，若没有多年的新闻素养做支撑，没有对新闻规律的准确把握、题材的把握、文字的凝练、视觉的表达等品质化的追求，都无从谈起。

总体来说，这组H5作品在高度、深度和温度上基本达到了融媒体产品的品质化追求。

作品《水电人家》，深情记录祖孙三代投身中国水电事业，无悔奉献的动人故事，作品涵盖内容时间跨度大、地域范围广。作品中既有三代人报效祖国的情感表达，也有儿女情长的自然流露。

作品《三区三唱》，通过一幅幅油画再现70年间的情景，重现了令人激情澎湃、刻骨铭心的历史瞬间，有效提升了作品的可读性和感染力，以艺术之“形”，实现了润物细无声的传播、引导之“神”。

作品《不了鸿雁情》，其中讲述了邮政“铁人”李虎天在20世纪50年代以一双脚板在长白山区踏出一条邮路的事迹。娓娓道来的叙述手法、饱含情感的故事情节，真正实现了让主流价值声音直抵人心、温暖人心、鼓舞人心、凝聚人心。

三、启示与思考

第一，主力军如何进入主战场。作为传统主流媒体记者，我们在全媒体时代如何找准自身的位置，我们自身原有的优势又应该如何更好地利用。在这次系列作品中，我们充分利用传统媒体的优势，整合利用现有资源，成功走出一条媒体融合跨界合作的新路。老新闻记者的新闻审美，与美术老编辑的艺术修养，令这组作品实现了新媒体技术与美术作品的有机结合。我们打破传统新闻体裁壁垒，通过打造“可读、可听、可看”的新闻产品，大大提高了系列融媒作品的表现力。

第二，审美追求的重要性。全媒体时代，新闻的传播需要多种技术手段来支撑，当传统新闻与视频、美术、音乐结合在一起，就会生成一种新的语言方式。这种语言方式要达成受众的一种审美共鸣，既要有新闻的冲击力，还要有艺术的感染力。传统新闻作品也有审美追求，它的美来自文字的运用和段落的架构，融媒体作品则需要把这个美感放大到方方面面，渗透各个细节。这就对处于全媒体转型期的新闻人提出一个新的要求，融媒体产品审美观的养成，也应该成为深度融合阶段每一位从业者必修的课程。

第三，技术代替不了人才，速度代替不了深度。作为传统新闻记者，其多年养成的职业素养在媒体融合工作的推进中至关重要。融媒体产品的制作也要符合新闻规律，更要赋予新闻内涵。技术是驱动力，要根据新闻作品本身的特点来合理运用，不能为了技术而技术，要做到新闻内容与技术的协调统一。新媒体的传播讲究速度，追求第一时间发布，但不能在高度、深度和温度上有所偏废。

主 创 人 员：栾　哲、张振洪、赵广欣、王　丹、呼荣梅
本文执笔人：栾　哲、赵广欣

CNMC

2019中国新媒体大会

China New Media Conference

『5G时代的新媒体变革』

分论坛

中国新媒体大会
“5G 时代的新媒体变革”论坛举行

2019 年 11 月 29 日下午，2019 中国新媒体大会“5G 时代的新媒体变革”分论坛在湖南国际会展中心举行。湖南省委常委、宣传部部长张宏森出席论坛并致辞。

本次分论坛以 5G 为背景，结合媒体融合发展进行集中探讨，对传播新格局、发展新方向等进行立体解读，围绕“5G 时代的传播新格局”“5G 时代平台发展新方向”“5G 时代国内 IP 开发培育新趋势”三大主题进行深入研讨。来自新闻宣传主管部门、广电播出机构、新闻单位、互联网企业等传媒全产业链的 50 余家机构、行业嘉宾参会。

“5G 时代的新媒体变革”论坛

5G时代的来临，为实现视听媒体向“多媒体形态、多信息服务、多网络传播、多终端展现”的全业务服务模式演进提供了巨大动能。传统媒体和目前的新媒体将迎来怎样的发展？对媒体从业者又提出了什么样的要求？从文字时代到读图时代到短视频时代，接下来又将是什么时代？论坛上，重量级嘉宾真知灼见的分享，形成了本场分论坛的政策新解读、内容主价值、行业新风向，现场亮点纷呈，精彩不断。5G时代，在融合发展、智慧发展的浪潮中，期待媒体行业与产业上下游伙伴携手，共同探讨技术赋能内容的更多可能性，继续推动5G时代媒体行业变革新发展。

本次分论坛由中华全国新闻工作者协会、中国网络社会组织联合会指导，中共湖南省委网信办、湖南省广播电视局主办，湖南广播电视台及芒果TV承办。

捕捉 5G 历史机遇
建立四全主流媒体

张宏森

党的十八大以来，湖南省深入学习贯彻习近平总书记对湖南工作的重要指示批示精神，大力实施创新引领开放崛起战略，全省经济社会转入高质量发展阶段，广播电视、移动互联网、电子信息等创新创意产业走在全国前列，“广电湘军”“出版湘军”“报业湘军”“演艺湘军”成为湖南亮丽名片。中南出版传媒等 3 家企业入选第十一届“全国文化企业 30 强”，快乐阳光等 3 家企业上榜“2019 年中国互联网企业 100 强”，新湖南、芒果 TV、时刻等新型主流媒体迅猛发展，中广天择、映客直播等一批“湘”字号网络视听企业成长为业界翘楚。马栏山视频文创产业园自 2017 年 12 月正式挂牌以来，瞄准了“北有中关村、南有马栏山”战略目标，实施省部共建，加快项目和平台建设，芒果马栏山广场、中南数字传媒基地、中广天择总部、绿地 V 谷等进展顺利。目前，马栏山视频文创产业园已成长为广电总局共建的国家级园区，获评中宣部、科技部国家文化和科技融合示范基地，成为全国视频产业发展的新高地。

遥远不远，未来已来。2019 年，以 5G 为代表的信息技术革命时代已经到来，新一轮科技革命和产业变革正在加速演进。5G 将深刻改变人类生产生活，驱动人类社会进入万物互联的时代，必将给舆论生态、媒体格局、传播方式带来深刻变化。当 5G 与媒体融合相遇，让我们对媒体融合的未来发展有了更多想象和期待。对此，我们要保持高度警觉，及时捕捉 5G 落地带来的历史性机遇，立足5G建设四全主流媒体，加速构建全媒体融合传播新格局。

一、坚持内容为王，突出价值引领

习近平总书记强调，推动媒体融合发展，就是要做大做强主流舆论，巩固全党全国人民团结奋斗的共同思想基础，为实现“两个一百年”奋斗目标、实现中华民族伟大复兴的中国梦提供强大精神力量和舆论支持。贯彻落实好这些重要论述，要求我们在推进媒体融合中，自觉把内容创新作为根本，始终坚持正确政治方向、舆论导向、价值取向，牢牢掌握融合发展的主动权、主导权，着力扩大主流价值影响力版图，让党的声音传得更开、传得更广、传得更深入。马栏山作为全国有影响的视频内容生产基地，要坚守正确方向导向生命线，始终昂扬主旋律、传播正能量，在信息生产领域进行供给侧结构性改革，多提供真实客观、观点鲜明的信息内容，多推出有思想、有温度、有品质的精品力作，以内容优势赢得发展优势。

二、坚持用户思维，探索应用场景

目前，大数据、云计算、人工智能、区块链等新技术正在普及运用，机器人写稿、智能推荐等AI产品已嵌入媒体工作的方方面面。5G和人工智能作为驱动新闻业务创新的技术引擎，将推动新闻应用场景和终端形态更加丰富多样。近年来，我们始终坚持用户至上，突出抓好5G背景下的新视频建设和传播，探索推进马栏山视频文创产业园的多场景应用研究，努力开辟融合发展新路径。目前，马栏山视频文创产业园已经形成雄厚的产业技术底座，其中包括超高清视频制作共享云平台、湖南区块链技术应用研究院、马栏山计算媒体研究院和电广传媒高新视频应用实验室等，为各类视频类产品的推出创新提供了广阔空间。下一步，将立足5G时代内容的视频化、视频的高清化等特点，围绕智慧生活发展方向，积极布局教育、卫生、健康、娱乐等相关领域，共同探索5G垂直行业运用，努力提升广大用户的沉浸式交互体验。

三、坚持开放合作，实现共赢发展

5G 时代万物互联，开放合作大势所趋。湖南文化创意产业独树一帜，拥有对外交流合作的良好基础和强大吸引力。马栏山视频文创产业园是湖南省创新引领开放崛起战略的重要“试验田”，视频产业百花齐放，文创企业千帆竞发，这已成为国内外高度关注的产业“起爆点”，目前已经有 700 多家企业入驻了马栏山视频文创产业园。前不久，湖南省政府与腾讯公司签订战略合作协议，共同建设 5G 创新实验室、腾讯智慧文创等重大项目，近期北京大学互联网研究院视频技术研究中心、国家电视技术工程中心马栏山分中心都将正式入驻，今后还将引进爱奇艺、快手等行业头部和独角兽企业。我们将以此次峰会为契机，进一步加强开放合作，积极对接四大 5G 运营商，开展先行先试，同时诚挚邀请国内外知名企业和各方面优秀人才来湘投资兴业，携手合作，大力推进马栏山视频文创产业园蓬勃发展，共同建设“中国 V 谷”。湖南敢为人先、兼收并蓄的湖湘文化精髓传承千年，发愤图强、求是创新的脚步在三湘大地从未停歇。

（作者时任湖南省委常委、省委宣传部部长）

推动媒体融合发展
守好文化传播阵地

杨　杰

2019年是我国5G的元年，也是中国接入国际互联网的25年。近年来，在党中央和国务院的高度重视下支持传统媒体新型媒体融合发展。当前5G、AI、大数据、云计算、区块链等技术不断升级，VR、AR等新兴影视业态不断涌现，互联网特别是移动互联网已成为我国经济发展的强劲引擎，成为文化传播重要阵地。

一、始终牢记传播主流声音的初心使命

读者在哪里，宣传报道的触角就要伸向哪里，宣传思想工作的着力点、落脚点就要放在哪里。我们要更加深入学习习近平总书记“1·25”重要讲话精神，坚持正确的政治方向、价值取向，做好顶层设计，通过理念、内容、形式、方法、手段的创新，打造新型传播平台。

建设新型主流媒体，扩大主流价值影响力版图，让党的声音传得更开、传得更广、传得更深入。要充分认识到新媒体以及网络视频工作的价值所在、责任所在、担当所在；坚持内容为王，聚力打造更多的关注现实、关注人民、关注生活，融入公益、融入文化、融入核心价值观。强力扶持从高原到高峰的思想精神、文化精湛、艺术精良的网络视频节目。让正能量更加强力，让主旋律更加高昂，让互联网传播抓住发展机遇，充分运用好5G的高速度、大宽带、

低时延等特点，将新兴技术、产品内容与受众生活有机结合，源源不断涌现出契合群众文化生活需要的，群众喜闻乐见的优质健康、主流价值产品。

二、积极推动媒体融合创新发展

媒体融合发展的关键在融为一体，合而为一。5G时代要有自我超越的勇气、高瞻远瞩的目光和谋划全局的心胸，通过流程优化、平台再造，实现信息内容、技术内容、平台终端、管理手段共融互通，催化融合巨变，放大一体化效用，做到身心兼备、精神强壮，打造一批具有强大影响力、竞争力的新型主流媒体。

2019 年 6 月 6 日，工信部向中国广电发放了 5G 牌照，标志着传统的广电行业向建设自有移动的传播平台出发，我们要紧跟时代步伐，加快培育一批适应新媒体时代传播的创新性人才，打造一支适应新媒体融合发展的人才队伍，创新体制机制，拓展媒体交流合作的深度和广度，共建产业新生态、行业新标准。

三、要自觉担当起营造清朗网络空间的责任

一手抓融合发展，一手更要抓管理，5G 时代的革新必将迎来一次网络变革的大潮。各媒体、管理机构、企业要切实提高政治站位，增强“四个意识”、坚定“四个自信”、做到“两个维护”，要坚持守土有责、守土负责、守土尽责，自觉维护党的权威，传播党的主张，要以人才为先机，以企业为抓手，建立起制度规范、运营高效、技术先进的管理体系。加强网络安全关键核心技术的研发，创新运用大数据、智能技术等新手段，确保新技术、新业态、新业务安全规范，要不断加强关键信息基础领域设施保护，完善风险防控机制，加强技术合作，确保 5G 时代传播内容安全、传输安全、信息安全，切实构筑起坚实网络安全防线。

新征程开辟新前景，新技术呼唤新作为。在以习近平新时代中国特色社会主义思想领导下，不忘初心、牢记使命，一起融入 5G 新格局，争当主流声音的传播者，媒体融合转型的引导者，清朗空间的创造者。

（作者为国家广播电视总局媒体融合发展司司长）

强化内容建设 引导技术创新 健全治理体系

张 严

2019年是5G商用元年，我国的5G发展水平引领世界。2G开启了文本时代，3G开启了图片时代，4G开启了视频时代，而5G将开启万物互联的时代。事实上，5G带来的不只是速度的变化，而是包括深度、高度、广度、力度在内的全面变化，5G的到来将给传媒业发展带来诸多机遇与挑战。5G、8K、AI、DT、区块链等新兴网络技术与传播学相互促进，使传媒业的形态更加丰富、用户迅速扩大、市场大大增加、边界急剧扩张，我们即将迎来一个全移动、万物互联、充满想象的智能社会。

一、强化互联网精品内容建设

文化产业，内容为王。在坚持正确导向的前提下，内容永远是文化产业的根本，是核心竞争力，互联网文创产业的发展自然也要遵循这一客观规律。不管技术怎么演进、应用怎么升级、平台怎样更新，内容永远是媒体发展的基石。特别是精品内容生产，要更加注重主流价值的引领，更加注重广大网民对精品内容的需求，不断满足人民群众对美好生活的向往。我们一定要坚持正确政治方向、宣传导向、价值取向，不断强化政治担当，始终坚持以人民为中心的创作导向，提高互联网文化产品的质量，引导新媒体业界和广大用户成为优质内容的生产者、传播者、引领者，让党的主张始终成为网络空间最强音。

二、引导互联网企业技术创新

每一次革命性技术的到来，都是对一个领域乃至整个社会发展基本逻辑的重建。5G 时代，我们将顺应技术和产业发展大势，引导互联网企业加强技术创新，不断提升网络基础支撑能力、技术创新驱动能力、产业融合引领能力；积极引导传媒业，充分利用 5G 技术优势，优化提升现有网络视听平台网速、带宽和体验，进一步激活并促进 VR、AR、MR 等媒介的落地，创新产业互联网、物联网、车联网等新媒介形态，不断催生新模式、新业态、新产业，促进传媒产业创新发展高质量发展。

三、健全互联网综合治理体系

我们要积极推进互联网治理体系和治理能力现代化，要始终坚持对党负责、对社会负责、对人民负责的态度，引导网络社会组织和互联网企业，依法加强网络空间治理，培育积极健康、向上向善的网络文化；不断推进行业自律，强化互联网企业主体责任，强化法治思维和守法意识，积极搭建信息共享、交流合作、业务培训的平台，全面提升网络治理能力，营造清朗的网络空间。

（作者为湖南省委宣传部副部长，湖南广播电视局党组书记、局长）

技术为先　内容为王
共同营造清朗网络空间

周　湘

按照党中央、湖南省委部署要求，湖南省委网信办加大指导支持力度，推动形成了以红网为重点的主流数字媒体集群，以华声在线、新湖南为平台的党报融媒体集群，以芒果TV为突破的视频新媒体集群，“三驾马车”并驾齐驱的融媒体发展格局已然形成。

一、坚持融入时代、主动作为，方能在变革中谋得先机

如果说4G实现了人与人的紧密连接，那么5G则实现人与物、物与物的全面连接。5G技术具有革命性意义，低时延、大流量、广接入的特点，为VR、AR技术加入扫清了障碍，为各类视频类媒体产品的创新提供了广阔空间。站在4G向5G转变的时代风口，我们要主动接受、积极融入、迅速应变，做到因事而谋、应时而动、顺势而为，牢牢占据信息传播制高点，谋得融合发展的先机。

二、坚持技术为先、内容为王，方能在竞争中立于不败

当前，新一轮科技革命正在兴起，“万物皆媒”正在照进现实，“得数据者得天下”的理念逐步被认同，谁能实现数据的聚合，打通数据、分析数

据，谁就能赢得未来。事实表明，技术已经成为媒体融合发展的重要“推进器”。当然，新技术带来的变革再大，“内容为王”的定律始终不会改变，有情怀、有内涵、有趣味，洞悉人性、直抵人心的优质作品，更能引发共鸣。我们在 5G 时代不仅要做“新”兴的媒体，更要做用“心”、有情怀的媒体，推动新媒体向移动化、可视化、智能化、平民化转型，创作温暖、温情内容，积极传播正能量、弘扬主旋律。

三、坚持创新引领、不逾底线，方能在发展中行稳致远

互联网是最具创新的领域，也是最能带动创新的引擎。在新技术新应用的驱动下，媒体将加速跨界发展、传播会趋于无界化，全程、全息、全员、全效媒体将逐步实现，新的媒介形态、传播渠道、传播形式等也将不断涌现，这更加需要我们主动作为、积极探索、把握规律、勇于突破。同时，创新须有底线，跨界不能越界。这就要求我们切实履行主体责任，遵守互联网法律法规，牢牢守住底线，共同营造清朗网络空间。

5G 时代让我们又一次站到新的起跑线上。敢为人先、勇于担当的媒体湘军一定能把握机遇、乘势而上。让我们聚焦融合、畅谈变革，努力碰撞思想火花，共同谋划美好明天。

（作者为湖南省委宣传部副部长、湖南省委网信办主任）

5G 赋能　构建智慧广电新格局

祝燕南

2019 年广播电视行业最鼓舞人心的一件大事就是习近平总书记向中国和阿拉伯国家广播电视论坛发出贺信，贺信中强调，推动媒体融合发展，打造智慧广电媒体，发展智慧广电网络。这是习近平总书记第一次就智慧广电作出重要论述，是广播电视工作面向未来，特别是 5G 时代发展壮大的正确方向和根本的政治遵循。在此围绕智慧广电建设，从推动 5G 技术融合、面向 5G 业态创新、创新服务体系 3 个维度分享一些观察和观点。

一、推动 5G 技术融合，打造智慧广电媒体

5G“高带宽、低延时、广连接”的技术特性，为智慧广电媒体发展创造了有利条件。

第一，融合 5G 技术优化内容生产，优化传播方式，推动整个生产体系的重构。提升交互性、提升用户体验感是智慧广电媒体创新发展的核心所在。用“5G+人工智能”模式可以实现人工智能技术和应用的有效导入，用“5G+VR/AR”模式可以增强用户的沉浸式体验，用“5G+4K”更能够带来超高清节目的多屏、多视角等全新视觉感受。

第二，以用户为中心，形成“随需而变”的传播方式，实现广泛的个性化服务。随着互联网进入新的时代——场景时代，广电媒体应加紧建立和应用强大的用户数据库及其相对应的内容、产品应用数据库，开发场景智能化识别与产品智能推荐系统，实现信息生产传播与用户个性化定制需求智能匹

配，促进服务创新、业态创新。

第三，推动制播平台云化、IP 化、IT 化，加快数字化、网络化制播体系向融合化、智慧化制播体系转变。目前中央和各省市广电媒体基本都建设成具备各自特点的融媒体内容生产云平台，下一步将实现智慧媒体服务云与制播云的互联互通、协同联动、融合创新，构建智慧云平台，推动传统制播网络向互联互通的 IT 架构转变，构建"全媒体汇聚、共平台生产、多平台发布"的一体化媒体智能化信息资源平台。

二、面向 5G 业态创新，建设智慧广电网络

当前广播电视行业正在全力推进有线电视网络全国整合、升级改造，建设面向 5G 的移动交互广播电视网，加快智慧广电发展。

第一，要以新理念、新方法加快网络整合步伐，加快形成"全国一张网"，加速构建广电现代传播新体系。打造资本、平台、业务、运营、规则协议意义上的"全国一张网"，向天地一体、互联互通、宽带交互、智能协同方向发展。

第二，加快有线网络与 5G 新技术新业态的融合创新，打造智慧广电网络。以人工智能、云计算、大数据、物联网、IPv6 等综合数字信息技术为支撑，中国广电的 5G 网络将成为集融合媒体传播、智慧广电承载、智能万物互联、移动通信运营、国家公共服务、绿色安全监管于一体的新型国家信息化基础网络。

三、创新服务体系，涵养培育智慧广电大生态、新生态

2018 年以来，在总局的推动下，一些省（区、市）有线网络的智慧广电建设创新探索积累了宝贵经验。

第一，广电与政务、商务、教育、医疗、旅游、金融、农业、环保等相关行业广泛合作，呈现出业态的创新。如贵州广电网络与 24 家政府部门和企事业单位签署了合作协议，推出新时代学习大讲堂、雪亮工程、智慧旅游等创新型业务。安徽广电基于腾讯面部识别、无感支付等技术，打造成为综

合智慧旅游的云平台。

第二，广电与物联网、移动互联网融合等新兴网络业态创新。如上海东方明珠完成了物联网社区大脑平台公司的筹建，并开发出第一版城市大脑产品，形成了数据驱动机制。

第三，移动化趋势下广电在智慧城市、智慧乡村、智慧社区、智慧家庭建设中，广播电视着力推动业务创新和产业布局。比如歌华有线积极参与智慧城市建设，包括无线北京项目、歌华视联网项目、城市副中心项目等。浙江华数接入智能音箱、智能手机等各类智能平台，打破客厅地域限制，实现随时随地看电视、用电视；以华数 4K 智能盒子为核心，打造出“智能全屋”等概念。

5G 时代，在融合发展、智慧发展的浪潮中，将充分和有效结合广播电视和网络视听的优势，打造面向用户、互动体验、多元智能、内容丰富的智慧生态链和服务新体系，加快形成布局合理、特色鲜明、形态多样、功能完备并具有可持续发展能力的中国智慧广电发展新格局，更加充分满足人民群众对美好生活的新期待。

（作者为国家广播电视总局发展研究中心主任）

5G 对电视媒体进行解构和重构的角度，电视媒体融合发展的新机遇

梁晓涛

5G 给很多行业带来了变化，电视媒体也同样如此。其中非常重要的一个变化是电视播出形态的变化。

5G 的用户可以用手机终端实时观看或者点播电视媒体播放的 VR 视频。在 2019 世界 5G 大会上，华为也推出了同样的技术，手机上可以看到 360 度的 VR 视频。电视媒体由原来只能提供录播或者直播的常态节目，增加了 VR 视频节目。电视媒体是线性播出，增加了 VR 视频播出之后，线性播出的方式发生了根本性变化，非线性播出正式登场。所以 5G 解构了电视媒体固有的线性播出方式。

解构必然跟机遇捆绑在一起，电视播出方式的解构为电视媒体的融合发展创造了千载难逢的机会。

电视媒体最大困境在哪里？在移动端。移动端电视媒体融合发展有两个问题：一是用户数量不足；二是用户黏性不高。新的播出方式 VR 视频点播方式登场之后，电视媒体可以通过电视大屏和移动端同时进行直播。电视大屏播出常态节目，移动端推送点播式的 VR 节目，比如受欢迎的球星、歌星等。这是一种新型的互动，和原来的甩屏、投屏、摇红包完全不同，是一种深度耦合式的强互动。

电视媒体的强势资源是超级 IP。比如说大型体育赛事、春晚、大型综艺节目、影视剧等。如果以超级 IP 作为牵引，可以大大延展电视媒体的 VR、AR 视频收看方式。

近年来手机屏幕越来越大。主流旗舰手机屏幕的尺寸是6.5英寸，这是现在手机终端的极限尺寸。但折叠屏出现后，情况发生变化。华为的折叠屏手机屏幕是8英寸，三星的折叠屏手机屏幕是7.3英寸。当手机屏幕尺寸扩展之后，观众固有的收看视频的方式会发生变化。通常，移动端适合收看短视频，如抖音、快手等竖版短视频。而折叠技术之后出现的大屏幕，使得在移动端看中长视频减少了障碍。同时，屏幕尺寸越大，对视频清晰度要求越高，这就需要有大带宽做支撑，而5G的三大特征之一就是大带宽。所以，大尺寸的折叠屏和5G大带宽技术特性相碰撞，会使移动端通吃短中长视频。电视媒体拥有中长视频的强势资源，大尺寸的折叠屏和5G大带宽技术有望改变电视媒体在移动端的两个短板，用户数量有望提升，用户黏性有望提高。5G让电视媒体有机会突破移动端的最大瓶颈。

如何把握机遇？需要重视3个重构：第一是产品重构，第二是生产流程重构，第三是组织架构重构。

什么是产品重构？原来只播出常态节目，现在有了VR、AR视频产品，同样要提供。对于VR、AR的视频节目版权，也要同时购买。试问没有互联网版权，媒体融合从何开始？所以，产品必须重构。

什么是生产流程重构？曾几何时，直播是电视媒体最复杂、最高级的一种表现形态，很多电视人把指导大中型直播项目视作职业生涯里的重要追求。但现在直播还那么严肃吗？比如淘宝直播商家超过10万家，收入超过100亿元，10年以前都不敢想。产品重构之后，生产流程也要重构。生产VR、AR节目，必须要重新制定录制、制作方式，制定非线性播出标准。

如此一来，组织架构重构也成为必然。新的VR、AR生产部门，新的非线性播出部门，新的技术支撑部门，新的绩效评估方式都亟需建立。同时，现有的评估也必须同时改变。

5G时代对电视媒体的解构和重构，对于我们建设“四全媒体”应是一条可行之路。比如，大小屏的强互动，是不是全程媒体雏形？大小屏涵盖的所有内容形态，是不是全息媒体的雏形？传统媒体和新媒体一体化运作，是不是全员媒体的雏形？在所有终端上，为所有用户提供有效服务，是不是全效媒体的雏形？5G，在技术上为建设“四全媒体”提供了实现的可能。

（作者为中国广播电视网络有限公司总经理）

广电 5G　天下布武

陈　刚

“天下布武”，是日本幕府时代大名织田信长提出的军事战略。往前追溯，其意还是来自中国古代周文王的政治理论。在此借用，其实是为了谐音说明“天下布 5”——广电 5G 作为一种颠覆性手段、革命性力量，可以零起步，但一定要高起点、大格局；可以各种不确定，但绝对要重兵投入、决战决胜。

一、三大愿景

我们进入 5G 时代的三大愿景：让有线插上无线的翅膀，让智慧广电催生新物种，让芒果生态踏上数字经济新赛道。

原来我们认为 5G 是一根稻草。5G 来临，要不就是压垮有线这个骆驼的最后一根稻草，要不就是有线的最后一根救命稻草。我们可惯于以悲观主义自我警醒，以乐观主义接续奋斗。经过近年来的深入思考反复论证，我们现在更有信心和理由提出翅膀论、物种论、赛道论。如果说 3G、4G 时代催生了微信、抖音，5G 时代一定能够催生出更多的新物种。如果说湖南广电此前在传统媒体和新媒体的融合赛道上成功打造了芒果 TV、芒果超媒，那么由 5G 牵引的数字经济领域就应该是芒果生态的下一个主战场。在传统媒体的道路上，百亿级当量已经到顶，广告创收就算不下滑也难以再突破。只有在数字经济的新赛道上，我们才能够摸高千亿乃至万亿级产业，“千亿芒果梦”也应该植根于此。

二、新双核驱动

内容是我们的硬核驱动力，也是我们的底座和中台。传统互联网时代，网络技术相对而言是我们的短板。5G 新时代的到来，让我们有了后发赶超的机会。湖南广电在媒体融合战役中紧紧抓住湖南卫视、芒果 TV 这一组“双核驱动”，是成功的关键。今天，紧紧抓住技术和内容这组新的双核驱动，同样也是 5G 战略的不二法门。

我们正紧紧围绕“5G 高新视频多场景应用”的建设思路，构建一个以“IP 共享、资源共融、产业共建”为核心的数字共生体系。湖南广电拥有两家上市公司，如果说芒果超媒做的是“内容生产商、IP 近卫军”，那么电广传媒就是做“内容服务商、数字集团军”。我们共同围绕内容，从不同维度实现多场景、多终端、多用户的价值变现。为此，我们要一如既往地巩固内容部队、强化平台部队、补齐补强一支全新的数字部队，争取把内容资产变为数字资产，把内容营销变为数字营销。我们接下来要进一步抓紧 5G 在湖南卫视和芒果 TV 的节目制作领域产品落地，积极开发互动剧和互动游戏，推进 5G 时代内容创作和商业变现，以牌照和内容优势，借助融合之力实现增值和升级。

三、马栏山 5G 生态

5G 勾勒的是一条发展曲线、一条数据链路，包容着巨大的产业空间、全新的数媒空间。在马栏山 5G 生态布局下，我们的数据链路设计是“天上一片云、地上一张网、手上一张卡、通证建生态”。“手上一张卡”可以把它叫作芒果的生态副卡，通证建生态也在高度关注。我们的产业发展计划是“5G+ 内容生产”“5G+ 会员经营”“5G+ 公共服务”三大产品板块。目前我们正在投身全国一张网大整合，积极开展清频、建网、应用研发三大攻坚战。

我们深知，5G 绝不仅仅只是网络技术的狂欢，它带来的是生产和传播方式的彻底变革，倒逼广电人自我革命。借用吕焕斌台长的一句话作结：“我们既是马栏山的最后一代传统电视人，我们也将要做5G时代新一代媒体人！”

（作者时任湖南广播影视集团有限公司党委副书记，
湖南电广传媒股份有限公司党委书记、董事长）

5G 在新媒体重大主题报道中的实践

陈凯星

5G 并不神秘，但 5G 很神奇。如果说 4G 时代只是把信息推送上互联网的话，5G 给人的感觉就像信息被黑洞吸走，瞬间完成。

5G 在新闻领域里的应用会带来哪些变化呢？就新华社新媒体中心的体会而言，对于新闻直播，尤其是移动直播，对于 VR，我曾有幸体验了基于 5G 的 VR 游戏，戴上 VR 的眼镜，5G 确实让人身临其境。过去我们更多的是人与人之间的通话，5G 让人与人之间的通话更丰富，向人与物、物与物之间的通话转变。对于媒体来说，是挑战，更是重大的机遇。比如大家说万物互联，对于我们来说那就是万物皆媒，万物皆媒意味着什么？凡是有屏幕、音响的地方，都是我们的媒体，也都是我们的用户。

比如现在我们已经把新华社客户端做进了音响，你只要跟它说话，它就给你读新闻。放进了冰箱，到冰箱前面可以点新华社的客户端，体验非常好。如果你不愿伸手还可以语音唤醒它，新华社客户端正在酝酿全新的改版，就是基于这些新趋势做的智能化语音系统化的改造。

新华社新媒体中心创建于 2012 年，是主流媒体中成立最早的专门从事新媒体建设的部门，也是融合发展最早的实践者之一。现在主营有面向新媒体用户的通稿服务专线，还有直接面向终端受众的新华社客户端、新华社微信公众号、新华社小程序，以及面向全国媒体的现场云服务平台。在新华社党组的正确领导下，在社长、总编辑的指导下，新华社新媒体中心 2019 年紧紧追踪 5G 的建设，在以下几方面做了探索。

5G 手机全链条直播。全链条直播就是用 5G 手机采集，最后用 5G 传输，然后实现 5G 的终端呈现。它的传输速度和清晰度给人们留下了深刻的印象。沿着 5G 的应用继续往下探索，在 2019 年的世界园艺博览会上，首次运用 5G 背包进行了 4K+VR 的直播报道。5G 背包就是一个便携的 5G 基站。继续往下探索，我们在 2019 年 10 月 1 日的国庆重大报道中，首次进行了 5G+8K 超高清直播，也是全链条的。首先与北京的超高清制作技术协同中心合作，运用了全球首台基于 5G 的 8K 直播车，这台车用于重要的时政报道也是第一次，实现了 8K 采集、5G 传输，把 3 路信号分别送到了新华社的新闻大厦、梅地亚中心、远在千里之外的上海世贸中心，落地设备是京东方的超高清 8K 大屏。

我们可能是为数不多的 8K 资料的拍摄者，我们正在协商把 8K 的影像资料，作为非物质的藏品收藏于国家博物馆，为共和国留下第一次的 8K 记忆。

我们同时探索基于 5G 的异地全息直播，这是试验式的，同时在广东分社设置了一个采集点，与北京编辑部通过 5G 传输，实现了在一个场景的异地访谈直播。

5G 极速传输，大大提升了 AR 的直播体验。在 2019 年全国两会上，我们推出了一款被誉为“直播神器”的智慧眼——AR 眼镜，以后不需要巨大的摄像机，只需要戴着它，我的眼球就变成了摄像机，我看到的影像就可以通过新华社客户端的现场新闻呈现给大家。

AR 眼镜还有一项功能，可以在线连接后台数据库。连接后台数据库可以做什么？举一个典型的场景，就是可以进行图像识别、人脸识别，戴上这个眼镜接通数据库，你看到谁，后台就会把人识别出来，告诉你他的背景资料。

沿着 5G 的发展之路，我们继续往前走，在第二届中国国际进口博览会中，我们使用 5G 商务卡，基于手机进行了成功的现场直播。而使用的软件系统就是新华社新媒体中心为全国媒体免费提供的现场云采集系统，简单地说，现场云就是通过一部手机就可以发起一场现场的全息直播。由此我们打造了全国最大的新闻直播平台——现场云直播平台，到目前已经有 3600 多家媒体和机构入驻，7 万多位同行拿起了这款直播的利器。现场云把专业的视频直播从专业机构手中解放出来，那现场云是如何做到的？手机就是一部智能终端，通过5G连接的是背后强大的“云”，这就是我们目前进行的一些简单尝试，显然我们不会止步于此，愿意与全国同行共同谱写这一场伟大的创新史诗。

（作者为中国记协新媒体专业委员会副主任委员、
新华社新媒体中心主任）

5G 时代，网络视听行业新的开始

龚　宇

从科技的角度来讲，一个科技创新的诞生，不仅是单一的科技的影响，还有附带的影响。有了 5G，更多的技术得到了普及，这种 1+1=2 的叠加效应让行业更壮大。如在 5G 环境下，超高清技术 4K、8K、HDR 技术或者是新的环绕电影声技术，用两个扬声器实现 5.1 声道、7.1 声道已经很普遍，稍微高档一点的手机有两个喇叭，听到的效果就是 5.1 声道，这是最近两年的科技成果。有了 5G，超高清和配套技术都得到了普及。

一些与 5G 结合的延伸技术，因为 5G 的发展所以才有更大的空间，比如，AI 技术在 1956 年就诞生了，过去基于运算的能力，算法本身的弊病让 AI 技术一直无法普及。直到 2017 年，主要媒体认为是 AI 特别是深度学习算法的元年，在数据量越大的时候，机器反而越来越聪明。以前是数据量越大，机器运算越慢，就像突然在一天之内，把小学一年级一直到大学甚至是研究生的课程全堆到一个小孩子面前，他无法消化。但是现在，深度学习算法解决了这个问题，而解决这个问题的支撑点就是移动通信技术，相信 5G 的移动通信技术能让人工智能更加普及。

再比如，因为有了 5G 技术，由计算机图形学延伸出来的 VR、AR，或者是引擎，一定会得到大力的发展。如引擎，做影视的都知道，为动漫做最后的渲染需要很长时间，游戏引擎是实时的，但无法放到大屏幕，电视屏都不能放，更别说电影。但是随着计算技术，特别是 5G 技术带来的技术创新，这种实时引擎会诞生。

5G 的 3 个特点加上科技的协同作用，对影视类行业产生以下 4 个影响。

第一，消费心理。20年前的互联网媒体新闻标题后面画一括号写着“图”，代表这篇文章里面有张图或者多张图。用户点的时候，有一个心理预期，打开文章会慢，要耗更多的带宽。若干年前，3G时代开始了，微博诞生了，大家觉得有图也不是一个重应用，没有人会在标题后面还画一个括号写着“图”，因为我们非常多的应用就是基于图片，比如朋友圈，“图”变成轻应用了。

在4G时代，抖音、快手等视频平台经过这几年的爆发性增长，也变成轻应用了，小视频变轻应用。那么，5G时代会发生什么？一定会让中视频、长视频也成为轻应用，这种心理感受来自两个方面。一是技术方面，比如高清视频原来等3秒钟播放，未来0.3秒甚至更短的时间即可播放，这是5G技术特有的。二是因为5G的普及，流量费一定明显下降。从用户的心理感受来讲，它也变成了轻应用。大概10年、20年前，中国很多城市的出租车计价器每过一公里，会“嘟”一声，这是严重违反消费心理的提示。因为有了5G，流量费下降，用户的心理负担减少了，所以视频变成轻应用。

第二，文艺作品形态。电影有120多年历史，电视也有90多年历史，影响了千千万万人。电视发明以后，也由此产生了综艺节目、动画片、专题片等。互联网发明50年，进入中国25年，视频有15年以上，我们再把100多年、90多年的作品形态搬到互联网上，只是平移，但是通过5G和5G相关的技术，可能会产生新的文艺作品形态。比如视频游戏、互动视频，或者叫游戏视频，就是超高清引擎、游戏引擎、实时引擎，可能会产生一种新的形态，有了这些技术，会出现以前想象不到的新的文艺作品形态，是因为有了互联网、因为有了5G才诞生的，可能现在我们缺乏的是想象力，而不是技术。

第三，媒体行业。两个要点：一是内容，二是平台或者渠道。内容肯定在于制作，随着5G的发展，制作行业会发生颠覆性的变化，两头变化，头部的内容制作可能更加促进工业化的发展。因为拍摄后期的任何一台设备，都是高速连接到互联网上，外拍也好，海上也好，山里也好，水里也好，都连上了网，这种技术会使整个格局发生巨大变化。事先策划好的，节目也好，动漫也好，剧也好，将全部上网，这个项目的所有人甚至是投资人，可以清晰地看到这个项目的所有内容、环节和时间点，每一个细节都轻易看得到。就像好莱坞一样，现场导演和后期导演可以分开，也就更加工业化、专业化。拍一个节目的时候，比如拍真人秀节目，在拍的时候，后期导演可能已经在粗编了，大家拍完以后，粗编的第一个版本已经出现了。再比如人工智能技术的应用，会让后期导演拍一期一个半小时的真人秀节目，原来 30 个人编一周，现在可能 10 个人编两天甚至更短的时间，因为人工智能技术可以帮助编辑初选，把那些不要的镜头、不好的镜头全部删掉，最后几个后期导演在剩下的好的素材里去发挥创意和创造性。技术的发展让头部的内容制作更加工业化，水平更高。

另一方面，普通用户随便拍点画面，把素材传到云端，在各种技术的帮助下会变成非常专业的作品。举个例子，可能我受过初级的绘画训练，想做一个动画片，3 帧是我画的，其他 12 帧在技术的帮助下都能做出来，虽然不够工业化，但很有意思，已经比原来专业多了，内容产业会发生颠覆性的变化。

第四，媒体平台。现在我们都在说新媒体、传统媒体，也许需要一些时间，媒体平台可能变成公共服务，就像现在的水电一样，为什么？区块链技术让它的交易更加公正不可篡改，制作技术让制作成本更低，也许现在媒体的商业模式 B2B 模式改成 B2C，甚至是 C2C，平台就成为公共服务了，这种变化可能需要很长时间，但是时间不重要，最主要的是未来有一个美好的向往，我们希望这种美好的向往尽早能实现。

（作者为爱奇艺创始人、CEO）

拥抱技术为我所用

蔡怀军

5G带给我们的不仅仅是速度，而是深度、广度、高度、力度在内的全面变化。4G催生了消费互联网的革命，5G变革最大的裂变能量将发生在工业互联网。对于媒体平台而言，无论在任何一个技术革命的阶段，始终都在做同一件事情，就是制作精品、传播文化、引领价值。对于芒果TV而言，首先要大胆拥抱技术，使用好技术这一工具，坚定不移地做青年文化创造者和价值引领者。

做5G时代创新引领的媒体平台，主要包括两个层面：一是为我所用，坚定不移做内容；二是拥抱技术，坚守平台价值观。

一、为我所用，坚定不移做内容

互联网上半场竞争是建平台，下半场竞争是做优质内容。5G不仅对平台超大体量内容的实时传输提供了支撑，更因为它的高速率、低延时和大容量，深刻地重构着内容创作的方方面面。对于媒体平台而言，未来有以下几个特征。

首先，高速率带来时空关系的重构。如电影《头号玩家》里构建的虚拟世界，在用户体验的层面，时空关系的边界被完全模糊。沉浸式体验不再需要苛刻的场景、昂贵的声光设备，而是成为一种随时随地的模式切换。这是一个巨大的市场，但也对平台和内容提出了极高的要求，芒果TV 2019年年初上线的互动剧《头号嫌疑人》、芒果互娱刚刚上线的互动游戏《记忆重现》，就是在利用技术的手段辅助内容的创新，走在了行业的前列。

其次，低延时带来创作交互关系重构。5G 时代内容和用户关系都跟现在的交互关系发生了巨大变化。例如在互动剧中，千万个用户成为内容的主角，是推动剧情进展的重要因素，成了内容的创作者。所以，对于媒体平台而言，我们要考虑的是如何吸引用户参与创作。只有真正创新的精品内容，才能吸引用户深度参与，从而产生裂变的内容增量。

最后，大容量带来资源配置关系重构。比如云数据、云计算、云存储等技术，大大降低了对用户终端设备的要求，从而降低了交互和体验的门槛。5G 时代，终端将只是一块屏幕，而“云”将成为新的流量入口，产业结构的大变化也将由此而来。2018 年年底，芒果 TV 与华为签订战略合作协议，未来将在 5G 商用的风口上运行更多内容，在技术和用户之间架起一座桥梁。

5G 作为一个科技的支点，将为新媒体行业源源不断输送新的创造力。衡量 5G 对媒体平台的价值，主要有以下几点。

第一，用户交互体验越好，会员需求越强。5G 时代将给用户带来更有创新力度、品质更高、品类更垂直、更个性化、体量更大的互动内容产品。芒果 TV 热播的国内首档互动侦探剧《头号嫌疑人》，就是我们在研究用户心理需求的基础上，由综艺节目 IP 衍生出的一档互动微剧，这是一次引领式的创新。它首次实现了“边看边玩”的互动推理模式，推动用户从浅层观看向深度参与。节目播出期间累计覆盖用户 700 万左右，用户参与互动的“层层漏斗”转化比例高于 40%，远远领先行业平均水平。

第二，产品体量越大，商业价值越高。5G 时代无限量的视频流，开启了巨无霸的超级入口，各大电信运营商需要体量更大、更具差异化、价值更高的内容。2019 年中国移动正式成为芒果超媒第二大股东，将进一步增强芒果的渠道能力，使内容最大限度地触达用户。近日，浙江移动向芒果 TV 定制了 5G 套餐包中的第一批 VR 视频内容，渠道的需求催生了内容的创新创作。

第三，生产体系越优，后发优势越强。在同一起跑线上，传统媒体人对 5G 时代的内容理解更深刻、制作团队更完整、生产体系更完善，相对谷歌、优兔、脸谱等互联网“原生居民”，后劲更足。2019 年，芒果 TV 针对用户的需求，自主开发了互动剧制作平台，目前已经上线运行，实现用户和平台之间个性化互动的需求。

第四，内容品质越高，客户价值越大。高品质的产品，只有客户买单，市场买单，才有价值，才有持续的生命力。2019 年 8 月芒果 TV 与上海科技大学建立联合实验室。其中动态全息光场采集系统是全国唯一的 4K 光场拍摄棚。国外同类的有两个，一个在西雅图的微软，一个在硅谷的 8i。大众集团看好芒果 TV 的创新能力，投入近亿元，向芒果 TV 定制了一部互动剧。

对于媒体平台而言，不管在什么时候始终要明确，媒体平台提供符合时代和用户需求的高品质内容，才是根本的根本，核心的核心。

二、拥抱技术，坚守平台价值观

媒体平台的管理者不是技术派，是会使用工具的媒体人，就如同媒体人不需要拆开摄像机也可以拍出一个个市场爆款。作为新媒体人，更应该以我为主，利用技术，去实现更大的价值。技术是无意识的，但人是有意识的。每一次革命性的技术都是对人类社会发展基本逻辑的重建。

第一，坚持人本需求的创作原则。一切创作源于生活。芒果 TV 将注重精品内容创作，注重主流价值内在引领，注重对美好生活的向往，以内容优势赢得话语权和发展优势。

第二，打破专业壁垒。马栏山的新老媒体人，将推动跨界媒体融合，促进生产要素有效整合，做到“融为一体，合而为一”，同时，促进马栏山媒体人进化到全媒体人，实现人才的集体进化。

第三，适应场景分化。5G 时代的马栏山将通过技术创新、产业融合，实现分众化、个性化生产，精准化、智能化推送。芒果 TV 已经成立了芒果研究院，目前组建了 3 个 VR 制作团队，同时还引进了市场顶级的算法团队。

第四，坚持文化自信。芒果 TV 将坚持正确的政治方向、价值取向和舆论导向，坚定不移地做 5G 时代创新引领的媒体平台，发挥创新优势、品牌优势和平台优势，用文化自信书写新一代马栏山人的责任和使命。

在唯快不破的 5G 时代，只有快速完成产业整合，完成整体生态布局，才能在未来媒体急速变革中立于不败之地。为此湖南广电战略性地打造了一个芒果生态圈。2018 年 6 月，芒果超媒实现了从新媒体到全媒体的生态升级。芒果内容生产一体化的聚集优势、平台运营规模化的矩阵优势、合作模式生态化的共赢优势，将积极推动芒果 TV 打造成为更具活力、更有竞争力、更具影响力的新媒体平台。

（作者为芒果超媒总经理、芒果 TV 总裁）

预见未来，5G 时代的音视频社交

奉佑生

小时候乡村只有一台手摇电话，要想打电话给远方亲戚，只能跑到乡里面摇电话。但这部手摇电话，打破了整个空间的限制。这就是所谓 1G 时代，标志性产品是大哥大。2G 时代，标志性产品就是诺基亚和摩托罗拉，要攒 3 个月的工资才能买一台手机。3G 时代，使得微博和微信相继出现，让社交媒体进入了生活。4G 时代，迎来了直播，移动端视频进入主流视野，催生了抖音、快手。

5G 时代的大产业，就是自动驾驶，可以想象未来 30 年，不会再有人开车，不会有拥堵，不会有交通事故，但这些机会都属于世界性的大公司。另外还有两个民生问题——教育和医疗，我们看到现在很多乡村的教师资源、医疗资源匮乏，北上广深的教育、远程医疗基本上是人满为患，我们希望通过远程教育、医疗，能够把北上广深优秀的师资、优秀的医生通过远程技术普及到偏远山区，这能解决一个巨大的社会问题，也能让老百姓的幸福指数得到提升。

5G 时代来临之后，开会可能不需要在一个会议室里，而是在每个人家里。在基础性的应用方面，娱乐是最基础的应用，VR 和 AR 技术的完善，为社交娱乐带来更大的机遇。游戏、电影需要点播，现在所有游戏都是在线玩，不用下载。我认为，在科技强国这个赛道上，可能 5G 到 6G 整个的引领是未来中国科技强国很重要的机遇。

基于 5G 时代可以从 3 个方面展望音视频社交的未来。

一、技术层面

通过图文、音频到视频再到直播、短视频，是这二三十年的演进路线。未来 10 年的演进路线需要高带宽的支持，VR 就是虚拟现实，加上现在微软在做的 MR 混合现实。基本上能够让人和 VR+AR+MR，成为一个技术产品，这会让我们所有的交互方式、生活、社会娱乐场景发生变化。另外一个是低延时的技术发展，映客一直在做视频相关的事情，我们构建了一个音视频中台，有很多孵化项目，基于音视频技术，加上产品、运营、流量生态，内部的团队赋能，同样也在为行业做一些赋能，更希望映客的经验可以推动行业发展。

二、应用场景

在产品创新上重要的出发点，很多都是通过场景出发。5G 来了，有可能把 KTV 和办公室、手机完全打通，对唱的时候，发给对方，实现远程跨空间的实时对唱。让所谓的娱乐场景打通线上和线下，打通物理间隔是很重要的场景。另外，中国有大量的留守老人和儿童，父母在北上广深打工，往往都是一个星期能通一个视频电话，未来结合 5G、VR、AR、全息技术之后，能让孩子感受到父母就在身边，从伦理上解决很多儿童成长的巨大的社会问题。这些问题才是对人类历史的促进，包括孩子的心理问题、健康问题、教育问题，都要通过这种新的科技手段来进行革命性的变化。

三、商业模式

做互联网项目，很多时候从产品技术驱动之后，一定要思考商业模式的成立。

技术上，信息的传播会更加全面、立体，5G 等前沿技术将惠及更多产业；应用上，5G 将开拓更多场景，彻底影响人们的生活方式乃至社会的运行方式；商业上，满足人们更深层次精神需求的商业模式必将成为主流。

纵观这3方面的趋势不难发现，无论哪一种趋势的发展，都离不开一个核心，那就是“人”。在5G时代，科技以人为本，5G时代为人服务的5G将是最有价值的技术，受惠于5G技术的“人”将是生活最幸福的人。

（作者为映客创始人兼CEO）

5G 时代的新媒体变革

王 娟

2020 年是中国互联网浪潮当中最关键的一年。用一个比喻来感知一下它的速度变化，通常在腾讯平台上传一部 90 分钟的电影大概 200MB，在 4G 网络环境下，按照最好的网络条件，拥有会员的特权下载，也要 20—25 分钟，但是在 5G 网络环境里，下载的时长会压缩到 1.5 分钟。

人口红利不再增长，平台的用户增长非常乏力、非常艰难。综合来看，5G 将对媒体产业带来新的变革和机遇，体现在以下 4 个方面。

一、新终端的演变

新终端与 5G 的结合，走得比产业要更快一些。近 5 年来，在内容制作方面，从无人机到 360 度的相机、智能眼镜都有所应用。在设备上，包括家电的场景、智能电视的场景，还有大屏的、多屏的媒体的场景，都已经面市。5G 带给这些新终端最大的变化是集合速度。从最近 5G 的销售出货量来看，大胆地预估，2020 年整个 5G 手机出货量会大大增多。

二、新内容、新交互的变化

腾讯一直是中国 4K 高清产业联盟的一员，两年前关注到 4K、8K 影视内容，把这样的内容丰富起来，包括和央视合作的央视频 App，变成国家级 5G 新媒体平台，可以让用户随时随地来观看 4K 的优质内容。如金鸡奖的颁奖典礼，金鸡百花组委会给各家平台提供了高清直播，多机位多视角切换，在无死角状态下呈现直播的状态，这也是非常大胆的突破。

现在各大卫视的晚会也看到了像郎朗和虚拟人物在舞台上更艺术的表现方式，这是和新一代互联网技术结合的方向。腾讯视频之前做了一档节目《明日之子》，有一个虚拟的偶像选手，观众在现场感知不到这位虚拟偶像的存在，只能通过后期的技术把真人和这个虚拟偶像合成在一起。但是现在利用 AR 拍摄技术基本上可以满足粉丝和偶像同框的诉求。

三、生产方式的变化

云计算 +AR 赋能的云生产制造可以让影视化的生产更加工业化、科技化。AI 技术可以基于海量剧本的学习，根据需求创作剧本，并通过调取模型库的资源形成人物、场景，形成有分镜头感的内容。

现在的影视剧大量使用一些虚拟影棚的拍摄，但是目前虚拟拍摄完要经过漫长的后期制作，然后才能把它变成电视画面里的一个完美的成像。迪士尼一些新的影片已经在利用云端结合虚拟场景的渲染，实时回传到虚拟拍摄当中，让效率更高。

四、新的商业模式

所有 B 端的客户也就是商业客户，他们越来越关注品牌和内容的结合，而且在结合的过程中，又希望带来非常好的效果和体验，所以互动广告的新模式在 5G 的状态下会解锁出新的商业空间。

腾讯视频在 5G 的机遇下全新布局，跟主流媒体深度合作，积极创新。一是在超高清和高帧率的影视内容制作方面加大投入，希望影视剧制作团队在后期能够更多地产出 4G 的标准内容，充实现在的 4G 内容库。二是在直播业务上率先尝试多路流、多视角的高清直播，在电竞和演唱会的直播中会率先应用。互动影视内容方面会用开放平台的方式，和所有的生态一起合作。三是支持 5G 视频底层技术的升级，目前正在联合厂商、运营商，全面升级腾讯视频的底层技术能力，为新的内容生态提供更有效的基础设施，希望和广泛的技术同行展开合作，最终在新终端和新的场景里边应用。

（作者为腾讯视频副总裁）

5G 时代　一个平台的自我修养

张丽娜

5G 时代到来的时候，作为普通用户，经常会认为这是一个对清晰度、速度和传输方式的挑战。新媒体的变革，是产业变革一个非常大的机遇。在全行业都做好准备蓄势待发的时候，对于优酷来说，阿里巴巴进入内容产业希望做的一些坚持，将从“一套标准”和“四个能力”上来探讨。

一、一套标准

内容平台和一个人一样，都有自我发展的底线和天花板，以及贯穿始终的价值选择和灵魂，主流一直都在，人们对真善美的选择会留下很多不朽的作品。对于平台来说，首先也要回答 3 个问题，就是为谁做，为什么做，怎么做？整个行业的生态链，内容生产者的选择，技术赋能，技术算法的不唯流量论不作恶，平台对内容的敬畏，是大家的共识，在人物情怀和能量包括对英雄的歌颂上，先达到统一的思考和标准，在这样的价值观引领下，再来谈能力。

二、内容创新的能力

内容和技术就好像器与物、茶与技巧、茶与器皿的关系，好的内容是在技术到来的时候，我们得到灵魂碰撞最重要的一个环节。从 2016 年开始，阿里巴巴文娱成立，同优酷强强结合，跟东方卫视进行了天鹰转播车技术的试探，通过强大的系统能力，将原本复杂的双系统多版本的制作，在晚会播放的同时，在同一转播车中全面系统地整合为一套系统，以实现 4K 的 HDR，高清 HDR 立体声、全景声在内的多版本的创新。每年“双十一”的到来，其实不仅仅是一个商业生态、金融生态、技术生态，包括物流生态的变化，同时也是对内容 + 技术模式的一个整体的变更。

通过 5G+4K/8K 传输这样的技术，我们会发现技术对内容的传输，包括内容的生产和互动产生了巨大的价值。2019 年的“双十一”晚会，我们开通了公益直播间，因为很好的传输系统，当天晚上在公益直播间有 5000 多位用户，产生了大概 1 亿多次的互动。这样一台晚会，真正因为技术的力量，可以把内容、公益和商业完美地结合起来。同时，优酷在很多乡村做了乡村艺术教室，使乡村的孩子在乡村可以体会到与城市同样的艺术分享。技术时代的到来，可以让很多善和美好的内容得到最大范围的传输。

三、技术驱动的能力

5G 时代到来，大家可以进行非常好的沉浸式互动，电影《头号玩家》里面，人类感官消费是一种形式。技术为生命周期创造更多的价值。由阿里文娱摩酷实验室研发的北斗星智库，从最初的结构化、内容评估，到艺人挖掘、内容素材的提炼，可以对用户数据进行最大程度的采集，同时利用人工智能搭建算法模式，希望达成一种服务的概念，为采集、宣发的商业化，以及最终播放的互动模式方面提供参考，释放更多的温度。

超高清始终是 5G 时代到来最快落地的方式，大概 10 年前的一部电影高清修复时间要 20 天，这让很多经典重新焕发时代的魅力，让年轻人爱上经典。

2018 年年底，奈飞（Netflix）做了一部非常成功的互动剧——《黑镜》，让用户选择剧情走向的互动电影。互动时代的到来，让观众从一个旁观者到一个参与者，也很有可能成为一个主角。互动时代的到来，内容的储备更加依赖于在内容创作上类似湘军这样的团队。创新体验的到来，能让内容和用户的互动，不仅仅只是不同结局的参考，而是不同互动玩法的一些新体验。

四、融合发展的能力

2018 年 4 月优酷与中国国际电视总公司进行大数据客户端的相关合作，6 月到 7 月与央视合作了融媒体时代第一个世界杯的范本，2019 年 3 月与中国广电达成了有线电视网的合作，7 月 30 日，和人民在线达成合作。所有的能力取决于对这个行业的奉献，有人说过，能力越大责任越大，在这个行业上，如果有幸因为时间的先机获得了这些能力，希望将这些能力赋能行业并进行分享。比如在技术赋能上，希望把很多的产品技术兼容的难题标准化，内容合作伙伴可以全身心地进入内容的生产过程中。希望商业模式的赋能，可以使很多用户，包括内容的变现渠道变得更多。

五、让全天下都知道的能力

在 3G 时代中国很多好的内容还是在奔跑阶段，4G 时代已经可以跟世界进行并跑，5G 时代我们一定有机会在整个世界的行业内进行领跑。

最终还是回到平台的修养上，我们希望为时代而做，为时代的英雄和情怀而做，为这个时代的爱情和浪漫主义而做。好的内容和技术带来的机会，也要通过这样的决心和努力去抓住。

（作者为阿里文娱优酷总编辑）

▶ 内容生产

——5G 时代国内 IP 开发培育新趋势

主持人：魏哲浩

嘉　宾：武　俊　新华网文创中心总经理

王　良　时任掌阅科技副总裁、联合创始人

戴和忠　中文在线执行总裁

罗晓星　时任奥飞娱乐总裁助理

【**罗晓星**】说到 5G，其实我有几个感触。

第一，我觉得其实不管是 4G 时代、5G 时代还是未来的 6G 时代，内容永远是核心。价值观不会变，好的故事不会变。

第二，大家都很关注“云”，其实未来很有可能有线或者有线网络不存在了，广电最大的优势就是家家户户都有一台电视机，然后所有的电视机都连了无线网络，未来很有可能有线网络包括机顶盒都不存在了，所有内容都在“云”上。

第三，对于内容创作来说，创作的过程在变化。之前要创作一部好的作品需要非常长的时间，比如创作一个动画片，可能编剧时间会很长。在未来大数据时代，会非常快地知道，中国的消费者喜好的口味是怎么样的，今天我们通过一些报告看到各种各样的数据。可能未来这些数据是实时反馈给我们的，链接到创作的机器上，甚至编剧、创意不再是人在做这件事情，而是机器。创作内容的效率会飞速提升，甚至动画的制作都是实时渲染的。5G 时代对内容产业的技术层面、操作层面上的革新是翻天覆地的。回到最开始不变的是什么？不变的仍然是我们需要好的创意、好的内容。

【魏哲浩】5G时代的变与不变，不变的是继续深耕内容，变化的是要顺应新的技术怎么样去把它用好，最后一切的落脚点还是为了人，为了所有的读者，或者说为了受众来服务。

接下来访问中文在线的戴和忠、掌阅科技的王良，二位聊聊今后有什么独门秘技，在5G时代IP培育方面有什么新的展望？

【戴和忠】我有16年的运营商经验，应该说经历了完整的4G到5G的过程，现在在做IP、做网络。我感觉5G到来会带来一些变化，一是会带来新的阅读形态。比如下一步不仅仅是文字，有可能会有一些视觉的互动小说，有更好的互动形态。中文在线正在海外尝试，目前是海外第二大互动视觉小说平台，能够把视觉和互动更好地引进来，下一步在创作方面，有可能会通过一些AR形式来帮助作者更好地创作。

二是会带来新的IP产品。把文字变成音频，也许是真人朗诵，也许是AR在情感上、人工智能的实时朗诵，更好地去展现小说形态。

三是IP最核心的是角色。在5G时代，随着AR、5G、高清视频、互动的提升，角色会有一些新的改变，比如一些头部小说、头部内容，有可能除了真人角色以外，会有一些虚拟角色，虚拟角色是生活在直播、短视频、社交媒体里面，由于AR存在，会让它更加智能化。

另外在IP这方面有更多的空间，比如高清视频及应用，高清互动视频，会带来更多的玩法。尽管从文字来看，5G不会带来结构性的红利，但是从IP的培育和开发来看，5G会带来非常大的提升。

【魏哲浩】王总，在5G时代，IP的培育有什么新的展望？

【王　良】首先5G带来两个变化，一是技术的变化，二是5G带来的是万物互联、终端的变化。互联网用户数的增长进入一个缓慢期，5G会让更多设备的活跃频次更高，不光是手机终端。同时信息会更多，基于这两点，会给IP带来以下几个变化。

一是好的内容变成IP。因为受众面和内容爆发力变强，所以会让好的内容触达终端的时间变短。

二是头部内容会带来很多新的玩法。一些新的产品形态，比如8K、4K，更好的产品体验，包括互动VR、AR互动化的东西，更好的产品体验实际上会对 IP 产生更多潜在的价值。

三是万物互联以后，好的 IP 通过前两者的发酵，可以延伸的想象空间很大，可以跟所有的设备相连，未来在 5G 的网络环境下，好的 IP 可以与线下电商包括实体的互联网相结合，我觉得未来整个的 5G 会让真正 IP 的价值放大。

【魏哲浩】武总在做一个爆款，我在网上看了一些片段觉得很惊艳。这也是一个 IP 孵化的问题，插上 5G 的翅膀，为未来 IP 的孵化做一个展望。

【武　俊】马克思曾经说过，人的本质其实是一切社会关系的总和，如果从这个角度来看，社交媒体其实是人与人之间的联系，那互联网其实是世界上所有信息之间的联系。有可能 5G 智能是数字世界和物理世界之间的一个连接。

在不远的将来，现实世界当中的任何一件事物、任何一个场景、任何一个建筑，或者任何一个房间都可以在数字世界当中应用他自己全尺寸的数字版本，我们称之为镜像世界。目前，我们通过 VR、AR、MR 或者一些混合现实的这种增强现实的手段，也窥见到了一些镜像式的内容，对于我们做 IP 或者做内容，我们是不是可以更加大胆地做一些想象和探讨。

将来漫威的英雄、卡通人物、《西游记》里面所有的 IP 是不是可以真实地来到我们身边，变得触手可及。在 5G 和互联网的智能发展情况下，IP 不再是一段简简单单的文字、一个形象，或者是一段故事，可能会进化成为一个个完整的数字、IP 的世界。而且这个世界跟我们的世界是一个平行的世界，我们跟他们之间可能会因为这种技术的变革，进行更深层次的沟通、更智能化的体验、更真实场景的互联，我认为平行现实才是真正的现实。

【魏哲浩】讲到平行现实是不是有点虚拟的感觉。刚才戴总讲到数字化生存，在网络上面有一个数字化的人，人不在了，继续在那里通过人工智能不断地迭代。这个是一件非常充满想象力的，甚至是终结问题的探讨。回到武总这里，回到 5G 话题，5G 商用之后，传统文化和数字文创产业发展会呈现什么样的状态？

【武　俊】针对这个问题，可以讲得更具体一点。新华网是互联网媒体的一个国家主力军，我们不仅要传播好中国好故事，要更多地伸展出有思想、有温度、有品质的中国好故事。新华网的文创中心主要定位于中国传统文化的连接器和转化器，这句话怎么理解？以中国传统文化的传承创新“走出去”为我们的使命，我们使用了很多高科技的手段，包括数字识别的表达形式，让中国传统文化活化、传承，同时也让中国传统文化走进年轻一代。

2019年我们在北京有一个爆款——时间的光辉，这是新华网原始IP的主品牌，与景德镇共同打造的主品牌下的一个产品。它的艺术形态就是以中国的瓷文化为核心，运用了电影语言、主题乐园，加上现场演出混合成一个全新沉浸式的艺术展览。其实最核心的就是原创IP，其中有代表陶土的陶像，代表青白瓷的海龟，代表青花瓷和中国釉色的瓷生物。瓷是一个载体，活化出了5个有真实生命力的IP形象，也是一个原生的形象，通过它们来讲述瓷器的故事。展览在北京，2019年6月到8月31日，3个月2100平方米，全息沉浸，在现场看不到一个真正的瓷器，全部运用数字手段、虚拟手段，把千年的瓷文化带到现场观众的身边。

【魏哲浩】从现场观众的反馈来看，这个跟他们去看一个正儿八经的瓷器展览和全息的展览，观感体验有什么不一样？

【武　俊】一个专业的瓷器展需要非常专业的瓷器知识，而且他所看到的所有文物的数量是有限的。这个全息沉浸式展览，虚拟空间其实是可以带来无限的空间和无限的想象力，可以更好地理解传统文化。

【魏哲浩】您讲到这个，不说开拓其他品类，光是中国传统文化和数字的结合，其实还有很多的想象空间，不光是瓷，瓷只是一个载体，很多中国传统文化的一些印象都可以通过这种方式呈现出来。

【武　俊】接下来可能就会跟中国丝绸、敦煌、青铜等中国传统文化进行有机结合。

【魏哲浩】王总，之前看了一些有关您的访问，有一个共同爱好都是科幻迷。今天设计的问题是5G技术革新机遇下，掌阅还有什么新型阅读方式？但我今天的提问方式要换一下，您认为掌阅插上5G系统之后，会不会在市场形成一个打击？

【王　良】先不能说打击，5G意味着什么？首先是一个压力。因为我们做传统的数字阅读，其实很多时候在4G时代大家都会说，短视频、长视频，抢占了用户大量时间，进入5G时代首先面临的是这个压力。其次我觉得更多的是机遇，在未来新的互联网发展驱使下，有两类公司是能够发展好的，一是有核心的技术，二是产品需要有很强的用户场景。虽然有压力在前，但是阅读是一个强互联网产品，对公司来说，未来还是要去顺应5G用户的需求；对用户来说，5G能够提供更好的产品。

【魏哲浩】畅想一下5G时代。

【王　良】有更多的想象力，以前更多是文字的体验。3G、4G是贴上图片或者小视频，在5G可以有更好的虚拟视频出现，包括更高频率的视频出现。阅读首先是一件孤独的事情，同时阅读也是一个需要交流的场景，3G、4G时代是通过文本、评论，发一些图片的交流方式，但是5G时代，可以线上线下相结合，有更好的产品出现，或者作者和读者之间，不仅仅通过文字交流，还可以通过面对面的交流方式，其实有很多想象力。5G对阅读是有更高附加值的，对公司来说机会更大。

【魏哲浩】戴总，刚才也听到王总的畅想，跟您的设想会不会有一些出入?

【戴和忠】我觉得都可以是兼容和覆盖。对于数字化图书本身而言，每一个发展都会带来新的变革。文字本身2G、3G就够了，在4G、5G会发生什么变化？我非常认同王良的判断。尽管是以文字做基础，但是在5G时代会有几个大的变化。

第一，让整个内容活起来，内容本身不是作者简单的创作，它会有更多的互动、更多的时间交互在里面。包括读者的参与，参与式创作也非常重要。

第二，让工具活起来。创作是很孤独的过程，怎么样结合AR、5G的高速率和数据的汇聚，辅助作者做更好的创作。我们在做一些尝试，创作工具加上AR以后，很大程度上能减轻作者在遣词造句上的一些负担。我们还在尝试用人工智能AR来翻译中文变成英文。

第三，让角色活起来。阅读平台不仅仅是文字，不仅仅是互动，有读者喜欢的角色、喜欢的内容，更好地交往，更活跃、更立体。

【魏哲浩】罗总说过只有拥有粉丝的内容才称得上IP，您的旗下拥有非常多粉丝的头部IP，在5G时代，包括喜羊羊和灰太狼这样的头部IP怎么样去创造、去挖掘更多的价值?

【罗晓星】第一，5G时代，内容在各个维度都会升级，4G时代用微信的微信表情，官方的限制是500K，超过500K会影响体验。在5G时代，未来微信群里面斗图会变成斗视频。作为一个动漫机构来说，社交与我们的关系会越来越近，之前我们创作的内容更多是在大屏幕，或者说是电视屏，未来我们会有更多的内容是在小屏幕、手机屏。可能聊个天就会用到视频，而不是用现在的GIF图。

第二，动画业态存在最广泛的媒介是电视或者电影，未来会有两个趋势，第一个趋势是高清，广电总局要求各个省局在进行4K升级，从录制设备一直到终端都要做4K升级，相信在未来肯定是8K，直接会影响到我们的拍摄手法，我们生成渲染的软件都要升级。第二个趋势就是VR的环境基本上是通过CG形成的，也是我们可以去应用的一个非常好的场景。

第三，就是演绎、全息。洛天依就是我们参与投资的一个IP，未来我们非常坚信全息的场景应用会越来越多。所有的东西还是要求内容好。洛天依是有粉丝的，开全息演唱会会有人听，最终还是要有好的内容打造出好的IP，所有周边的技术都是一种手段，去让我们更好地体验内容的魅力。

CNMC

2019中国新媒体大会

China New Media Conference

县级融媒体中心建设与发展专题研讨

从湖南调研看我国中部地区县级融媒体中心建设的现状、经验与未来的发展思路

尹韵公

建设县级融媒体中心是以习近平同志为核心的党中央，谋划治国理政的全局而作出的重要战略部署。自2018年8月习近平总书记正式提出要扎实抓好县级融媒体中心建设，更好地引导群众、服务群众以来，全国各地积极响应，有条不紊地展开，健康有序地推进，蓬勃生机地进行。

县级融媒体中心建设与发展专题研讨

县级融媒体中心建设前途远大，前景灿烂。我们在县级融媒体中心建设过程中，已经取得了一些好经验、好办法，发现了一批好典型、好示范，同时也遇到了一些新情况、新问题，对县级融媒体中心来说无论是理论还是实践，双重探索都是新的。

必须清醒地认识到，任何一个中央的重大决策，在中国这样人口众多、地域辽阔的国家贯彻执行，必然会因地区而差异。正是这种国情的区域差异，要求各地在贯彻中央政策时，一定要注意将本地实际与中央的决策精神及其原则有机结合起来。湖南处于中部地区，没有沿海、东部地区发达的经济，但比起西部地区相对富实，这个明显的特征构成了我们县级融媒体中心的基本底色。

一、综合体现

思想认识层面，县级融媒体中心建设是党中央推进国家治理体系的重要组成部分，是党和政府提升治理能力现代化不可或缺的基础环节。从整体的认识出发，在国家治理体系的整个系统中，县域治理基于神经末梢的微循环中，建设县级融媒体中心就是要打通毛细血管，从而使整个系统不留死角地正常循环，健康运转，全身通畅，进而生机勃勃，活力迸发。

“郡县治，天下安。”这是古代的政治家历经岁月煎熬而历练出的治理精华名言。同样的逻辑，建设县级融媒体中心也正是为了防止可能出现治理堤坝的山体滑坡，或者为了消除可能产生的生态水土流失。办好县级融媒体中心就是要为县委书记提供县域治理办公室，为县长提供移动办公室。由此可见，县级融媒体中心不仅仅包含了传媒意义，还深藏着价值创造的政治意义和社会意义。县级融媒体不只是传媒工程还是政治工程。思想的深刻认识和正确把握才能使我们的县级融媒体中心建设实践步伐集统，没有思想定位肯定就没有实践定位，只有思想先行，才会有实践跟进。

实践操作层面，一共有 87 个县市在内的 123 个县市区，其中有 110 个县市区挂牌成立了融媒体中心，基本实现了县市区所有县级融媒体中心单位全覆盖。

湖南省 20 个优秀县级融媒体单位有以下 7 个特点。

第一，整合现有优质媒体资源，构建全媒传播矩阵。县级融媒体基本上打通了原有的广播电视台、报纸、新闻网、手机报这些丰富资源和我们县级融媒体实现了全覆盖的要求。

第二，机构合理发展，流程优化升级，实现媒体动能。一般来说，机构是适应新媒体发展的需求来重新对原有的传统媒体进行重组，适应现代的需要。

第三，从业人员年龄、知识结构合理。现在挂牌的融媒体当中，年龄新老结合，新的比较多，年龄普遍在 40 岁左右，本科学历占比较高。

第四，地方政府经费政策扶持力度较大。这 20 个融媒体中心都得到了比较多的经费支持，从 30 万—300 万元不等。主要是用于技术平台建设、App 建设、后期维护。

第五，实现深度融合，脱出政务功能，强化综合服务。大部分县级融媒体已经实现了中央厨房采编一体化系统，及一次采集多元生成全媒发布，许多县级融媒体中心对我们湖南省的两大技术平台，新湖南和红网实现了对接，他们获得了新闻资讯发布、文明实践智慧政务、舆情监测、问政互动等 6 个政务服务的上下对接。还有很多县级融媒体中心实现了网上查询水电费、快递、买房、招聘、家政、二手房、医疗、教育、城管、理论学习等便民服务，以及电商服务和党建服务。

第六，建章立制，激励先进。现在县级融媒体中心按照新的要求，必须要建立新的规章制度。主要是在绩效考核、薪酬管理上实行了一套新的体系和做法。

第七，不断探索和提高创收能力。县级融媒体中心通过政府购买服务，与相关职能部门合办项目，大型商业活动、传媒技能培训等获得了较高的经济收入，有的创收了 800 万元甚至 1000 万元，基本实现了融媒体中心的良性发展。

二、有特色的地方经验

湖南省县级融媒体中心好经验、好想法无论是在中部地区还是在全国，都有一定普遍意义。

长沙雨花区通过整合九大平台率先在长沙城区实现了融媒体中心、新时代文明实践中心线上平台融合发展。政府功能模块，不仅为个人、企业、部门设置了分类办事通道，还对雨花区400多项“最多跑一次”项目列出了清晰的办事指南。

浏阳市融媒体中心很多地方走在前列，干在前沿，行在前面。主流舆论阵地做得优异，综合扶贫也做得非常出色，“掌上浏阳”做得很好，好多年以前就干起来了，走在了前列。根据目前掌握的材料来看，县级的“掌上浏阳”App是全国第一。目前“掌上浏阳”是全国智慧城市项目服务中功能最全、服务项目最多的市县融媒体App，它的强大影响力、传播力、公信力使其成为浏阳市信息量最大、点击率最高，最受群众关注的综合信息服务平台。

总的来说，有以下4条经验。

第一，建起移动优先策略，构建全媒体生态链。浏阳的融媒体中心构建了一个以全媒体价值链、智慧城市数据链、跨界融合产业链、跨域发展合作链为主体的市县媒体融合全媒体生产链。

第二，精耕内容建设，实现线上优质内容和线下本土化活动融合。融媒体中心立足本土，致力于打造今日头条，设置了新闻报道、掌上民生、智慧城际等板块热点。他们的报道包括新时代建设文明活动，还有一些宣传报道，增强了城区的影响力。

第三，多年产业化运营，增强自我造血功能。现在县级融媒体在经济上可能会有问题，桃源县融媒体中心已做了一些工作，实现了创收800万元，政府购买服务大概占了400万元。政务购买这种形式，对我们融媒体中心发展不仅有政治意义还有经济意义。

第四，整合多方资源，壮大融媒体中心人才队伍。武冈在人才队伍这方面做得比较好，冷水滩融媒体中心也把新时代文明实践中心整合在一起，把基层党组织并成通信联，缓解了人员的不足。

三、未来发展思路

第一，进一步强化县级融媒体中心建设是一把手工程。凡是一把手重视的县级融媒体中心肯定做得好，我们一定要用建设国家治理体系的思想来引领思路，指导实践。

第二，要把平台建设放在突出位置，互联网时代新闻信息离不开平台建设，没有平台就不可能产生传播力和影响力，公信力也会落空。在今天，信息没有平台是传播不出去的。新闻平台化、平台信息化是当前舆论传播的显著特征，但是我们要防止App过多过滥的现象。

第三，中央应对省里、省里应对县里加大经费扶持力度，建设好县级融媒体中心工程。这不仅仅是传媒工程，更是民心基础工程、县域治理工程，总之，县级融媒体中心工程是一项投资小、效益大、性价比高的政治工程。

第四，进一步理顺体制机制，解决好县级融媒体中心队伍建设的薪酬、绩效、编制、职称等关系直接利益的问题，稳定队伍、调动积极性。

第五，要出台吸引人才、留住人才的政策，尤其是对高端人才引得进、留得住，确保县级融媒体中心人员能够成功地向全媒记者、全媒编辑、全媒管理人员成功转型。

（作者为湖南师范大学新闻与传播学院院长）

怎么建好用好县级融媒体中心

宋建武

一、如何建好县级融媒体中心

一要整合资源。不需要把各种机构合并起来，从互联网发展来看，合并各种机构是很麻烦的事。江西贵溪通过购买服务专门做一个客户端。客户端的功能还在不断扩展，它在移动端的传播能力已经在江西名列前茅。

二要开发独立端口，搭建技术平台。第一，建立独立端口。客户端必须是超级强大的客户端，单纯的发布端口可以不要。必须要有自己的端口，这种强大的有平台的客户端需要省里支持。第二，搭建平台技术。嫁接数据平台，靠中央厨房解决不了“用得好”的问题。要开门办报、开门办平台、开门办移动端，这种开放需要强大的数据平台来支撑我们对内容的审核、对各方面资源的聚合。新资产的 DT 化道路，需要和真正拥有数据级技术的平台建立联盟、建立合作，以数据级技术支撑它把各种资源打通，把各种业务在数据基础上实现。

二、如何用好县级融媒体中心

县级融媒体中心建设的核心问题就是解决用户从哪里来。要建设一个真正触达群众的平台，就要解决用户在哪里的问题。县级融媒体中心最核心的问题是把用户找到，把用户聚合到平台上。

要坚持移动优先，把超级移动端建设好。关键从两点切入：全员、全息。全员是开放，向人民群众开放，向方方面面的资源开放。全息是信息技术革命的成果。从实践来看，相当一部分的信息革命成果体现在党和政府的各个部门都有自己的信息系统，都有自己的监控系统，有自己的信息采集系统，如果能够把这些系统有效打通，就在很大程度上解决了全息问题。主流媒体发现真相、确认真相、解释真相的能力落后于互联网的发展。如何迎头赶上，必须通过现代信息技术，在信息产生的现场或者通过各种工具，能够实施监测，能够看到事件是怎么发生的，这也需要有关部门在政策上予以配套。

从运营的角度，如何把它用好，用得好是真本事。阵地一定是能够触达人民群众的渠道，没有这样的渠道，不叫阵地。要建设这样的阵地，必须要有特定的解决办法。县域的各种信息打通，各种各样的信息第一手聚合到县级融媒体中心手里，然后再及时地分发掉，基于移动来组织整个流程。如果还是以传统手段去进行信息处理，是不可能达到占据制高点的要求的。

政务服务必须跟党和政府的相关部门进行有效的协同。在实践中发现，政府需要媒体去做服务、做运营，帮政府去推广各种各样的应用。我们必须摆正态度，解决好矛盾，做好党和政府的相关部门和融媒体中心协同作战。

本地服务，是个非常好的变现手段。从某种意义上来说，能否实现本地服务，也包括政务服务，实际上是媒体融合、县级融媒体中心建设能否达到2.0阶段的标志。2.0标志就是有本地的、真正面向人民群众的政务服务和其他的本地化综合服务。

总之，在县级融媒体中心建设过程中，应当运用互联网思维，遵循现代传播体系建设的客观规律，将党和政府的治理体系建设和现代传播体系建设一体化相结合，把握建设的重点和关键，以引导群众、服务群众为方向，建设好新时代治国理政新平台。

（作者为中国人民大学新闻学院教授）

作为执政资源的县级融媒体中心

张涛甫

一、打造共同思想基础

县级融媒体中心建设对于超大型的国家治理是非常重大的工程。党的十八大以来，党中央加大了对新闻舆论宣传的重视，目的是打造共同的思想基础。党中央提出要坚持和完善繁荣发展社会主义先进文化的制度，我们的制度有一个巨大的支撑，这个支撑依靠理念、信念和文化系统和符号系统，需要我们有共同的思想基础来打造。完善国家治理体系和治理能力现代化，需要一个强大的、厚重的支撑系统，就是我们的思想基础。

二、郡县治，天下安

改革开放40多年来中国发展的奇迹有目共睹，从另外一个角度来说，原有的政治体系和传播体系高度同质化，这样非常闭合的系统慢慢开始打散，在打散的过程中有两种力量：第一种力量是改革开放后我们国家和社会的活性增加了，活性增加意味着聚合的困难；第二种力量是因为新媒体技术的发展，使得思想界面打开了，人们接触世界以及信息接收、思想接收的落点和入口打开了。

党的十八大以来，党中央加大了顶层设计，领导一个超大型的国家，这个概念称为整体性治理。

首先是治理体系和治理能力的现代化；其次是政治的整体整合能力要全

面提升，加强党的全面领导，在这样的背景下来理解县级融媒体，可以让我们看得更全面。

在互联网全面崛起之前，中国的政治结构和传播结构是同质的，媒体的系统是嵌在我们整个的政治结构里面，中央层面如此，地方层面也是如此。互联网全面崛起之后，打破了中国舆论场格局的力量平衡，改变了中国既有的传播格局，打破了基层的权力格局，为中国社会开辟了新的权力空间和表达空间。由于新媒体的整体下沉，全方位迎合受众偏好，流量至上，带动入口转移，现在最大的问题是老百姓接收事件、信息的第一落点不在主流媒体上，或者是不完全在主流媒体上，头部效应变得不重要，更加追求“眼球效应”。主流运动场的游戏规则和结构被深度改写了。

习近平总书记指出，我们正在进行一场具有许多新的历史特点的伟大斗争，面临的挑战和困难前所未有。统一思想、凝聚力量这是中国共产党成立以来一直面临的问题，这是一个老问题，遇到了新挑战。在这样的背景下，中央提出打造新型主流媒体。新型主流媒体出现了一批头部级的、有影响力的媒体。头部媒体的影响力建立起来之后，我们的底座在沦陷，腰部在塌陷。县级融媒体起到什么作用？目的是有力改变底座、基座的沦陷问题，这是个托底工程。

通过媒体融合打造新型主流媒体来改变我们过去在主流舆论场的边缘化、被动挨打的局面。中央自上而下地推动媒体融合，第一个阶段催生了头部媒体的崛起。第二个阶段以县级融媒体中心建设为重点，有力地改变了主流媒体矩阵中的底部沦陷问题。第三个阶段是处于中国主流舆论场底部的县级融媒体因获得政策的强力扶持，开始出现尾部翘起来、腰部塌陷、头部起来了的趋势。现在处在头部媒体和县级融媒体两者之间的，称为腰部媒体，又出现了塌陷的问题。腰部塌下去了，主要是地市级的、副省级、省级的媒体。

三、县级融媒体中心建设面临的困难及其破解路径

中央厨房不能成为县级融媒体中心建设的解药，它只是一个工具。县级融媒体中心不是纯粹地基于媒体功能，这主要是从执政的高度去考虑的，县

级融媒体专业化程度不高，所以目的是托底，把基层稳住。社会活性已经激活了，激活了以后不能纯粹地靠中央一级的媒体自上而下，也不能纯粹靠市场化的头部媒体下沉，各个地方存在差异性，各地的禀赋不一样，应该形成一个岛链，而不是一个个孤岛，民生服务、危机化解、文化黏合这几种功能都是均衡的。

应该从以下 6 个方面进行难点破解。

一是系统匹配。过去的县级融媒体系统是按照中央、省、地市、县的行政序列匹配的，现在政治系统改变了，媒体系统也要改变，意味着要打造一个新的、跟现有国家治理体系相匹配的系统，难的是系统匹配的问题。要求县委书记站在基层看着中南海，要对中央的政策非常了解，同时对脚下的土地要非常熟悉。在地方建立一个系统，跟整个宏观系统和微观系统匹配起来，而不是设立几个编制、给一些钱，把现有的人重新进行物理化的组合。最重要的是化学反应、统一再造。

二是组织再造。组织再造不是简单地建造一个中央厨房，或者实现一个县级电视台或者县级报纸的传播功能，而是要利用平台发挥政治沟通的作用。

三是资源整合。资源整合不是单一的媒体资源的整合，而是政府的资源、党的资源，还有社会资源，要整合起来进行最佳匹配，从而实现真正的社会效益和经济效益的最佳组合。

四是流程管理。主要是当新的组织搭建起来，我们如何来推进，流程的管理怎么来变现。

五是人员培训。最大的问题还是人的问题，新人不一定符合要求，老人也不一定符合要求。怎么样把新人和老人通过培训再造，做精心组织化的培训，成为吻合度非常高的人员资源。

六是资金投入。资金也非常重要，画再好的蓝图没有钱也没有办法去变现。

县级融媒体中心建设是国家治理体系和治理能力现代化的基础要求。我们执政党进行全面领导和全国领导的托底工程，是对一个超大型社会主义国家执政能力的全面考验。

（作者为复旦大学新闻学院党委书记、执行院长）

县级融媒体功能实现：5G 时代的赋能

顾　洁

2019 年是 5G 的元年，面临 5G 时代的来临，县级融媒体建设是一个机遇还是挑战，需要从县级融媒体中心建设功能的角度来思考这个问题。党和国家领导人对县级融媒体建设的功能实现提出了一个具体目标，站位非常高。

县级融媒体建设主要有三大功能：社区信息枢纽、综合服务平台、主流舆论阵地。目前我们所做的探索和研究，更多地集中在县级融媒体的流程再造、资源汇聚方面，但是对 3 个功能相互关系的研究展开得还不够。

5G 技术对县级融媒体建设是个前所未有的机遇。5G 技术是个时间的技术，可以总结为一张网和一朵云，这个网是一张高速传递的网络，这是原来我们对 5G 的理解。其实 5G 还有一个很重要的方面：云的功能，可以实现资源优化和调配，我认为它是个可变道的高速公路。高速公路是 4 车道还是 8 车道，是可以实时进行调配的，是可变道的高速公路。

5G 技术本质上是一个技术的加速器和放大器，过去几年，每年都在谈论技术，甚至说每年都是技术的元年。回望过去，很多技术还没有完全释放它的能量，如人工智能、虚拟现实等。但是 5G 到来后，可以把这些技术真正的功能发挥出来，充分释放它们的能量。它是技术的加速器和放大器。

5G 对所有技术的助力，受益最大的是视频或者广播电视媒体。5G 视频可以实现高通量、实时性、互动性、智能化、全场景、全链接，可以加速视频化社会的到来。在视频化的社会里面，5G 技术可以加速人与人、人与物、物与物之间深度连接关系的建立。同时还可以加速媒体融入社会生活的进程，5G技术也可以加强线上与线下的联系和互动，真正到了5G时代以后，线上线下的鸿沟会真正地弥合，不存在线上线下的区别。

视频化社会中的县级融媒体，5G可以加速视频化社会的到来。现在很多的实践包括一些相关的研究都已经表明，广播电视在所有的媒介里面依然是县级融媒体建设的中心。县、区是具有存在感和接地气的，是社会行政服务、生产服务、生活服务的单元，正因为它是行政服务、生活服务、生产服务的单元，同时也成为我们媒体融入社会，融通线上线下生活的基本组织单元。

党的十九大以来，党中央反复强调加强县区建设的重要性，区别于城市、县之于农村，是做好治理和服务的关键。同时，强调社区治理体系的建设，推动社会治理中心向基层转移，实现政府治理和社会调节、居民自治的良性互动。有了这样一个政策的支持和引导，对我们来说在5G时代建设县级融媒体，就看到了一个美好的前景或者说有一个良好的基础。

有了5G技术的加持以后，县级融媒体到底怎样建立？应当建立一个以视频为核心的综合信息服务体。现在需要有一个观念的更替和演进。也就是说建立从电视到视频的观念，建立一个与人民生活、建立多维连接的视频服务提供者和网络搭建综合体。简单地对比了一下传统意义上的电视的功能或者价值的纬度，以及5G社会到来以后，5G视频和我们今天电视所承载的视频，在这些功能方面是不一样的。今天可能在电视里面承担的是信息的分享、新闻的传播，到了5G视频时代强调的是数据的分享和交换，这个是不一样的。

从电视到视频建立了这样一个综合的视频服务提供者，或者网络搭建综合体以后，具体而言，视频综合信息服务体怎么建立呢？

首先，体制机制。下沉与借力。县级融媒体必须向区县基础生产生活部门迅速下沉，在牢牢抓住视频生产核心能力和资源的基础之上，迅速建立与其他社会生产生活部门的连接。

还要借力省市级或国家级媒体，关于县级融媒体研究中，需要有一个借力，与5G底层技术供应商联手探索全新内容制作、传输和分发的途径。大家知道5G的时代需要联通、移动这样的底层的技术供应商来参与。像在世界范围内，产业边界消失的速度非常快了。从2015年开始，美国的ATMT

这些大的电信运营商已经购买了很多互联网内容的业务，真正做到了内容生产和底层技术构架之间的融合。

其次，多维流程。平台流程上强调室内的平台和多维流程。5G 时代的到来，尤其是 5G 视频更多是在室外，运用于旅游场景。县级融媒体要和医疗、教育、房产等部门进行对接，它还是以室内平台为主。

同时，要打破先小屏后大屏的生产流程，过渡到智能化、动态化、大屏、中屏、小屏多维内容的传输和制作流程。这是多维流程。

最后，内容生产。主要有 3 个关键词：服务、共享、个性。

县级融媒体在 5G 时代应该发挥内容的服务性功能，强调县级融媒体与社会生产生活部门进行融通。更多地实现在生产者之间、受众之间以及生产者和受众之间关于内容的生产共享和智能的编辑，过去更多强调的是生产者和受众之间，5G 时代来临，跨界、跨单位、跨中心的生产者之间，或者是受众之间内容的共享和联动也会变得越来越明显。

针对受众应当通过“窄播 + 单播”的缝合播出方式提供更加个性化的内容。

在 5G 时代要发挥县级融媒体建设过程中的信息交换、服务提供和社会治理的基础性作用。主流舆论的引领不单要通过信息传递实现，主流价值观、社会正能量的传递，更多的是通过信息传递，在 5G 时代要更多地通过以信息交换为基础的社会服务实现，也就是说信息交换构建了一个底层的信息流通网络，但是核心目标和追求还是基于区县的社会服务。

（作者为中国传媒大学电视学院教授）

县级融媒体中心建设的时代内涵和现实路径

张晋升

一、从战略的定位高度理解县级融媒体中心建设的重要性

抓好县级融媒体中心建设，是党中央在舆论生态、媒体格局和传播方式发生变革的背景下，通过整合县级融媒体资源来巩固壮大主流思想舆论的一个重要举措。一是关系到基层意识形态主阵地的建设；二是如何通过传播手段打破城乡信息不对称的二元结构，更好地来服务群众，引领群众；三是关系到国家治理体系和治理能力现代化的战略目标如何重心下移来推进国家治理向纵深发展。

二、认识县级融媒体中心建设的内涵

融媒体中心建设不仅涉及机构融合、人员整合、媒介融合，更重要的是体现在平台重构和功能再造。

一是夯实基层主流舆论阵地，改善基层舆论生态的乱象。在基层还存在虚假信息传播、虚假舆情的传播，确实给我们基层带来很多乱象。

二是重构媒体平台，解决当前基层媒体发展的困境，提高基层信息整合传播的效率和效益。

三是发挥基层信息枢纽功能。通过构建完善的传播平台和互动平台来推

动和完善基层政府公共服务体系。广东在这方面已经有过一些尝试，比如清远市的乡村新闻官；佛山禅城区把区块链应用到社区治理，办起了一站式服务大屏幕；深圳保安以党建引领社区建设。这些都是用了信息手段，已经取得了很好的效果。

三、调研当中的一些问题

一是认识不到位。有些县委书记对县级融媒体中心建设认识不到位，只认识到传播的价值，没有领会到中心建设的传播价值和社会治理价值。

二是机制不到位。报台之间主体角色不明晰，信息服务平台建设中相关部门配合度不高，放权意识、服务意识不强。

三是人员不到位。观念淡化、人员老化、技能退化。观念改革、机构整合、平台重构和人员现代传播能力的提高是制约我们很大的一个因素。

四是经费不到位。中央经费有 50 万—70 万元，地方配套经费不足，大家普遍感觉经费不够。

四、探索县级融媒体建设的思路

第一，多元赋能。融媒体中心建设要通过新闻客户端在 3 个层面实现赋能。一是自我赋能。原有的县级融媒体中心工作人员开辟个人账户，打造网红记者吸引用户。清远市打造了一批乡村新闻官，在抖音和快手开设自己的账号，帮农民卖土特产，介绍当地的旅游资源。县里面的工作人员也应该有这样的。二是自媒体赋能。在新闻客户端为县域有影响力的自媒体提供入口，将其纳入传播共同体当中，因为各个县都有一些自媒体。县域的自媒体比广播电视台的自媒体用户还多，影响还更大。所以我们要把这批自媒体纳入我们的平台管理中。三是文字用户赋能。为我们的普通用户来提供更多的频道选择和信息的服务。

第二，强化参与。县级融媒体中心建设跟我们的国家治理体系和治理能力现代化关系非常密切。要充分认识到如果没有用户的参与，用户只是停留在几千人、一两万人，影响很难建立起来。要树立参与的观念，重视数字用户的参与过程，引导公众合理有序的信息参与，助力政策宣传和公共服务、基层治理。

第三，优化互动。客户端只是浏览，没有跟帖、互动，它的传播力和影响力会大打折扣。只是浏览不行，我们的目的是要影响它，一定要把互动，如何体现互动性作为县级融媒体建设很重要的抓手。

第四，注重协同。工作转型难，搞新的业务也难，人员的转型也难，经费也难，各方面都有一些困难。融媒体中心建设不仅仅要上层的顶层设计，还要技术部门的开发，广东是通过广东电视台的触电传媒来做技术平台。县级各个部门的协同配合，同时也需要动用各方面的社会资源参与到这个工作中来。

（作者为暨南大学新闻与传播学院副院长）

构建新生态

——县级融媒体中心建设的“海淀探索”

卫　东

北京市海淀区融媒体中心是2018年7月挂牌成立，通过重构1个生态、深化2个战略、贯通3个中心、推进4个工程、形成5个机制，努力将区融媒体中心建设成为区域治理能力的重要手段，传播主流舆论的重要平台，联系服务群众的重要途径。为构建媒体融合发展的新模式做了一些有效的探索。

一、重构1个生态，打造深度融合新优势

中心把重构新生态作为深化媒体融合的牛鼻子，以技术创新搭建自主可控的新媒体平台，以机制创新重构生态良好的主流舆论阵地，持续打造媒体融合的新优势。主要呈现出了3个特色。一是统筹了全媒体。自主开发的新媒体服务平台刚刚获得了奖。这个平台通过新技术贯穿了测采、编发、传播的全流程，为采编团队提供了技术支撑、运营支撑、绩效支撑、传播支撑。现在任务部署、选题落实、绩效评价整体的周期大大缩短，实现了统一用户、统一数据，能够进行精准的用户追踪，实现了“三快一精准”。2019年以来，融媒矩阵发布量是2018年的5倍，每日能够发布原创产品超过120条。二是新机制释放新活力。线上线下一体化流程的重构倒逼了部门的重组，19个科室调整为8个中心，形成了一核、三驱、四支撑的新机制。以指挥中心作为一核，采访中心、编辑中心、政务中心作为业务支撑的“三驾马

车”，数据中心、技术中心、用户中心、行政中心构成了4个支撑，新机制破除了媒体平台壁垒，提高了新内容生产和管理效率。三是新技术赋能好内容。一年来中心以全融媒化、可视化的生产体系，赋能精品创作，优质内容生产同比提升150%以上。其中短视频播放量超过千万人次的作品有107件，有两件作品播放量过亿人次。

二、深化2个战略，构建融合传播新格局

把互联网作为舆论斗争的主战场，深化全员融合、移动优先两个战略，积极抢占信息传播的制高点。中心在建设全程媒体、全息媒体、全员媒体、全效媒体的过程中取得了一定的成效。全员融合进入了主战场。采编人员全部转型为全媒体的编辑记者，中心81个记者，基本能做到提笔能写、对口能讲、举机能拍。其中有20多个人能熟练掌握新媒体编辑多重技能，有两个时政记者现在能够兼职访谈的主播。现在采访的内容素材第一时间进入云平台，新媒体首发，全媒体跟进，融媒体传播，实现了资讯全息全程发布，移动优先抢占制高点。集中力量打造自有的移动客户端，专注于本地化服务，全媒体7×24小时不间断地发布信息，抢占手机屏幕。现在的报纸、电视内容全部移动化，各栏目入驻新媒体平台，覆盖主要阵地。目前，经过一年的发展，现有用户量实现了翻两番。目前我们海量矩阵总用户量超过1000万人。

三、贯通3个中心，筑牢基层群众的新家园

以网络海淀云新媒体平台为基础，深度参与了海淀区政府的信息化建设，发挥区融媒体中心的作用。贯通了融媒体中心、政务服务中心、新时代文明实践中心，把区融媒体中心打造成新闻+政务+服务综合体，为本地群众提供多样化的服务，主要有以下3个方面的举措。

一是搭建新型政务平台。掌上海淀客户端作为全区信息化中心的总入口，由区融媒体中心制定标准，实现了用户、数据、资源的聚集，成功接通海淀的一网通系统，接通新时代文明实践中心管理服务平台。

二是畅通服务群众渠道。我们整合了区政务互动平台，搭建前台多样、后台统一的互动网络平台。在区融媒体中心设置了网络座席，加强与其他的业务部门沟通协作，为群众的诉求提供及时办结、及时反馈，确保合理诉求有效解决。2019 年还参与组织了 79 场政务开放日活动，5000 余名群众代表参与组织了活动，收集了 2500 余条群众留言信息，服务群众的效益持续凸显。

三是创新基层社会治理。推出了海淀区便民服务地图集，目前也发布了养老服务、创新创业服务等动态资源 3700 多条。目前正在对接两个试点社区，探索将移动服务下沉到社区，挖掘社区生活场景，建设基层社区生活信息枢纽，有效引导社区居民的舆论导向，创新基层治理的方式方法。

四、推进 4 个工程，队伍建设实现新突破

能力提升工程、绩效提升工程、装备提升工程、服务提升工程的实施和推进，使中心传统的采编团队转型，主要做法如下。

一是绩效改革倒逼人员转型。

二是装备提升增强队伍战斗力。人均投入 600 元，为一线记者配备全媒体记者装备包。装备配发以来，记者在现场采访发布新闻的比例提高到 40%，超过 2/3 的记者能熟练掌握用画面语言叙事。

三是技能提升育出“头雁”。首席团队作用日益凸显，只占了全部采编人员 5% 的“头雁”，生产的好作品占了 20%，更多的业务骨干愿意从管理岗位向一线岗位流动。

四是服务提升，强化用户意识。中心试点了项目工作室制度，有 5 名业绩优秀的采编人员，为他们量身定制了培训方案，可以根据自己的需求组织项目团队，他们制作的《海量好人》原创系列微剧，发布 9 集后播放量达 5300 万人次。

五、形成 5 个机制，互融共融开创新局面

中心在内部融为一体的基础上，牵头组织区域资源互融升融，形成 5 个

机制。一是本地化服务融入生活；聚合了理论宣讲、教育服务、文化服务等资源融入本地的经济社会发展和市民生活、节庆生活。像这些活动线上线下的平均参与人数基本超过50万人，已经成为海淀区重要的品牌文化活动。二是开放资源共建一体化传播；建立政务新媒体集约化管理机制，实现各类新媒体的可管可控，整体发声，形成全区新媒体规范发展、创新发展、融合发展的态势。三是强化连接当好“扩音器”；作为基层媒体抓好参与全国性的重大活动和全市主题报道的机会，做出本地特色，组建专门的团队向“学习强国”学习平台输送原创稿件，第一时间入驻央视频和现场云北京号。四是建立共赢机制协同传播热点；结合海淀中关村新媒体机构的流量、市场、人脉资源，融媒体中心的品牌和政策资源，策划举办各类活动，与头部账号平台加强合作，形成了矩阵传播的效应。五是组建融媒联盟开辟新兴业务；由中心牵头组建了融媒联盟，以展会节为抓手，服务实体经济，提升融媒市场的影响，构建新生态，实现大融合。海淀区融媒体中心的建设不断引向深入，开创了基层新的宣传工作新局面，我们将不断提升在基层做好引导和服务的水平，成为基层社会治理创新的重要力量。

（作者为北京市海淀区融媒体中心副主任）

融合共生　推进“两个中心”创新发展

张　峰

一、磐石市基本情况

磐石市是吉林省吉林市下辖的县级市，位于吉林省的中南部，地处松辽平原项目长白山的过渡带，辖区面积是3960平方公里，总人口是54万人。磐石市是革命老区，是东北抗日联军第一军的发祥地，著名的抗日英雄杨靖宇将军在这里创建了中国共产党领导的东北第一块抗日根据地，所以磐石又被誉为“抗联摇篮”。

二、两个中心的融合发展

第一个中心是融媒体中心，第二个中心是新时代文明实践中心。这两个中心是习近平总书记提出要扎实做好的重要的工作任务。2018年8月，习近平总书记全国宣传工作会议上强调，要推进新时代文明实践中心的建设，不断提升人民的思想觉悟、道德水准、文明素养和全社会的文明程度。建设新时代文明实践中心就是要充分发挥社会上的全员服务作用。我们创新方式方法，打通宣传群众、教育群众、关心群众、服务群众的“最后一公里”，牢牢占领农村的思想文化阵地。

磐石市既是吉林省的融媒体中心试点，也是吉林省新时代文明实践中心的试点。作为两个中心的试点市，我们努力将融媒体中心和新时代文明实践中心打造成为宣传思想文化工作的有力平台和教育服务群众的有效抓手。我们的主要做法是通过5个方面融合，推进两个中心的建设。

第一，工作场地融合。磐石融媒体中心是依托原来的磐石市广播电视台成立的，新时代文明实践中心初选地址在郊区，两个中心一个在市中心、一个在郊区，距离比较远，工作起来很不方便。我们将两个中心全部迁到融媒体中心之后，同时新建了新时代文明实践中心的服务大厅，新建了志愿服务组织的孵化基地，实现了两个中心在一个楼里办公，提高了工作效率，也提升了服务群众的水平和能力。

第二，工作人员融合。融媒体中心成立以后，工作职能和工作任务发生了很大的变化，在原来只做广播电视发展的基础上加上网络、新媒体，新媒体业务有很多老同志是不适应的，因此增加了10个编制，又重新增加了13名专门从事新媒体工作的工作人员。通过调研发现，人员增加之后，原有的老同志由于产品研发的变化，有富裕的时间和精力可以从事其他工作，而我们的新时代文明实践中心尤其是服务大厅，因为宣传部的工作人员比较少，事务繁忙，社会上招募的志愿者很难保证服务。经过研究，我们在一楼的服务大厅设了一个常驻的服务岗，指定了融媒体中心业务能力比较强、责任心比较强的同志来常驻。同时又设立一个轮换岗，由融媒体中心非一线的工作人员来轮流上岗，这样实现了两个中心人员的互轮互补，同时也为两个中心的发展提供了人力保障。

第三，工作制度融合。两个中心制定出台了一系列的政策与制度，明确了管理的主体、对象、维护等内容。在指挥调度、采编发流程工作责任等方面进行了规范。我们完善和加强了新时代文明实践中心的各项制度。各新时代文明实践所占的活动信息要同步上报到两个中心，实现资源共享。同时将新时代文明实践所占的宣传报道工作情况进行量化，纳入新时代文明实践中心的考核机制，将两个中心的工作纳入全市的绩效考核，为两个中心有效融合提供了制度保障。

第四，工作平台融合。将融媒体中心依托线上信息平台和新时代文明实践中心依托的线下文明实践活动管理平台融为一体，建成一套既有后台指挥又有前台服务的完整体系。具体的平台融合，主要是通过两个屏来实现。一个是移动端的屏，在掌上端、App端、PC端同步设置文明实践栏目，下设动态信息、爱心直通车、随手拍 3 个子栏目。动态信息和爱心直通车用来反映的是全市文明实践活动的信息和群众上传的照片、视频。爱心直通车是我们开放的线上志愿服务端口。这两条线的运行，特别是志愿服务需求者，通过 App 和 PC 端提交具体需求，实现了供需双方的线上互动，收到了较好的效果。另外一个屏是指挥调度中心的指挥大屏，这个大屏是由 16 块小屏组成，我们对这 16 块屏进行了分区，其中的 12 块用于指挥调度融媒体中心工作，另外 4 块是用来指挥调度新时代文明实践中心的工作。通过平台融合，可以及时了解群众关注的热点、掌握群众需求的方向，调整志愿服务的供需比例。

第五，载体活动融合。融媒体中心的目标是建成主流舆论阵地、综合服务平台和社区信息枢纽，我们认为工作目标的实现首先要通过两个数据，第一个数据是 App 的下载量，第二个数据是日活量。在工作中我们牢牢扭住流量这个牛鼻子，通过后台数据分析，两个中心联合设计开展基层群众参与度高、关注度高、吸粉能力高的活动，同时进行线上直播和深度的宣传报道，增强群众的认同感和参与感，彼此增加客户的黏性。

所有大型文明实践活动会将两个中心的活动负责人召集到一起来进行会商，研究活动的细节。在活动中间会同时派出两组人，一组人是融媒体中心的工作人员，另一组是新时代文明实践中心的志愿服务人员。到现场之后，融媒体中心的工作人员不是简单地进行直播、宣传报道，而是与志愿者一起来进行现场的服务，用服务来换流量。在现场引导参与群众下载 App，同时操作爱心直通车、随手拍，形成现场的互动。活动结束之后，两组人员逐村入户到老百姓身边进行直播的回放，用这种方式来实现引流的效果。通过联手 +GDC，成功吸引了群众广泛主动参与，成为广大群众展示自我体现价值的有效平台。

通过上述 5 个方面的工作，磐石市两个中心初步实现了从物理相融到化学相融，从简单相融到复杂相融，从表层相融到深度相融的转换。把两个中心打造成践行社会主义核心价值观的主阵地和全市百姓精神文化家园。

（作者为吉林省磐石市委常委、宣传部部长）

破旧立新，融合发展

——着力解决区级融媒体中心建设四大问题

余宏卿

一、从零基础到强基础，着力解决融媒体中心的人财物问题

雨花区之前没有自己的电视台、报社、广播台。信息的发布主要是靠政务网、红网的分站、红网的手机报和微信公众号，管理比较分散，影响力十分有限。在互联网信息化时代，必须主动作为，才能掌握好区域宣传的舆论主动权。自2017年着手建立新媒体中心，推行过程中遇到了人员培训、薪酬管理等各方面困难。2018年和红网合作，在实践中探索，在实践中解难，率先把融媒体中心建起来。

一是建设机构阵地，投入300多万元，先后建立了综合办公室、演播室、展示大屏等一些硬件设施。构建起了总编室、网络舆情中心。

二是配备人员队伍。明确在宣传部其他事业单位中增加4名事业编、融媒体中心11名，现在15个人全力做融媒体中心的工作。

三是创新管理机制。融媒体中心高级管理人员人均年薪不高于26万元，其余人员人均年薪不高于13万，测算一个总额报送到宣传部。根据这个条件，我们综合媒体行业特征和党委机构的政治要素，量身定制了既确保政令畅通、分工协作，又能体现多劳多得、保量奖优的区融媒体中心工作人员的薪酬管理机制。

二、从整合平台到建设平台，强化引导群众的传播体系

有平台才有话语权，多维的平台体系才能够多方位地引导区域群众。为了整合建设，我们做了以下几项工作。

一是收编。原来有其他部门管理和外包的平台全部收归由我们中心统一采编管理。

二是扩充自办平台。开设了“雨花发布”的微博号、抖音号，实现了官网、官博、官微的一体化运行。

三是合作增加外宣平台。分别与湖南日报、红网、长沙广电等省市主流媒体合作，增加了新湖南雨花频道、时刻新闻雨花频道、智慧长沙雨花频道，扩大宣传面。

四是努力新建主体平台。作为区一级融媒体的命脉必须要有自己的平台。按照习近平总书记引导群众、服务群众的指示精神，自主开发一个综合性客户端——开放雨花 App。这个平台 2019 年 8 月上线以来，下载用户超过了 20 万人次，累计用户达到了 65 万人。

三、从采编机制到全网推，提升融媒体中心运转效率

一是拓展供稿渠道。对原来微信公众号办得好的 10 多个单位，逐一成立了雨花融媒体工作室。将原来办自媒体的人员直接转为我们雨花融媒体中心的编外记者和供稿源，大大增加稿源数量，提高质量。

二是创新编发机制。依托红网云技术，打通通讯员—融媒体中心—发布平台的实时通道。让通讯员、记者采集的素材全部进入平台，根据自己的需求对原素材加工整理，很快形成新闻产品，减轻了人工重复劳动。

三是加强舆情研判。对雨花区的宣传报道、网络舆情建立台账，实现新闻及时抓取汇总，舆情有力检测掌握，为区域的宣传、主题策划提供有效的支撑。

四是及时全网推送。将融媒体中心产品自主推送到红网首页、时刻首页、头条号、百家号、企鹅号、新浪、搜狐等二次传播平台，同时发动全

员转发，实施了一稿多号、同步推送、多元传播，形成几何裂变式传播的效果。

五是联盟高校“补血”。与省内的10多所高校达成了联盟意向，邀请老师担任主播、策划、编辑，每季度安排10名学生来融媒体中心实习、实践。通过这样“补血”和充电，既解决了我们人手不够，又解决了业务不精的问题，显著地提高了新闻中心、融媒体中心、新闻生产的能力和水平。

四、从单一的功能到多元的功能，着力解决服务群众的工作抓手问题

唯有便民才有黏度，唯有惠民才有温度，以人民为中心，致力于强化服务功能，力争在服务群众中引导群众，在引导群众中服务群众。一是建立了问政系统，开设了“雨花实说”的移动问政系统，群众只要打开客户端就可以和我们进行建言、投诉、实拍和互动，通过这些交办到相关部门办理，解决群众实际问题，在互动中增加了群众的黏性。二是打通政务办理系统，将政务服务网上能够办的全部融入“掌上办”。目前“开放雨花”App能够办理区级的网上政务有610项。三是开设便民服务系统，与很多三方平台进行了合作。交通违章、水电气生活缴费、看病预约、车票预订，这些便民服务都可以在App上办理。而且我们连通了15分钟生活地图圈，精准了解在雨花的吃购玩学等信息，基本上能够实现一机在手，遇事不愁。四是连通两个中心，在开放雨花App客户端上开设了志愿服务供需平台，实现了群众点单、平台派单、自愿结单、线上对接、线下服务，线上线下同频共振，两个中心融为一体。通过这样几个措施，融媒体中心基础进一步夯实，九大平台同步运营，覆盖面、传播力、影响力成倍增加。“开放雨花”App总访问量突破1000万人次，雨花发布微博热门话题阅读量达830万人次。政务事项的掌上办理有600多项。服务群众高效对接，逐步达成了引导群众、服务群众的目标。

雨花区融媒体中心工作得到了一些点赞，也受到了一些表扬。在这个过程中有以下3点体会。

第一，领导重视是做好融媒体中心建设的前提和基础。融媒体中心涉及

财力、物力、部门的支持配合、体制机制、政治效益、社会效益、新闻效益等。一把手工程，一把手不重视根本无法推动。

第二，多方合作是做好融媒体中心建设的核心和关键。相关部门、街、镇“不来”神，就会一点效果都没有。特别是服务群众的功能实现，包括政务服务要移动到客户端办理、问政系统的线下办理等。尤其是问政系统线下办理，若部门不给力，办不成，线上回复不了，群众就会不信任。

第三，媒介素养是做好融媒体中心建设的底线和保障。办媒体的风险和压力巨大，媒体从业人员稍不留神，稍有疏忽都有可能掀起轩然大波。所以必须增强从业人员的责任担当和业务素养，心中才有底。也就是说，人才强，媒体才能兴。

（作者为湖南省长沙雨花区委常委、宣传部部长）

注重 3 个“深度参与” 有力推动新时代文明实践活动出新出彩

冼栩龙

从化区位于广东省广州市的东北面，以珍稀温泉闻名于世，有“中国温泉之都”的美称，而且有“北回归线上的明珠”和“广州后花园”的美誉。

自从化区成立融媒体中心以来，充分做到因势而谋，因势而动，顺势而为。有效打破电视、广播、网络分散运行的传播模式。充分发挥融媒体的优势，积极和新时代文明实践同频共振。通过 3 个“深度参与”为从化区新时代文明实践注入了新的力量、新的方法和新的提炼。

一、深度参与决策参谋，积极优化新时代文明实践的顶层设计

一是明确工作职责，科学组建领导班子架构，由区融媒体中心主要负责人兼区文明实践中心办公室常务副主任，一体化推进新时代文明实践工作，全程参与开展新时代文明实践中的决策部署，大力发挥融媒体领导团队的智囊团作用。

二是组织融媒体中心领导班子参与建设全国新时代文明实践的试点区，区新时代文明实践服务中心筹建、全区学习强国，提高决策的科学性，充分体现民主集中。

三是组织资深媒体团队参与新时代文明实践的活动策划，充分采用融媒体中心的新技术、新方式、新平台，吸取新媒体的智慧，共同打造从化新时

代文明实践的新品牌。

二、深度参与活动组织，创新构建新时代文明实践活动的平台

一是注重同频共振，充分发挥融媒体中心阵地作用、聚力作用和辐射作用，全方位、多视角、立体式呈现丰富多彩的文明实践活动，将融媒体中心打造成新时代文明实践中心的线上平台，有效打通线上预约和线下参与文明实践活动的通道。着力解决基层老百姓和基层干部群众参与文明实践活动的时间碎片化问题。

二是借助南方 + 新华城 App、微社区 E 家通、广州从化发布等平台，分类呈现新思想，文明实践志愿服务活动、文化体育活动、旅游景点建设、文明实践活动转播等各种优质的学习资源，满足群众线上学习点单的需求，大大提升了文明实践的号召力和感染力。

三是通过开设好日子讲堂、奋斗先锋讲堂，开展粤菜师傅培训志愿服务等一系列的文明实践活动，将活动的现场搬上移动客户端进行直播。有效提高了群众的参与程度和扩大活动的覆盖面。此外，通过新华城 App 创新开设网络直播课程，让乡村小学师生接触更加丰富和优质的教学资源，有效助力教育的均等化。通过思想的引领，使老百姓的思想通了、观念变了，思路也开阔了。

三、深度参与宣传推广，助力营造新时代文明实践浓厚氛围

一是依托区融媒体中心和新时代文明实践阵地资源，在网络上、电视里、池塘前、榕树下综合运用普通话、白话、客家话，不拘形式地讲理论、讲政策、讲故事，达到 2000 多场次。引导群众坚定感党恩、听党话、跟党走的信念。70 多万的从化人民在文明实践活动中获取精神，凝聚奋斗力量，有力地推动了党的创新理论进入寻常百姓家。

二是加强与中央、省、市重点媒体的合作，进一步拓宽了新时代文明实践的宣传推广渠道。近期，新华社、中央电视台、广东电视台等近 20 多家的中央省市主流媒体齐聚从化，推出了乡村振兴、文明实践等 300 多篇报

道，进一步提高了从化的美誉度。

三是通过线上的预约参加，线下开展一系列的文明实践活动，为融媒体中心提供了大量值得宣传的新闻素材，大大提高了媒体的传播力、影响力。

今后，我们将继续坚持以习近平新时代中国特色社会主义思想为指导，认真贯彻落实中央决策部署，把融媒体中心建设和新时代文明实践中心建设作为当前和今后一个时期的重大政治任务来抓。通过创新工作体制机制，深入推进新时代文明实践中心和融媒体中心融合发展，着重在机构融合建设、业务融合发展、提升志愿服务影响力、提高群众线上线下参与度等方面下功夫。积极探索富有从化特色的路径模式，为从化建设全省建设乃至全国乡村振兴示范区提供强大的精神力量和丰厚的道德滋养，努力推动习近平新时代中国特色社会主义思想在我们从化落地生根，结出丰硕成果。

（作者为广州市从化区委宣传部常务副部长、区融媒体中心主任）

因县制宜　实事求是
寻求融媒体中心建设的“永兴味道”

周　露

永兴县位于湖南省的东南部，是开国大将黄克诚的故乡，总面积 1979.4 平方公里，总人口 71.7 万人。永兴有一个美誉：中国银都，但是全县境内没有一个银矿，依靠从工业的三废中回收提炼，白银产量连续 15 年居全国的第一位，年产量达到了 2000 吨，创造了没有银矿的中国银都的奇迹。

在融媒体中心建设的大潮中，永兴县秉持当年创建中国银都的开拓创新精神，在地理位置、交通状况、经济总量都一般的情况下，坚持因县制宜，实事求是，依托新湖南云省级技术平台，大胆先行先试。主动推进融合，逐步完成了机构、人员、资源整合和市场化的探索，走出了具有永兴味的融媒体中心建设路径。

一、坚持全面融合理念，实现资源统筹协调

2018 年永兴县开始了媒体融合的探索，一是平台的全面融合，由县委宣传部牵头组织，县广播电视台为融合主体单位，整合了全县所有党委政府主管或主办的对内对外宣传平台。建设了 1+8 的主流媒体阵地，即 1 个中心、8 个平台。二是人才的全部融合。将现在所有的主流媒体从业人员整合到县级融媒体中心，建立统一的管理使用、统一的考核薪酬体系，与省内外多所高校签订合作协议，不断加大人才引进的培训力度。三是流程的深度融合。

根据融媒体中心的实际，对内设机构进行了重组改造。组建了新闻部、技术部、产业部等6个部门，对内部运行和管理流程进行了优化，改变了传统广播电视及平面媒体采编、录播的流程，形成集中策划、一次采集、多元生成和全网覆盖的工作格局。

二、坚持移动优先理念，建设自主可控平台

结合永兴县实际，开发了“一端一厨一屏”融媒体中心生产和传播平台，均已投入运行。其中的融媒小厨已具备采编播发等全方位的功能，有效保证了永兴县融媒体中心的内容生产和服务。永兴移动客户端集资讯服务、党建服务、政务服务、便民服务、社区交流、商业服务等六大功能于一体，目前下载量约15.7万人次，日浏览量达4.3万人次以上。不仅实现了移动端的主阵地自主掌控，为牢牢占据新型主流舆论阵地提供了重型武器，也为引导群众、服务群众提高了重要抓手。

三、坚持内容为王理念，亲情讲好永兴故事

我们坚持以内容建设为根本，强化了新闻报道快速反应的能力，以实现重大活动、重大新闻及突发事件一小时内播发，要闻动态自动置顶，围绕全县中心工作开展，各平台同步运作、互相配合，实现全屏、全网、全员、全时覆盖。2019年在庆祝新中国成立70周年期间，策划制作了一系列的宣传精品，获得了较好的群众口碑。快闪系列《我和我的祖国》、航拍系列《鸟瞰永兴》在各平台集中播出，平均点击量超过了20万人次，转载量达2万人次，文旅宣传片《碧水丹霞橙缘银度》仅推出当晚点击量达5万人次，48小时内点击量超过13万人次。

四、坚持服务群众理念，不断丰富新闻＋内涵

永兴县融媒体中心建设十分重视面向服务群众的工作，不断丰富平台，新闻＋政务＋服务内涵。借助新湖南云的省级技术平台，将县域范围内的水

电气等便民服务，全部接入新永兴的客户端。经省政务管理服务局授权，新湖南云省级技术平台已获准使用，湖南省政务服务网的所有办事功能也将逐步地切入新永兴的客户端。还定制开发了咨询、投诉板块，对群众来信、来访、网络的举报及时整理反馈，按程序交有关部门限期办理，给予回复并定期回访。目前全县的新访件已实现在本县范围内反应，在本县范围内办结。我们的“五位一体”信访工作也在全国进行推广。

五、坚持改革创新理念，实现可持续发展

我们坚持轻硬件重内容，把有限的资金花在人才引进和内容建设上。在有限的资金情况下，主要做了 3 个方面的整合。一是创新薪酬体系。将绩效待遇向一线倾斜，实现由员工身份管理向岗位管理的转变，打破编内、编外身份的差别。二是加大业务的保障力度。县委、县政府和单位所有由财政支出的重大会议、直播、晚会、招商会、典型推介、应急演练、户外广告等一些业务都授权县融媒体中心进行承办。三是积极拓展市场。组建文化传媒公司，构建统一的经营服务体系，采用市场化运作管理模式，拓展全媒体的业务。组建创新创业部、微电影工作室等，将创收重点也摆在机关单位的合作、专题微电影的设置、承办各种活动项目、企业的代言等方面。

（作者时任湖南郴州市永兴县常委、宣传部部长）

2019中国新媒体大会

China New Media Conference

『中国新媒体社会责任』专题研讨

中国新媒体社会责任倡议

全国新媒体和广大新媒体工作者们：

信息社会迅猛发展，新兴媒体快速成长。新媒体在联系服务群众、通达社情民意方面，在推动国家治理体系和治理能力现代化方面，发挥着越来越重要的作用。为引导广大新媒体及新媒体工作者坚持把社会效益放在首位，唱响主旋律，弘扬正能量，更好履行社会责任，促进新媒体健康发展，我们倡议：

1. 坚持正确导向，忠实履行新使命

坚持正确的政治方向、舆论导向、价值取向，忠实履行职责使命。弘扬中国精神，凝聚中国力量，以强烈的社会责任感营造风清气正的传播环境。

“新媒体扶贫联合公益行动”启动，探索新媒体携手扶贫新模式

2. 强化行业自律，展示自身新形象

守正创新，诚实守信，遵纪守法，强化行业自律，接受各方监督，履行社会责任，传播“正能量”，自觉反“三俗”，讲品位，讲格调。

3. 注重内容建设，积极创造新传播

树立精品意识，强化内容生产，丰富表达方式，提升传播效果。讲述好故事、传播好声音、展示好形象，以内容建设赢得发展新优势。

4. 聚焦群众需求，强化媒体新服务

坚持以人民为中心，打通并用好同群众信息交流的新渠道。倾听民意、汇聚民智，及时回应社会关切，不断丰富服务功能，更好引导群众、服务群众。

5. 深化融合发展，顺应时代新趋势

以先进技术为支撑，推动媒体融合发展，适应移动化、社交化、视频化趋势，聚焦受众新需求，积极打造全程媒体、全息媒体、全员媒体、全效媒体，为用户提供多样化、个性化新闻服务。

6. 搭建共享平台，推动社会新发展

携手推进共同发展，集思广益，聚沙成塔，实现资源共享、信息互通、优势互补，构建共享机制、搭建合作平台，为助推经济社会高质量发展汇聚更多力量。

中国记协新媒体专业委员会

2019 年 11 月 30 日

央视扶贫广告背后的新媒体故事

陶 韬

2019年11月，文县纹党参广告在中央电视台热播，这是央视“国家品牌计划 广告精准扶贫”系列的重点项目。半个月来，中央电视台19个频道中，有16个轮番播放这个广告，按刊例算，价值几千万元。

这条广告，新媒体拥有完全的自主知识产权：从文案策划到拍摄执行再到剪辑制作，都是中国记协组织新媒体共同完成的。

新媒体为什么要替央视拍广告片？说来话长：21年前，中国记协对口帮扶甘肃文县，两家算是结了“亲戚”。2018年7月底，中国记协成立了新媒体专业委员会，一年多来，已经去认了三回亲。

第一次是2018年9月，“亲戚”们提出，文县的油橄榄是从欧洲引进的种苗，品质特别好。眼看就到了油橄榄的盛果期，能不能请媒体在网上帮忙吆喝吆喝，让果农们卖个好价钱。

就这样，新媒体专业委员会成立两个月，就邀请人民日报、新华社、中央电视台、光明日报、经济日报、中国青年报所属11家新媒体代表，从北京飞到四川广元，再经过200公里山路赶到文县。

经过采访才知道，油橄榄树很娇贵：试种过大半个中国，才在文县一带找到适合生长的环境。橄榄油很难得：油橄榄果必须在采摘后24小时内加工，否则就会发酵氧化影响质量。果农们很辛苦：因为油橄榄果实表皮很容易损伤而加速发酵，所以主要靠手工采摘。采访组带着“钢铁侠”（光明日报研发的集纳式多媒体采访装备）、无人机等新媒体设备，通过网站、微博、微信、客户端、今日头条、抖音等各种平台，报道了第一批特级初榨橄榄油从采摘、分拣、清洗到压榨出油的全过程。

这次专题报道中，各家媒体通力合作，资源共享，负责直播的“钢铁侠”团队凌晨出发，提前守候在生产企业，直播文县油橄榄榨季开启。上千万受众在线观看了第一缕闪耀着清亮亮的金黄，带着优雅的地中海情调的初榨橄榄油，从生产线上优雅地跃入储油池的瞬间。各媒体直播链接的预售订购电商平台顿时火爆，第一批橄榄油还没装瓶，就已经订购一空了。

第二次是2019年7月。文县的“亲戚”们捎信说，今年花椒长势特别好，乡亲们很担心。因为来收花椒的老板说，市场就那么大，丰收只能降价。能不能请花椒销售地的新媒体来帮忙做一下宣传，让椒农们卖个好价钱。

7月下旬，新媒体专业委员会组织湖南红网、湖北长江云、重庆华龙网、四川封面新闻等委员单位，到文县开展了为期一周的定点扶贫系列直播报道。截至2019年7月27日，共组织6场系列直播，总时长近10个小时，在线观看超过5200万人次。快手科技应邀派出两位业务骨干现场协调，通过快手正能量、快手小铁、快手扶贫等官方账号直播推广，吸引了超过2000万人次观看和790万次点赞。活动期间，现场签订花椒采购合同200多吨。文县电商交易量同比增加360多万吨，相当于多了一个“双十一”。在舒斌委员的统筹指挥下，湖南红网周世琦、徐林波、邱韵、杨朝文、张兴莎等同志，在文县连续组织两场“宝贝出山”宣传销售直播。红网新媒体集团充分利用“网报端微视屏”六位一体传播矩阵，以及市州县区分站为基础的“四级树形传播体系”，在城市中心、高速路口、机场户外LED大屏和近千块楼宇电梯小屏，开展立体直播，全网观看量近1500万人次。在红网的推荐和牵线下，华润万家湖南公司向文县伸出橄榄枝，双方正商议通过华润万家旗下各卖场帮助文县“宝贝出山”。

第三次去文县，就在2019年10月底。“亲戚”们提出：今年的纹党参眼看就要上市，能不能请有用参习惯地区的媒体帮助打打广告，让参农们也卖个好价钱。要是广告能上中央电视台，那纹党参的身价就不一样了！

这次集中采访，新华网、北京时间、上海东方网、中国江苏网、福建东南网、浙江新蓝网和广东南方新闻网派出由全媒体记者和广告策划人员共同组成的工作组，每家至少拿出了价值20万元的广告刊例额度，替纹党参做专题、打广告。中央电视台把纹党参纳入广告精准扶贫项目，但是广告片要自己制作，符合央视播放标准。我们特邀央视负责公益广告的彭宇老师做指导，白天采访拍摄，晚上讨论制作。县里配备的摄像机镜头清晰度不够，就用各家新媒体配备的照相机，或者无人机。灯光不足，就去附近工地上找来矿灯，大家轮流举着照明。拍摄制作中遇到的许多困难，都被一一克服。

新媒体工作者到攻坚一线去锻炼脚力、眼力、脑力、笔力，才能真正体会群众的甘苦，想群众之所想，急群众之所急，才能练就克服困难的几把刷子，打开局面的十八般武艺，增强承担社会责任的勇气、信心和能力。

（作者为中国记协新媒体专业委员会秘书长）

恪守初心，践行主流媒体社会责任

姚　笛

近年来，新华网以习近平新时代中国特色社会主义思想为指导，深入学习贯彻党的十九大精神，全力做好各项重大报道和主题宣传。以网上宣传为主线，牢牢把握正确的政治方向和舆论导向，全力做好各项重大报道和主题宣传，积极引导社会热点，使得传播力、引导力、影响力、公信力全面提升。

第一，用心做好习近平总书记重要活动、重要讲话的宣传报道，有利抢占网络终端空间。把习近平总书记重要活动、重要讲话网上宣传作为重中之重，集中优势资源，打造舆论强势，唱响时代最强音，深入挖掘习近平新时代中国特色社会主义思想的丰富内涵、精神实质、核心要义，加大原创内容生产，创新题材、手段样态，以中国新闻奖名专栏《学习进行时》讲习所为抓手，全年持续推出有高度、有深度、有新意的解读性报道和融媒体产品，平均被转载384次，最高转载达1490人次。

第二，精心组织重大主题报道，充分发挥龙头压阵作用。以庆祝新中国成立70周年、改革开放40周年为重点，围绕全国两会、上海合作组织峰会、中非合作论坛、中国国际进口博览会、博鳌亚洲论坛、世界互联网大会、长江经济带等重大主题报道，推出大型融媒体专题近百个，组织直播、访谈1300多场，制作融媒体产品近200个，全媒呈现。多端传播立体覆盖，充分发挥了中央重点新闻网站的主信源、主渠道、主窗口的龙头压阵作用。

其中，“我们的祖国”系列网络产品共4个全渠道推广，累计访问量达到38亿人次，全国两会专题总访问量达到了3.2亿人次。各种调查吸引了超过5.3亿人次参与，全年重大主题系列短视频总访问量超过8亿人次。

第三，积极引导网络舆论，努力发挥一锤定音作用。围绕习近平新时代中国特色社会主义思想宣传解读，推动党的创新理论入脑入心落地生根，围绕中美经贸摩擦问题，连续播发80篇原创评论，单篇最高阅读量超过千万人次，形成强大的正面舆论声势。发挥斯克智库平台，增加体制优势，围绕如何看待当前热点难点问题，发布文章近1400篇，起到了凝聚共识、提振信心的积极作用。

围绕长春疫苗事件第一时间发出评论，新华网评《人命关天的事，千万别心存侥幸》，在网民中引发强烈反响。针对低俗歌词这一现象，形成舆论头雁效应，单篇阅读访问量高达2805万人次，有效压缩了负能量的传播空间。

第四，全面提升媒体自律能力，弘扬社会正能量。作为一家由国家通讯社新华社主办的综合新闻信息服务门户网站，必须持续强化全员报道安全意识，完善安全风险防范管理体系，全面提升媒体自立能力。主要有以下3点。

一是坚决抵制虚假不良信息。新华网坚持网上信息管控，坚决遏制各类网络谣言、虚假信息、涉黄涉被侵犯未成年人权利、网上侵权等不良信息网上传播。通过严肃宣传纪律、严格报告流程、加强教育培训、强化检察监督等措施，杜绝此类信息传播。同时还承办了中国互联网联合辟谣平台。

二是有效防范负面信息传播。加强人工巡查，严防负面有害信息，专门组织质监人队伍对全网各端口出口报告进行人工监察巡查，覆盖标题、全文格式、配图等所有要素，确保及时发现和清理负面信息。完善社交互动环节，后台巡查拦截措施，加强负面有害信息实时拦截清理。加强技术监测，确保全网发布安全，发现敏感舆情事件，第一时间进行汇报。

三是不断完善内容安全制度建设。建立并不断完善内容安全制度体系，结合移动化、视频化的趋势，新修订新华网关于落实新闻采编工作岗位责任的实施细则，规范采编人员职务行为的若干规定等11项财经规章制度。为采编业务安全有序、规范化、制度化运行，在日常报告中进一步完善发稿流程，加强审核把关，严格执行双审签发。严格执行四审移交的发稿流程，确保各类稿件发放安全。

这些年来，我们始终坚持青春、阳光、正能量且富有爱心的价值理念。今天的视频网站俨然成为年轻人了解世界的一扇窗口，我们希望为视频网站构建起一个光明的未来。

（作者时任新华网运营部主任）

新媒体精品内容创新与社会责任担当

罗　琴

央视网作为主流新媒体，一直坚持守正创新，不断实践和探索融合创新发展之路，也取得了一定的效果。“中国互联网企业100强”评选的6个维度指标中，有两项指标分别是创新和社会责任，而央视网有幸在2019年“中国互联网企业百强榜”中排名第22位。这些都是对我们在内容创新和履行社会责任方面的肯定。

“歌唱祖国·一首歌一座城”的主题是“采撷城市记忆，合奏时代之声”，是由国家广电总局、中央广电总台联合主办，央视网、央广网、国际在线、中国IPTV总分平台共同实施的庆祝新中国成立70周年大型全媒体活动。通过在全国216个城市中选取最具典型特质的歌曲，以音乐故事的形式，唤起时代记忆，弘扬爱国情怀。“歌唱祖国·一首歌一座城”之所以取得很好的传播效果，引发了广泛参与和热议，正是因为它形式和内容的“向下”沉，切实沉到了基层、沉到了群众中去。

向下，才会有更强烈的情感共鸣。“歌唱祖国·一首歌一座城”选取老百姓耳熟能详、传唱不衰的歌曲为切入点，挖掘歌曲背后的故事，在传唱中体验一次文化寻根之旅，展现一个城市的精神秉性，聚焦“一段情感记忆、一个时代精神”。用一首歌曲、一段旋律，串联起新中国成立70周年以来在文化传承、脱贫致富、科技进步等方面取得的辉煌成就，引发了广大群众的强烈共鸣。

向下，就会有更卓越的传播效果。我们坚持台网并重、先网后台，打通大屏与小屏，联合中央和各地方媒体，并通过“学习强国”学习平台“每日一曲”栏目进一步扩大节目展播范围。同时，我们举办的线下互动更是激发了广大群众的参与热情。央视网、央广网、国际在线、中国IPTV联合举办的“音乐大篷车”，陆续走过北京、成都等多个城市，邀请线下参与者以移动KTV或广场放歌形式，演唱录制歌曲，沿途收集最真诚的“歌唱祖国”祝福，点燃了各地的爱国热忱，掀起了全民参与的热潮。

如果说“歌唱祖国·一首歌一座城”的成功在于“向下”，那“中国YOUNG计划”的成功便是“向上”，正如“中国YOUNG计划”的活动口号“越向上 越有光。”

向上，代表着正能量。我国网民以青少年群体为主。抓住青年，就是抓住主流；面向青年，就是面向未来。央视网此次发起“中国YOUNG计划”大型全媒体行动的目的就是寻找正能量的“新时代青年样本”。我们用时政微视频纪念“五四”百年，为当代新青年“打YOUNG”；我们用Vlog记录不同圈层、职业的青年日志，记录青年奋斗历程；我们用演讲节目让有志青年发声；我们用微电影讲述青年传承故事；我们用《向上的光》主题曲致敬青春、致敬祖国。“中国YOUNG计划”就是这样，以多样态的媒体表达，搭建了倡导青年向上的正能量平台。

向上，意味着追求卓越。央视网是以视频为特色的新媒体，在短视频的高原上打造高峰，是央视网的高质量发展目标之一，也是“中国YOUNG计划”的创作追求。启动至今，“中国YOUNG计划”共推出原创视频产品66条，涉及演讲、Vlog、纪录片、微电影、MV等多种青年人喜闻乐见的形式，全网播放量超1.4亿人次。活动推出6个月以来，发起相关微博话题12个，累计阅读量超25亿人次，讨论量600万人次。其中，“中国YOUNG计划”“青春中国”“原来我的强迫症都是国家惯的”“我的闪光青春”等5个微博话题阅读量过亿人次，多次登上热搜榜，彰显了精品内容吸引力。

同时，我们正在建设“人工智能编辑部”，为主流媒体平台赋能。央视网联合央广网、国际在线落实总台“5G+4K/8K+AI”战略布局，建设“人工智能编辑部”，对总台独有的时政报道资源和优质视频资源进行智能化创新开发。央视网已建成具备日均100亿次计算能力的大数据平台，我们将用AI技术，唤醒总台海量的视频素材资源。“人工智能编辑部”致力打造成为中国主流媒体中最大规模的视听内容AI处理加工平台、独具总台“智造”特色的产品创新基地、面向行业输出各种视频 AI 工具包技术产品服务的赋能平台。我们联合中国人工智能产业发展联盟正在组建“媒体 + 人工智能”深度融合委员会，致力于对“未来 AI 媒体入口”进行系统化研究，积极引领“媒体 +AI”行业健康发展。

向下有沃土，向上有阳光。总之，我们将继续向下扎根、向上生长，切实履行好主流新媒体的社会责任，共同构建更加清朗的网络空间。

（作者时任央视网副总经理）

新媒体　新使命　新公益

舒　斌

作为诞生与成长在湖南这片红色热土之上的新时代党网，在各级领导的殷切关怀下，红网始终坚持政治家办网的方针，紧紧围绕中心、服务大局，从建立全国媒体第一个网上群众工作部到为全省122个县市区构建起六位一体的现代传播矩阵，从单一网站始航到用户数突破5575万、跻身全国地方重点新闻网站第一方阵的融合平台，始终坚持以最亲民的表达、最多元的方式、最深厚的情感，讲述湖南好故事，传播中国好声音。在践行新媒体社会责任方面，走出了一条具有湖南特色的地方网媒发展之路。

一、坚持责任为先，忠实履行时代新使命

随着5G时代的到来，新媒体逐渐成为社会舆论的独立源头。红网深知，影响越大、责任越大，始终坚持强化社会责任担当，壮大主流舆论声势。在平台建设方面，率先构建了“网报端微视屏”六位一体、省市县三级树型党媒新型传播矩阵，成为服务湖南各级党政的全媒体传播主平台、省市县三级矩阵联动传播云平台。在舆论话题引导方面，重点打造了以“观潮的螃蟹”“政经八百”为主平台的第三方微信公众号，紧紧围绕省委省政府中心工作，坚持原创，创造性地开展宣传解读，有针对性地开展舆论引导，影响力日益凸显，成为党委政府中心工作的第三方诠释平台、新媒体时代舆情危机管理和舆论引导的重要阵地。内容除在公众号上发布，还同步在红网、时刻新闻以及百家号、企鹅号、头条号、新浪看点等新媒体客户端进行推荐，

形成了强大的社会影响，“观潮君”“八百君”已成为舆论场的“网红”ID。重点推出“红评”“红观”等评论专栏。“学习故事”“朗读者·红色家书”等理论学习专栏，用音频、视频、动漫、文字相结合的形式，生动讲述党史故事、红色故事，所有文章均被“学习强国”学习平台推荐，掀起了理论学习热潮。

二、坚持价值引领，积极创造融媒新传播

网络空间存在“尖叫效应”，虽然博取眼球的内容容易引起围观，但做有意义的“爆款”，以“有意思”的方式生产“有意义”的内容，以“有态度”的方式传播“有热度”的信息，才应是每一位新媒体工作者的追求。

第一，有温度的民生视角，推动社会责任下沉和细化。民有所呼，我有所应。红网一直坚持视角向下，积极深入基层、深入群众，陆续策划推出了一批有温度、接地气、冒热气的精品力作。如2019年6月，推出的“湖南最后的慢火车”系列报道，以图、文、视频等形式，全景呈现和记录湖南省最后4趟绿皮慢火车的扶贫之旅与时代使命，彰显了人民铁路为人民、服务人民的使命担当，也深刻照见了一个国家的温度与温情。全网总点击量超2.5亿人次，在网上产生了巨大的影响。再如“凌晨三点的长沙”系列报道，生动呈现了那些默默坚守岗位、为梦想努力拼搏的平凡人物故事；“我是暑假工”“立交桥下的百态人生”等系列报道，将镜头对准那些奋斗在一线的兼职大学生和普通劳动者……这些聚焦社会民生、彰显人文关怀的新闻作品，引发了众多网友共鸣，为建设性开展舆论监督、推动相关问题解决提供了坚实基础。

第二，与时俱进的表达方式，让正能量故事乐分享易传播。移动互联网进入下半场，互联网“原住民”全面入场，主流媒体既要有内容定力，也需要有内容魅力。2018年以来，红网全面推进“红视频”战略，相继推出了一系列短视频精品力作。其中，作为献礼新中国成立70周年的融媒体微纪录片《赤子的礼物》，以10年为一阶段，梳理出新中国成立70年以来7件重要的历史事件，以亲历者的视角，还原那个年代激情澎湃的精神气度与价值风貌；以最具代表性的“珍贵”物件，凝缩一代人对祖国最诚挚的礼

赞。7件时光礼物、7段全民记忆，结合“赤子的礼物”全网征集、“闪耀中国”H5接力等融媒互动活动，在全国范围内掀起了“定格祖国高光时刻，重回激情燃烧岁月”的爱国热潮。人民日报客户端、人民网、央视网、新华网等各大媒体纷纷转载推荐，全网点击量逾5000万人次，评论跟帖超10万条。同时，《你好40年》《年夜饭》《70年有声日记》等系列视听作品，综合运用微视频、动漫、动图、手绘、快闪等新技术、新手段，极大提升了传播效果，让越来越多的湖南故事、红色故事，被看见、被分享、被认同、被传播，让越来越多的网友能够亲身参与到社会责任的共享共创中来，推动媒体内容生产向视频化、移动化、跨界化、场景化迭代演进。

三、坚持矢志为民，努力强化媒体新服务

10多年来，红网三大网络问政平台及其122个县市区分站平台，从地方探索到全国样本，集聚了全省70%以上的网民诉求表达，累计超过28万条留言得到回应或解决。仅2018年，各级党政主要负责人对红网网民留言的批示就达9000余人次。

要引导群众，必先服务群众。新媒体时代需要问政于民、问需于民、问计于民。基于此，红网主要有3点体会：一是要建立责任到人的沟通机制，按照“属地管理、分级认领”“谁认领、谁负责”的原则，由专人与各市州进行互动沟通，力争让网民留言办理纳入党委政府的履职工作机制，“红头文件”与“认领率”实现全覆盖；二是要提升信息研判和留言办理能力，通过建立全覆盖的网络舆情信息监测体系、打造高灵敏的舆情研判队伍、建立完善的专项舆情直报机制，确保重大、紧急的舆情能及时、精准到达各级主要党政领导及有关部门；三是要不断推进融媒问政，积极推动智能化、智库化平台升级，上线《呼之即来》等视频化栏目，不断提高群众的满意率，努力打造融媒问政的新局面。

四、坚持科技赋能，精准助力公益新发展

新时代背景下，公益需要与时俱进、不断焕新。红网充分利用新技术，

探索网络扶贫的新模式，打造了融媒体 + 精准扶贫的典型样本。

第一，网络直播 + 精准扶贫，打造青年助力扶贫的融媒案例。2018 年，红网和映客联合推出了“青春扶贫录”青年助力网络扶贫活动，遴选出的 107 名青春主播，以广大青年最喜爱的网络直播形式传授扶贫技能、销售扶贫产品、推介美丽景点、讲述扶贫故事，打造出湖南乡村振兴和脱贫攻坚工作中一个又一个“网红”青年，生动展示了湖南青年积极奔赴扶贫攻坚主战场的创新作为。该活动让青春的智慧与扶贫的热情同框，让青春的身影与贫困地区同框，把轰轰烈烈脱贫攻坚的战场搬到了小小的手机屏上，用新媒体的力量全面助力精准脱贫。

第二，融媒推广 + 精准扶贫，探索双线电商的扶贫模式。2018 年，红网依托红网时刻 LED 联播网，通过网站、时刻、户外大屏、室内小屏等“六位一体”的传播矩阵以及分站体系优势，推出“红网精准扶贫品推公益行动”，投入 5000 多万元媒介资源，通过新闻、专题、广告、H5 等多元方式，在 6 个月时间内，对湖南省 42 个贫困县的旅游景点和特色产品分批进行免费包装和广告宣传，带动了县域经济发展，受到广泛好评。2019 年，在中国记协的统筹指导下，红网、时刻新闻积极投身“宝贝出山”助农扶贫直播，这是践行“直播 + 助农 + 电商 + 线下”的又一次精彩的创新尝试。

在当今价值多元的时代，新媒体平台已经不仅仅是一个信息传播渠道，而是连接各方优势资源、带动产业融合发展，推动社会公益创新的综合平台。站在新的历史起点上，红网将不改初心，继续心怀感恩，深耕湖南，反哺这片红色热土。

（作者为湖南出版集团党委委员，
湖南红网新媒体集团党委书记、董事长）

积极履行社会责任
主旋律报道也需“爆款化”

李云芳

澎湃新闻于2014年7月正式上线，前身是创办于2003年的东方早报，是第一个直接切入移动客户端的新闻转型产品，第一个定位于互联网原创新闻生产的新媒体。澎湃新闻专注时政与思想，坚持原创，深耕内容；坚持创新，做大平台。目前涵盖了要闻、时事、财经、思想、视频、生活、澎湃号、湃客共8个板块，日均原创稿件400篇左右，已成为互联网原创新闻领域最重要、最大的供应商之一。澎湃新闻正围绕主流化、平台化、全球化、生态化的战略，积极打造全国性互联网新型主流媒体平台级产品，努力成为全媒体内容产品供应商、全场域内容传播大平台、全链条内容生态服务商。

一、主动承担社会责任　为抗击港独受害者筹款

2019年11月19日，澎湃新闻为在香港受害的李伯、罗伯进行互联网筹款，共筹款200多万元。

11月19日一早，澎湃新闻开始联系上海市慈善基金会，这家基金会非常乐意和积极，迅速指派人员和澎湃新闻对接。在双方努力下，这次互联网筹款项目在当天下午就在联劝网上线，距离联系上海市慈善基金会才过了五六个小时。

为了配合筹款行动，澎湃新闻充分借助和发挥了自己的新媒体平台优势：募捐的链接同步发在澎湃新闻《公益湃》栏目里，并且每次发稿都加上募捐链接；动员设计师制作宣传海报、宣传视频等，在澎湃新闻客户端的显著位置，以及微信、微博、抖音等平台发布造势。此外，还专门制作了相关格式的海报内容给筹款平台，供其在平台首页呈现。

澎湃新闻滚动发稿报道筹款的最新进展，筹款达到30万元、50万元、100万元……这些进一步激起了网友的捐款热情。与此同时，澎湃新闻在微博上发起的“救李伯　撑罗伯”话题引起了大量网友关注，阅读量超800多万人次。仅用8个小时就筹款200多万元。

这是澎湃新闻主动履行社会责任的一次集中体现。经过几年的发展，澎湃新闻打造了一个功能多元的平台，也积累了一定的渠道资源和影响力，所以才能在关键时刻承担这些工作。

二、坚守传播正能量理念　落实在日常工作要求

在唱响主旋律、传播正能量方面，澎湃新闻一直在做许多工作。比如专门设立了《暖闻》《公益湃》等栏目，专门发布、汇集正能量的暖新闻。在考核方面，我们每个月设立了专门的正能量新闻奖，每个月都要评一定数量的优秀作品出来，给予实实在在的物质奖励，从而起到指挥棒的效果。另外，定期举办论坛活动，将正能量人群聚集在一起，共同讨论如何更好地前行。如每年举行一次公益主题的年会；和全国妇联、中央网信办一起合作举办女性正能量圆桌派，邀请各行各业的优秀女性来一次巾帼毕聚的讨论。

三、全媒体思维讲故事　主旋律报道出爆款

澎湃新闻一直希望，不要为了宣传而宣传，为了完成任务而去做，而是努力求精、求出彩、求爆款。如澎湃新闻制作的获得2018年中国新闻奖融媒界面项目一等奖的H5产品《长幅互动连环画丨天渠：遵义老村支书黄大发36年引水修渠记》。

为了这个典型报道，当时澎湃新闻成立了一个报道项目组，由一名副总编牵头，整合了政治新闻部、视频新闻部、视觉设计部、交互体验部等多个部门。由于制作时间紧张，前方的采访、拍摄与后方的绘制同时进行，除了一线的记者提供的影像素材外，我们的设计师还收集了很多黄大发的照片，每天看，不停地看，熟记于脑中，这样有助于进行人物多角度的描绘，包括情绪与肢体语言的表现。

作品以水为主线，用下拉式长幅连环画、渐进式动画、360度全景照片、图集、音频、视频、交互式体验等多种报道形式，全景地展现了黄大发带领老一代修渠脱贫、带动新一代致富的故事。

配合这个作品，澎湃新闻还刊发8000字特稿《遵义老支书黄大发36年“拿命修渠”，激励年轻村民返乡创业》和5分钟视频《创业记：遵义年轻村民续写“天渠精神”》，通过细腻的笔调、丰富的细节、明晰的架构、有历史感的描述、有当地民族风的视频画面，再次还原了黄大发不忘初心跨越36年引水修渠的历程，以及当地的年轻一代村民喝着“大发渠”的水，在“大发精神”的感召下，不畏挫折，勇于创业，回乡建设新农村的传承之路。

（作者为澎湃新闻编委）

信息公益的特点与创新

张　羽

营造风清气正的网络环境、充分利用平台助力解决社会问题，是我们每一个从业者的责任，下面我从两个方面介绍字节跳动在平台责任及公益传播方面的实践与创新。

一、立足信息技术优势解决社会问题

我们曾经制作了一部公益短片叫《早一分钟多一份可能》，是根据头条寻人的真实故事改编而成的，短片于 2019 年 11 月在北京国际公益广告大会上获奖。

头条寻人是今日头条 2016 年面向全国发起的公益项目：借助精准的地理推送技术帮助各类失散家庭寻找走失者。这些走失者中，有未成年的孩子，也有耄耋的老人。

60 秒，53.1 亿次，1 万人——这是头条寻人项目成立以来，关键的一组数字。60 秒，是找回一位走失者最短的时间；53.1 亿次，是寻人信息在今日头条 App 上展示的次数；1 万人，是截至 2019 年 7 月，头条寻人成功找回的走失者总数。

在互联网时代之前，我们无法想象用秒来度量一次成功的寻人信息传递。其实我们就是移动互联网时代的电线杆，只是突破了电线杆的物理限制，传播量级从几百、几千张海报扩展到几亿、几十亿次的曝光。

字节跳动一直在做信息分发的工作，我们相信，信息分发效率的提高能够创造社会价值。所以我们做公益，也是坚持信息公益的理念，立足信息技术优势，围绕更高效的信息分发来进行，进而提高公益效率。

二、运用平台资源为公益赋能

今天，字节跳动的产品已经遍布全球150个国家和地区，短视频产品抖音已经是一款活跃用户数达到3.2亿的互联网产品。充分运用平台资源为公益赋能，也是信息公益的一个特点。

在网络扶贫方面，利用平台强大的信息分发能力和流量资源，可以让扶贫的方式更加多元。2018年，我们启动的“山里DOU是好风光”文旅扶贫项目，旨在帮助国家级贫困县打造特色文旅资源品牌，提升当地文旅品牌影响力，带动多产融合发展。抖音的同事做过统计，抖音最热门的100个县域景点中，约三成位于贫困县。中国幅员辽阔，许多地方风光秀美却鲜为人知。

截至2019年9月，这一项目为各地贫困县美景提供超50亿次曝光。很多贫困地区，像四川稻城、贵州荔波、河南栾川、山西永和，都在抖音“走红”，给当地的旅游业发展带来很大提升。山西永和2018年国庆期间景区游客量同比增长近2倍，永和全域旅游收入提升近4倍。

除了“山里DOU是好风光”外，我们还发起了“山货上头条”、“三农合伙人”计划、“扶贫达人”计划等多个扶贫项目，都是基于信息公益的理念，充分利用平台资源，授人以渔，取得了良好效果。

字节跳动作为一家平台型科技公司，肩负了互联网平台的时代责任。庞大的用户基数决定了我们可以，也应该去追求高效率、大规模、可持续的公益。同时我们也在一直积极探索、整合资源，充分调动用户的积极性，参与公益传播，参与社会创新。相信信息和公益的结合，会创造出更多社会价值！

（作者为字节跳动副总裁）

用一束光照亮孩子们的未来

王　亮

爱奇艺作为一家主流网络视频平台，以“做一家以科技创新为驱动的伟大娱乐公司”为愿景，成立近 10 年来，始终坚持“青春、阳光、正能量且富有爱心”的价值理念。今天，视频网站已经成为年轻人了解世界的一扇窗口，我们希望构建一个健康多元的影视娱乐环境，持续弘扬社会主义核心价值观，不断传播充满时代感和正能量的优质文艺作品，助力人民对美好生活的向往和追求。

2018 年爱奇艺登陆美国纳斯达克，同年我们发布了“爱奇艺社会责任”品牌。爱奇艺的第一个字母“i”，这是爱奇艺社会责任品牌的中心，代表“我”，也代表“爱”。我们希望社会责任能够从我做起，以星星之火，点燃奉献社会的青春热情，迸发出为爱奉献的激情和感染力。我们也希望在满足青少年影视文化需求的同时，爱奇艺能够引导下一代树立健康正确的人生观、价值观、世界观，帮助青少年成长成才。

我想给大家分享一个小朋友的故事。他叫杨宏凯，云南省怒江州泸水市六库镇中心完小五年级的学生。他的父母常年在外打工，从小跟爷爷奶奶生活。小宏凯的性格比较顽劣、调皮，给人的第一印象就是精力充沛，有用不完的力气，可以说是老师眼中的“问题学生”。

2019 年 9 月 4 日是爱奇艺“光影助力成长计划”社会责任项目的首场露天放映的日子，地点就在杨宏凯所在的六库镇中心完小，放映的影片是《建国大业》。大家都没有想到，那天的杨宏凯就像换了个人似的，两个多小时，他坐在小板凳上，看得最认真。后来，他在电影的观后感里写道，“我的心里一直有一个英雄梦。我的爷爷是退伍军人，我要像爷爷一样去当兵打仗，保卫国家”。小宏凯说，看完电影之后才明白：一个真正的英雄应该是什么样子。只有好好学习，变得强大，保护大家，才是超级英雄。

2019 年 11 月，当我们再次来到怒江，杨宏凯拉着我的手骄傲地说，他现在当上了学校的升旗手。每一次升旗，他看到五星红旗被自己升到旗杆的顶端，就觉得离自己的梦想又近了一步。一个精力充沛、经常惹祸的男孩，是润物无声的影视教育，让他浑身使不完的劲找到了一个出口、一个正确的方向。

爱奇艺社会责任，文化同行，点燃心中梦想。2019 年，在教育部基础教育司的支持下，爱奇艺社会责任联合中国教育发展基金会筹划发起“光影助力成长计划”。由流动电影公益放映、电影教室捐赠、影视教育用品捐赠、专题片制作和影片展播 4 部分组成。从 2019 年秋季到 2020 年夏季，我们计划用一学年的时间，对怒江州全部 201 所中小学实现流动电影公益放映全覆盖，保证怒江州 7 万多名在校中小学生每学年能够观看两次优质影片。现在，捐赠的会员卡和电影教室已经全部到位，流动电影每天都在不同的学校放映，可以说怒江州的孩子不仅看到了电影，我们还给孩子们留下了一支带不走的放映队。

爱奇艺社会责任，科技同行，看到广阔世界。2018 年 12 月爱奇艺携手中国青基会共同启动创新型公益项目“希望盒子”，向“三区三州”等国家深度贫困地区的小学生捐赠爱奇艺“奇遇 VR 一体机”及相关教育物资，同时为其提供定制化、沉浸式教育科普内容，包括安全知识、推荐学生观看的优秀影片等，并持续对内容进行优化和更新。我们希望通过最新的科技，360 度虚拟现实的沉浸式学习体验，拓宽孩子们的学习方式，以科技助力教育扶贫。有个小女孩，是四川凉山州昭觉县福和希望小学五年级的学生，通过 VR 眼镜，她第一次看到了活灵活现的恐龙，她又兴奋又害怕，连声惊叫“恐龙过来了”。当我们的志愿者跟她说“如果怕就摘掉眼镜吧”，她又连连摇头。

为爱同行，我们希望充分发挥平台影响力，汇聚社会温暖，将爱持续传递。爱奇艺的热门综艺节目与公益结合，传播青春、阳光、正能量的内容，积极影响青年受众。比如在广受关注的《青春有你》中，我们积极传播“越努力、越优秀"的青春价值观，训练生带动广大粉丝投身公益。《中国新说唱》落地"新说唱夹机占"线下挑战公益活动，筹集善款为贫困地区的小学捐赠并建设了艺术教室。《我是唱作人》调动线上、线下宣传资源，联合中国扶贫基金会共同发起"善行100"全国大学生体验式公益活动。

爱奇艺社会责任，青春有你，为爱同行。在持续创新推动线上娱乐产业发展的同时，我们将依托丰富的内容资源和先进的科技实力，承担并践行社会责任，用爱照亮孩子们的未来。

今后，爱奇艺希望能够持续以文化、科技、媒介的力量鼓励更多贫困地区的少年儿童勇敢追梦，助力他们成长成才！

（作者时任爱奇艺副总编辑）

公益表达与媒体融合的短视频路径

余敬中

截至 2019 年 10 月，快手日活用户已经超过 2.5 亿，是国内最大的 UGC 平台。从乡村到城市，很多人因为快手改变了自己的命运。

四川大凉山昭觉县的悬崖村，村民进出村必须攀爬 800 多米的钢梯，以前是藤梯。2016 年 10 月，四川移动在这里架了基站，有了 4G 信号，这里年轻的村民开始玩快手，把他们日常生活的场景发在快手上，并用短视频和直播的方式卖土特产，有了收入。现在的悬崖村成了快手村。2018 年年底，悬崖村全部脱贫。

贵州黔东南大山深处的一个农民，爱好拳击，教一双儿女练习拳击，拍短视频发在快手上。男孩 8 岁，叫小汤圆。这些视频引起了拳王邹市明的关注。邹市明邀请兄妹俩到上海参加拳击赛，改变了两兄妹的命运。

短视频时代，西北地区消失多年的秦腔、花儿等民间艺术又重新兴起，线下观众依旧寥寥无几，但表演目的不是线下，而是拍短视频发快手，进行线上传播。2018 年，快手非遗记录者达 252 万人，他们通过快手传播非遗文化，还能获得收益。

2018 年 10 月到 2019 年 9 月，1900 万人在快手上获得收入，其中，超过 500 万人来自 2017 年口径的国家级贫困县。让普通人通过快手拓展眼界，增进交流，促进成长，还获得收益，不仅看到了更大的世界，也被更大的世界看到，由此改变自己的命运。

这背后的根源在于快手普惠、去中心化的算法。任何一个人，哪怕是一个粉丝都没有的素人，他在快手上发的任何一个短视频，快手都会给予最低

300 个基础曝光量；优质内容流量上会有个爬坡机制，每爬一次坡，曝光量就会放大一个台阶；同时，快手将"基尼系数"机制引入算法体系，爆款内容爆到一定程度就会减少曝光，以此规避流量分配的两极分化效应。快手相对普惠的算法，促使更多的普通用户发视频，通过刺激生产带动消费，成为包容性、分享性非常高的短视频社区。

将企业社会责任内在地融入产品、算法和运营中，这是快手的独特所在。跟其他公司一样的是，快手也有自己的 CSR 部门，还专门成立了扶贫办公室。过去一年，我们推出了幸福乡村带头人计划、农产品电商扶贫福苗计划、点亮百县计划，与很多部委、地方政府开展了形式多样的合作，服务经济社会的发展。

快手扶贫主要有 3 个方面：一是短视频、直播电商扶贫；二是文旅推广扶贫；三是教育扶贫，快手有大量的种植业、养殖业的高手，他们通过开设免费或付费的视频和直播课程，带动更多的人学习、应用。

从服务媒体融合的角度说，快手提出了"快 UP 融媒计划"，通过培训支持、内容合作、流量扶持和商业化赋能等多种方式，全方位服务主流媒体的融合发展。2019 年 10 月，每天通过快手媒体号看新闻的人，即快手媒体号的日活规模已经超过 3000 万次。8 月 24 日，新闻联播入驻快手，8 月 25 日即在快手首次大小屏同步直播。国庆 70 周年阅兵，快手是转播央视直播的唯一短视频平台。我们创新了多链路直播技术，1 路 CCTV1 大屏公共信号，6 路个性化信号，通过侧边栏方式，用户想看哪路自己可进行切换和选择，没有导播的概念，这是移动互联网时代的新探索。

随着 5G 的到来，未来一定会出现小屏反哺大屏，短视频反哺长视频的局面。此外，短视频、直播与各行各业的深度结合，还会带来更大的产业融合新空间。短视频、直播的上半场才刚刚开始，下半场还远没到来，这是我们的基本判断。

（作者为北京快手科技有限公司副总裁）

2019 中国新媒体公益十大优秀案例及案例提名发布

2019 年 11 月 30 日，由中国记协新媒体专业委员会主办，湖南红网新媒体集团承办的“新媒体社会责任”研讨会在长沙马栏山视频文创产业园举办。研讨会上，中国记协新媒体专业委员会发布了“2019 中国新媒体公益十大优秀案例”和“2019 中国新媒体公益优秀案例提名”，树立新媒体公益标杆，引领更多新媒体积极参与公益事业、主动履行社会责任。

2019 中国新媒体公益十大优秀案例奖颁奖仪式

2019 中国新媒体公益十大优秀案例提名奖颁奖仪式

亿万网友共同“寻找英雄”展现新媒体责任

2014年至2018年，先后有5批在韩志愿军烈士遗骸回到祖国怀抱。2019年清明节前，又有第六批在韩志愿军烈士遗骸运送回国。在这些烈士的上千件遗物中，发现了姓名文字图案清晰可见的24枚印章，为确认24位烈士的身份、寻找他们的亲人提供了线索。

在中央网信办、退役军人事务部的指导、支持下，人民日报社新媒体中心以清明为节点，联合发起、牵头举办“寻找英雄”媒体行动，带动广大媒体、各地群众共同参与，寻找、确认这24位烈士的真实身份，并为他们寻找家乡、寻找亲属。

人民日报新媒体2019年3月29日推出图文稿《当年，他们为我们牺牲；今天，请为他们做一件事》，详细公布24位烈士的印章等遗物照片，号召广大网友共同“寻找英雄”。

4月3日，推出互动H5《今天，请你一起为英雄做一件事》，以老照片三维化制作的震撼短视频为先导，饱含情感地追思“最可爱的人”，并以卡片形式介绍遗物基本情况及线索，让用户生成海报并转发到社交媒体，发动网友成为“寻找英雄”志愿者，共同为寻找烈士亲属出一份力。每张寻找英雄海报都有单独编号，让受众切实成为“寻找英雄”的千万志愿者中的一员。

清明节前后，“寻找英雄”活动在网上网下引起巨大反响，有力弘扬了缅怀英雄、崇尚英雄的良好风尚。H5《今天，请你一起为英雄做一件事》实现“刷屏”效应，点燃普通网友成为“寻找英雄”志愿者的热情。人民日报客户端原创文章《在习近平眼中，他们是民族最闪亮的坐标》，被众多网站和新闻客户端转载，仅在人民日报客户端阅读量就超过200万人次。人民日报法人微博主持“寻找英雄”话题，话题阅读量超过5.8亿人次。

众多网友在人民日报客户端留言，向志愿军烈士致敬，“看这一件件被时光打磨的物件，泪水就止不住地流下来，愿英雄早日归故里”“山河已无恙，英雄可归家。向牺牲在异国他乡的英雄们致以最崇高的敬意”，并表达为民族复兴努力拼搏的激情，“传承发扬英雄精神，中华民族才能民富国强，早日实现中华复兴梦”。不少网友和志愿者主动向人民日报新媒体提供了烈士线索。一些地方媒体也纷纷加入“寻找英雄”的宣传和寻找队伍中。在亿万网友共同关注、各方力量携手努力下，“寻找英雄”成为2019年清明最具影响力的公益行动。“寻找英雄”活动，为什么能有如此效果？

一、把握时机，引发情感共鸣

在网络主题宣传中，“借势”往往比“造势”更能收获良好的传播效果。2019年是新中国成立70周年，也是《中华人民共和国英雄烈士保护法》颁布实施一周年。清明节前后，全社会祭奠先烈的气氛本就浓厚，加上四川森林火灾致30余位扑火烈士遇难，缅怀烈士、崇尚英雄更是成为全民共识。人民日报社新媒体中心以此为契机，点燃情感，把握分寸，“借势”传播。以寻找英雄亲人，迎接忠魂回归故里为契机，自然激发了全社会的爱国情怀和英雄精神。

缅怀先烈是一个宏大的主题。其中，有对英雄的崇敬，对烈士的哀思，有民族的自豪，有奋发图强的决心。在宏大主题、复杂情感的报道中，我们从用户的自身利益、情感、思想等视角出发，将抽象的主题微观化，选取了一个小的切口，即“寻找英雄”行动：发动大家成为“志愿者”，寻找24位烈士家人的线索，帮助英魂回归故里。这样具体、可操作的活动，将宏大主题和个体命运关联了起来，让普通受众都能肩负起“寻找英雄”的使命，因而让用户有了切实的参与感和代入感，能够通过参与活动而抒发情感，表达立场，网友在分享H5的同时，也在“自我实现”，从而完成一次价值观的传播。

二、精心制作，实现震撼体验

早在活动开始前一个月，我们就着手准备相关产品。由于原始烈士遗物照片不够清晰，新媒体中心又派出记者赶赴沈阳，重新拍摄烈士遗物，拿到了所有媒体中最为清晰可辨的照片。对所有稿件和新媒体产品，我们组成项目组精心制作，反复打磨，保证了宣传效果。

例如H5，在载入页部分，是一个模糊的军人背影形象，文案为，“他是谁？他几岁了？他的家乡在哪？他有什么故事？今天，你可以为他做一件事”引发用户好奇，吸引观看。

载入完成后，是一段感人的视频开场，展示英烈所作出的牺牲，烘托缅怀英烈的氛围。由于抗美援朝的资料视频清晰度不高，难以满足现代化传播需求，我们选取了多张抗美援朝老照片，利用先进技术手段，分离图层，并加以三维化动效，让照片“视频化”，且有纵深感；让用户以第一视角在历史长河中穿梭，在鹅毛大雪中跨过鸭绿江，在枪林弹雨中战斗，最终迎接烈士遗物回家，实现震撼人心的效果。

然后，用户可以左右滑动选择想要寻找的烈士的卡片，生成海报，保存分享。在烈士遗物海报的设计上，我们在拍摄原图的基础上，分离图层，配上沉稳大气的黑色石碑底纹及端庄大气的字体，力争实现类似电影海报的美感和设计感，吸引用户分享。居中展示烈士遗物和烈士已知信息，方便用户转发扩散。以“当年他们为了我们牺牲，今天请为他们做一件事”的朴实文案，点明活动内容与用户自身的利益交汇点、情感共鸣点。在海报上设置编号，让用户有切实成为“寻找英雄”志愿者的自豪感。

包括H5在内的一系列引导产品，信息含量高，但并没有说教意味，以细腻的情感表达感动用户。

三、受众参与，沉浸式传播

区别于单向传播和双向互动传播，沉浸式传播最主要的特征是人与媒介深度融合，人成为媒介的一部分。活动启动图文稿的标题《当年，他们为我们牺牲；今天，请为他们做一件事》，直接把受众和英雄关联到一起，引发受众参与活动的责任感。

在H5《今天，请你一起为英雄做一件事》中，每位用户都能选择想要寻找的英雄，留下线索，或者保存带有烈士遗物和已知信息的海报，让其他好友通过扫描二维码进入H5，号召其他人一起寻找，从而形成多节点的树状传播态势。

在这个过程中，作为媒介的人，集信息制作者、传播者、使用者于一身，“亲自参与，置身其中”，进行多向度的交流互动，实现了裂变式的网络传播。

四、协同配合，争取最大影响

“寻找英雄”活动不是人民日报社新媒体中心一家单打独斗，而是全网共同联动。在中央网信办和退役军人事务部的指导协调下，中央和地方众多媒体协同配合，提高了工作效率，实现了共赢。

活动期间，人民日报辽宁、河南、山东等地分社的记者大力支持，第一时间采访核实相关线索，联系地方媒体协助采访。其中，河南分社记者第一个采访到周少武烈士的亲属，相关消息在人民日报两微一端首发后，受到广泛关注。众多地方媒体给予大力支持。延边晨报3次采访陈曾吉烈士亲属，为人民日报新媒体拍回第一手照片和视频资料，并通宵帮助翻译少数民族语言。没有大家的共同协作，活动不可能如此顺利成功。“寻找英雄”，值得我们如此努力。

主创人员：丁　伟、刘晓鹏、余荣华、熊　捷、赵明琪、
朱　利、刘珂君等

本文执笔人：赵明琪

《等着我》：融媒体寻人平台践行社会责任

《等着我》融媒体寻人平台作为中央广播电视总台践行社会责任与推进融合发展有机结合的探索创新成果，自2014年上线运行以来，成为我国最大的公益寻人和安全服务融媒体平台，持续守护社会良知，推动时代进步。

一、将践行社会责任作为使命，贯穿融合创新始终

邀请政府部门、公益组织和主流媒体加盟节目融媒体团队，实现公益节目运行机制战略协同。围绕公益主旨，总台央视综合频道、央视网，联合公安部、民政部等政府部门、公益组织和其他主流媒体，共同组建《等着我》公益融媒体团队，探索形成真正的融为一体、战略协同的公益节目融合运行模式。公益融团队一体化制定公益传播策略，一体化办公运行，一体化创作推出公益融媒体产品，一体化打造融媒体公益寻人平台，一体化构建公益融媒体传播矩阵，各司其职、各展所长，切实提升公益品牌栏目传播力、影响力和公信力。

不断丰富公益全媒体产品形态、构建完善公益产品体系，推动寻亲服务深入基层用户。《等着我》融媒体寻人平台涵盖官网、央视影音《等着我》媒体号、寻人报名平台、线索提供平台、志愿者报名平台、H5双屏互动平台、《等着我》微博微信平台等公益产品形态，服务政府部门、走访一线、权威发声。

《等着我》官网提供核心寻亲服务和官网产品运营服务，提供全天候寻人信息登记、审核、发布等；首档O2O融媒体公益服务产品《等着我在行动》以演播室访谈、移动直播、伴随式直播多形态相结合，邀请公安部

刑侦局副局长陈士渠和中国反拐义务宣传员等嘉宾，展开幕后故事、发布寻人信息、直击寻人全程、聚焦团圆相认瞬间。同时，实时提供在线寻人登记、寻人线索上传、加入志愿者、爱心传递、边看边聊等双屏互动服务；组建“等着我寻人团”，紧密依托政府部门，和公安部密切合作，联合公益组织、社会机构、志愿者共同寻人；组建公益融媒体传播矩阵，扩大公益节目覆盖。

二、将贴近性接地气有网感作为目标，注重传播情感表达

打造公益“网红”，提升传播专业性、广泛性和针对性。面对电视受众年龄固化、新媒体受众年龄不断降低的总体趋势，融团队主动邀请总台网络人气最高的爱心主持人文静，一起创新、超前策划《等着我在行动》公益产品，在主持风格上突出贴近性、有网感、接地气。而她也不负众望，“不做《等着我》节目主持人，你永远不会发现那么多的人间真情和挚爱；不看《等着我》，你不会明白什么叫勇敢和坚强”等临场发挥的串词，成为“网络金句”。

针对拥有近770万网络“粉丝”的公安部刑侦局副局长陈士渠，围绕拐卖类重点寻人案例、打拐手段和技术的更新、打拐反拐现状、暑期儿童及青少年安全热点等安全教育主线，创新策划“陈士渠安全教育服务小课堂”，并联动政法系统政务微博，共同提升公益产品的专业性、广泛性和针对性，进一步放大其权威、专业的网络公益形象。

展示鲜活温情的主持人形象，彰显总台公益融团队责任感。融团队通过主持人视角，传递向上向善的精神力量。根据观众留言反馈对两位节目主持人的关注，策划公益访问人舒冬和寻人团团长李七月专访，并运用院线电影推广优秀方式，推出“彩蛋”小产品“这是李七月最想找到的那个TA”，获网友一致好评，主持人本人主动转发了短视频，并成功找到恩师。

与电视节目注重寻人诉求讲述和寻亲结果不同，新媒体邀请4位节目编导，挖掘节目中未播出的感人片段，从细节之处还原真情，彰显总台公益融团队一直在路上、一直在行动的责任感。

三、将培养公益全媒体人才作为担当，开创"先网后台"人才反哺模式

作为公益新闻战线的老兵，我们非常注重培养年轻公益全媒体骨干。央视网派驻节目组的融团队成员，经过短短的一年多时间，已从只掌握新媒体编发单一业务技能的编辑，迅速成长为能同时承担融媒体小编和电视节目编导双重职能的复合型服务团队。在 2019"一黄"播出季期间，独立完成"35年后，吹响中国第一支南极越冬科学考察队集结号"等 12 个选题，为电视节目贡献超过 20% 的选题制作内容；同时，融团队深度挖掘融平台寻人数据库资源，持续向电视和新媒体两个平台双向输送选题，融平台真正成为媒体深度融合内容支撑共享池。这种"先网后台"反哺模式，在总台媒体深度融合中尚属首例。

四、聚焦人间大爱延展公益内涵，成为传播爱心与公益的清流

《等着我》第四季节目全网收视次数 2.01 亿，累计收视人数 1.93 亿；第五季节目全网收视次数 2.45 亿。自 2016 年 3 月建成至今，《等着我》寻亲信息超过 56.6 万条，有效信息达 31.3 万条，月均收到报名求助信息均超过 6000 条，成为总台"电视 +"和"互联网 +"的标志性创新融平台产品。

等着我

主 创 人 员：赵军胜、张曦健、张　竟、夏春生、俞阳阳、
许　磊、范　雷、张亚琼、高　楠
本文执笔人：鲁　杨

全媒报道助力筹资新建红军桥

一、新桥通车，寨子里有了两座红军桥

2019年7月8日，由中国青年报社协调社会资源援建的新红军桥在贵州黎平县上少寨正式通车。

中国青年报社用全媒体手段，在多个平台对新桥的落成进行融合传播。这套组合拳传播，一方面，回顾3年间中国青年报社动员社会力量，为红军长征途中重要会议发生地的老百姓修一座公路桥的故事；另一方面，结合“记者再走长征路”，传播80多年前发生的黎平老百姓支持红军长征的故事。

尤其是名为《红军桥日记》的沉浸式体验新闻产品，用第一人称视角讲述一个中青报记者3次探访红军桥的见闻和感受，为读者提供沉浸式的互动阅读体验。形式上，以人物旁白作为主要线索，串连VR视频、全景图片、人物专访和图文故事等，来实现交互式的叙事节奏，最后设计弹幕留言环节，激发读者互动的热情。

在此之前的三四年间，中国青年报社关于黎平上少寨需要一座公路桥的系列全媒体报道引发社会关注，筹集到180万元，为黎平县上少寨修了一座公路桥，解决了上少寨一直以来不通公路桥、老百姓出行不便的问题。

有了公路桥，当地老百姓在山里种的柑橘、油茶都能换成真金白银，优美的风景也能办起民宿、吸引外来游客，老乡们有了脱离贫困、迈向小康的希望。正如一位村民说的那样，“这座桥修好，整个村子就盘活了”。

二、跨越80年，两座红军桥串起不变的初心

2016年正值红军长征胜利80周年，当年8月，时任中国青年报视觉

中心主任的赵青带领另外两名摄影记者，一起踏上了重走长征路的采访。9月，在路过贵州黎平上少寨时，当地一座特殊的木桥引起了记者的注意。记者通过采访当地老乡了解到，这座木桥被称作红军桥。1934年12月，中央红军长征路过贵州黎平上少寨时，发现原有的简易木桥已非常破旧，便与当地群众共同搭建此桥，顺利渡河，同时也解决了附近上百名村民的出门难题。为了纪念这段历史和军民鱼水情谊，后来人们将这座桥命名为红军桥。

80多年来，这座木桥几乎每年都被洪水冲垮，垮了再建。上少寨600多名村民大多数是苗族，木桥是他们通往外界的唯一通道。上少寨村民多以种植橘子、柑、油菜、水稻等农作物为生，但木桥结构简易，难以承重，无法通车，村民收获的上千吨水果只得靠肩挑背驮。牛马只能蹚水过河，一到冬天时常被河水冻伤。据统计，近20年来，不慎坠桥的村民不下20人，掉下桥的牛、马更不计其数。

前方团队一边采访，一边组织报道发回后方，通过融合报道的形态，展现了上少寨红军桥的现状，专题《寨子有座红军桥》在微信公众号“守候微光”刊播时，为上少寨的孩子发起募捐。

为了能让更多人走进上少寨，领略大自然的美丽风光；为了能让上少寨的村民早日脱贫致富，中国青年报社联合中华环境保护基金会在互联网上发起为上少寨修一条公路桥的捐赠倡议，捐赠倡议发出后不久就得到了中国石化集团公司的支持。

2017年9月21日，中国青年报社、中华环境保护基金会携手中国石油化工集团公司捐赠180万元为上少寨新建公路桥。

当天，中国青年报记者重回上少寨，采访报道寨子即将修建公路桥的新闻。在几天后报纸的摄影版刊发专题《寨子新建一座桥》，并在微信公众号“守候微光”同步传播。微信中，还专门请美编画了一幅画，描绘新红军桥通车后的美好场景：建成的公路桥能够通车行人，与自然风景融合，村民出行便利，还能带动村里山货走出去。

新建公路桥的好消息，让当地村民心中充满了对未来美好生活的向往。假如寨子建起一座水泥公路桥，50岁的村民吴章宏给小儿子盖婚房时，水泥和砖块就可以用小面包车拉进村寨，运费能省下四五万元；洪水再来时，61

岁的吴隆义和妻子也可以随时走到村寨对岸的田地，照料地里的白菜和柑；做猪肉生意的吴朝军可以不用再肩扛或用斗车将猪肉一次次运往镇上的菜市场；54岁的杨正莲接送上小学的外孙女时，可以不必再担心孩子是否在桥上走得稳；冬天路面结冰打滑时，吴锡焰也可以牵着马过桥上山去打猪草；村民种的水果都能用小车运出去了……

两年后，上少寨当地村民几十年的架桥梦终于实现了。新旧两座红军桥相距50米，穿越80多年的历史隔水相望，一脉相承的桥带来了胜利的回忆，也带来了富裕的希望。

三、持续关注，让影像发声解决百姓实际困难

中国青年报社的历代记者，都有“持续关注，让影像发声”“推动社会进步，服务青年成长”的传统。中国青年报原摄影记者、著名摄影家解海龙在20世纪90年代初拍摄的大眼睛照片家喻户晓，这张照片成为希望工程宣传的标识。解海龙从希望工程开始实施的那天起，就持续地以纪实摄影的方式，真实地记录着中国农村基础教育的发展变化。

中国青年报的记者一直以来都秉承着人文关怀的精神，近年来，随着新媒体的兴起和普及，让记者和读者的互动变得更加密切。

2016年9月，报社3名记者在贵州黎平上少寨采访红军桥，当交通不便的现状引发了记者和编辑的恻隐之心。前方记者和后方编辑都认为，不仅要把当地的现状报道出去，还需要采取实际行动给当地带来实实在在的帮助。

上少寨的修桥愿望出现在了中国青年报社的全媒体报道中。文字、视频、图片引发了社会的关注，中华环境保护基金会最先响应。这家机构第一时间找到中国青年报社，希望能共同发起“上少寨公路桥建设”公募项目。筹集资金的过程一波三折，最终获得中石化集团的支持，决定捐资180万元为上少寨修一座公路桥。2017年9月21日，中石化与中华环境保护基金会签署了捐资协议，上少寨修桥的资金终于落实。上少寨几位年长者听到这个消息时都感慨万千，可以在有生之年看见村里通上公路桥。

中国青年报社持续关注贵州黎平上少寨出行困难的问题，多位记者接

力深入一线，用脚力、眼力、脑力和笔力，推动着新红军桥的进展，助力父老乡亲早日打赢脱贫攻坚战，体现了报社一贯以来“服务青年成长，推动社会进步”的办报宗旨，也更是媒体人“不忘初心、牢记使命”的生动实践。

主 创 人 员：赵　青、刘世昕、李隽辉、王婷舒、李峥苨、程　璨、孔斯琪、陈　明、白　皓、曲俊燕、陈　剑

本文执笔人：陈　剑

报道男孩“增肥救父”筹措百万善款助贫解难

2019 年 7 月 10 日，中国新闻社播发视频报道《11 岁男孩“增肥救父”：3 个多月增肥 36 斤，救父有望》，讲述了河南省辉县市 11 岁男孩路子宽“增肥救父”的感人事迹。路子宽的父亲罹患骨髓增生异常综合征，经过多年治疗仍不见好转，且常年治病导致这个农村家庭负债累累。2018 年，医生建议路炎衡接受骨髓移植，经化验与儿子路子宽配型成功。但根据相关医疗规定，做骨髓移植手术，捐献者体重要达到 100 斤才符合手术条件。瘦小的路子宽只有 60 多斤，为了达到捐献骨髓的体重标准，他拼命增肥，每天吃 5 顿饭，撑得半夜睡不着觉，在短短 3 个月时间增肥 30 多斤。

在相关视频稿件发出后，中新社又进行了文字、图片、社交媒体等融合报道，扩大社会影响力。相关报道发出后，引发巨大社会反响，在互联网和海内外社交媒体广泛传播，在今日头条、腾讯、秒拍、优兔等平台累计播放量超过 5000 万人次，登上微博热搜榜。并帮助小男孩一家筹措到治病善款 100 万元，帮助其父亲顺利完成骨髓移植手术。

此后，中新社记者一直与子宽一家保持密切联系，多次回访。11 月 26 日，中新社再次播发稿件《“增肥救父”的路子宽成孝敬父母榜样：放心家里有我顶着》。

中新社的这次融合报道，取得了突出的传播效果和良好的社会效益，认真履行了新闻舆论工作者的职责使命，积极传播社会主义核心价值观，成为媒体履行社会责任的一个杰出案例。

衡量一个主流媒体的传播力、引导力、影响力、公信力，公益性是一项重要指标。当主流媒体在公众心中的权重越来越重要的时候，“社会责任”就成为衡量主流媒体是否有“传播力量”的重要考量。毫无疑问，新时代带给主流媒体的，是机遇，也是挑战。而要抓住机遇，于大风大浪中巍然不倒，主流媒体应当成为社会责任的担当者，勇于担当媒体职责，勇于走在时代前列，用公信力和责任感，让新闻传播更有力量。

主 创 人 员：赵　晖、李超庆、刘媛媛
本文执笔人：周兆军

"溜索村"报道：帮助孩子告别上学难

2019年4月，《新京报》报道了贵州"溜索村"的困境，得到各界关注。半年过去，记者回访"溜索村"，发现悬空的孩童，回到了安静的课堂；铁索横江，已被吊桥取代；离开"溜索村"的人们，有了更好的未来。

汹涌的牛栏江，隔断了贵州威宁县海拉镇花果村大石组通往外界的路。一条横江的百米溜索，成为全村人的出行工具。"溜索村"的孩子上学之路也是异常艰难，从位于山脚的村子出发，到山顶的花果村小学，全程8公里，攀升高度1100多米，单程4个小时。

半年过去了，"溜索村"的孩子们，上学还难吗?

一、告别4小时摸黑上学路

手电晃动的光柱，刺破了凌晨漆黑的夜幕。花果小学三年级学生管彦青和六年级的哥哥管彦勇，从家里出发，前往学校。

2019年4月以前，这是"溜索村"再常见不过的场景。之后，在《新京报》报道下，"溜索村"出行难和上学难问题，引起当地各级政府重视。

政府投资800多万元，对包括花果小学、海拉中学等7所学校住宿条件、教学条件进行改善，新增、扩建宿舍4420平方米，如今，所有新增设施已建成投用。

从2018年8月28日起，管彦青从走读生，变成了寄宿生。每周5天住在学校，只有周末回家，不再需要每天奔波。曾经4点起床，爬山上学的孩子，不用再摸黑上路了。

二、花果小学的寄宿新生活

曾经的花果小学，只有一栋破旧的教学楼和教师周转房，现新增了学生宿舍、食堂、新综合楼，老教学楼也得到了重新加固和改造。到了学校，管彦青在宿舍里放下书包，就跑到操场，老师正带着周日提前回校的各年级女学生做大西瓜小西瓜游戏。管彦勇则加入了五六年级的打篮球的男生队伍。

管彦青说，没住校前，一天的精力都花到了走路上，“起得又早，到学校一坐下来就打瞌睡”。住校后，不用起那么早，上课有精神，放学了可以参加课外活动，也可以去校图书馆借书看。管彦青的成绩有了提高，“以前语文、数学经常不及格，现在能考 80 分以上”。

花果小学现有学生 163 人，其中上学徒步超过一小时的 100 名同学，全部纳入了寄宿。

“人均 4 元的营养早餐和营养午餐，全校学生都可以免费享受。”校长蒋学威介绍，寄宿生每学期交晚餐费 500 元。期末时，这 500 元通过寄宿生补助全部退还给学生。“等于是一日三餐都不用花钱。”新宿舍楼有 400 多平方米，人均约 4 平方米。另外，新综合楼完善了计算机室、实验室、音乐室、美术室、图书室，教学楼每个班都改造成了多媒体教室，安装了远程教学设施。

三、全镇 1000 名学生不再上学难

迎来转变的，不光只有花果小学。

海拉镇副镇长孔德亚说，“溜索村”孩子上学难这件事，省市县各级政府都给予高度关注，多次到海拉镇调研，做了详细的教育发展规划。海拉中学、红辉小学、东风小学、枧槽小学、新村小学、江边小学其他 6 所学校，寄宿条件和教学设施也同步得到提升。7 所学校新增和扩建了宿舍面积 4420 平方米，让 1000 多名符合寄宿条件的中小学生住到了宿舍里面，彻底告别上学难。

“海拉镇今年新学期还新增了36个专任教师，均是通过国招省招，从师范大学里面毕业的专科、本科学生。”孔德亚说，目前，海拉镇中小学教学水平，几个月内快速发展，已从全县较落后水平，上升到中等水平，“整体水平还在逐步上升”。

主创人员：陈　杰

为牺牲烈士寻亲
展现网络公益新模式

为铭记历史、缅怀英烈、网聚力量，红网新媒体集团策划组织的“为衡宝战役牺牲烈士寻亲”网络公益活动，创新传播形式，联动全国网友，打造公益资讯，在传播与反馈中逐步形成精准扩散、扁平参与的全新网络公益模式，促成众多无名英烈找到“回家的路”。活动在全国引发广泛关注，彰显了新闻媒体“不忘初心、牢记使命”的社会责任与担当。

一、项目实施的背景

1949 年 9 月 13 日，第四野战军发起衡宝战役（又称中南战役），第四野战军辖第 38、39、40、41、45、46、49 军，第二野战军第 5 兵团 18 军以及湖南地方游击等参加战斗。10 月 17 日战役胜利结束，历时 34 天。据史料记载，衡宝战役在湖南邵东境内共牺牲了 1000 多名解放军官兵。这些年来，烈士牺牲地的群众年年自发祭扫，总想为烈士们找到亲人，让英灵归乡。

2019 年 4 月，在一次红网论坛组织的清明祭扫活动中，我们听说了这个感人肺腑的故事。在这些为中华民族解放而牺牲的英烈墓地上，铭刻着一个国家浴火重生的记忆。衡宝战役的英烈忠魂，一直在湖南邵阳当地村民的自发祭扫与义务保护中代代相承。当这些被细心收集的部分英烈名录交到网友们手上时，随之而来的，还有一份沉甸甸的使命与责任。红网互动中心立即着手策划，精心设计议程，在充分发挥红网网友分布广、数量大的互动优势之外，调集骨干采编力量着手全程跟进，纳入新中国成立 70 周年主题宣传中，并且作为重点报道项目。

二、项目实施的过程

2019年时逢共和国70周年庆典。经过创意策划，我们认为作为新闻媒体，应该从构建党的主流权威舆论阵地的初心出发，挖掘出更多、更深层次的新闻内核价值与扩散价值，运用互联网思维进行传播，更加广泛动员传播来促成项目，达到更高层次的宣传目的。

打造一个成功的互动项目需要我们梳理项目的精神内核。红网长期扎根基层，在走近群众生活之后，更需要新闻工作者提高洞察力，走进民众内心世界，提高站位，坚守自身“为党为民立言”的使命与职责，深度发掘现象本质，打造内容产品。在充分采访、发掘信息之后，我们采写到了这样一个动人的片段：

“他们牺牲的时候都太年轻了，太可惜了，他们的家人一定在找他们！”这是邵东县堡面前乡双江刘氏祠堂的一位老人拉着红网网友的手哭着说的话。“烈士们牺牲时都很年轻，有的还不足20岁。看着手中的资料，我们都觉得十分心痛。更让我们感动的还有中乡大地上的百姓们，他们默默地守护着英雄们最后的尊严与宁静，有的一家四代为英雄守墓，有的自筹资金，为烈士修缮墓地，这些都激发着我们这些志愿者的寻亲热情，一定要为烈士们找到亲人，一定要圆中乡百姓们为烈士寻亲的梦。”

由红网网友发布帖文《山河已无恙　英雄当归家——衡宝战役众多英烈寻找“家”》开始，掀开了“为衡宝战役牺牲烈士寻亲大型网络公益活动”的序幕。相关信息通过红网发布后，引发全网关注。红网网友和志愿者们，在浩如烟海的史料中核实信息，在荒山草坡上寻找遗散的烈士墓地。

在核实了大量事实之后，陆续推出了互动专题《湘烈｜山河无恙，英雄归家》和系列新闻《找到了！红网网友全国联动为衡宝战役英烈寻亲》《取一抔黄土回家！红网网友为又一位衡宝战役牺牲烈士找到亲人》《第五位！红网网友全国联动为吉林籍烈士黄海龙找到亲人》，全程动态跟进。

在尽可能收集英烈信息的过程中，一个个感人的故事被发掘出来，这种朴素动人的新闻故事，随着新闻与互动传播，带动着相关英烈的信息逐渐在传播反馈中明晰起来。

各地网友反馈的海量信息核实比对工作开展后，我们发现随着时间长河涤荡，信息核实工作非常困难，随后及时调整互动模式，采用去中心化、创新传播形式，在联动全国网友之后，我们通过在英烈所在地联系当地志愿者，根据资讯来源组织团队走访，将这一场寻找英烈家乡的活动，打造成为一次网络互动公益寻亲项目。这些公益资讯在传播与反馈中，根据信息反馈，及时调整传播方向，逐步探索形成精准扩散、扁平参与的全新网络公益模式。

在泛媒体的时代，人人具有传播力，能够达成全民的传播共识才是传播者需要重点研究的领域。创意的过程是通过现象看本质的过程。在传播过程中，新闻专业文本写作、内容渠道的资讯传达能力、形式上的多样化，这些仍然只是内容的基础工作，内容所蕴含的传播元素是新闻内容所报道的现象，里面蕴含的深层次成因与情感共鸣，才是引发传播、制造影响的重要元素，受众对内容所传达的信息，产生的高度认同、情绪流露、感观共鸣，共同构成了此次在大众传播活动中形成的信息环境。一场南北联动，湖南、吉林、河南、河北等地数千名网友直接参与的互动活动由此全面展开。

三、项目引起的反响

随着更多网友的参与，截至目前一共收集完整的烈士资料有109份。通过信息核实、实地比对，项目先后为5名烈士寻找到了亲人。他们是：郑绍富、隋德敏、安继珠、李文斌、黄海龙。还有一位黄浩哲烈士，他在故乡已经没有亲人，网友们正在联系烈士原籍地相关部门，希望能将他的英骨迁回家乡。

自“为衡宝战役牺牲烈士寻亲大型网络公益活动”开始至今，获得了社会各界尤其是衡宝战役烈士后裔们的广泛好评。2019年10月，93岁的著名军旅作家高玉宝亲自题词，对红网志愿者团队给予了高度评价。2019年10月30日，在红网网友的见证下，部分人民解放军第四野战军后裔齐聚邵东，为牺牲在邵东大地上的英烈们扫墓。

“70年了，我们一家四代人都在寻找舅姥爷的墓地，真心感谢红网网友们，正是你们的热心公益，70年的夙愿终于达成。感谢湖南人民，你们没有忘记那场战争，没有忘记牺牲在这片土地上的外乡人。”2019年5月14日，隋德敏烈士的后人董璇女士在湘潭县石鼓镇歇马村的一处山坡下取走一抔黄土，她把这抔象征舅姥爷骨殖的黄土带回了吉林老家，埋在了太姥姥的身边。“我舅姥爷是太姥姥唯一的儿子，舅姥爷牺牲后，太姥姥一直想找到儿子的墓地，这点念想，到死都没有放下。分别了70年，他们母子终于能在一处了。”

爱心不灭，薪火传承。董璇女士也随之成为“衡宝战役烈士寻亲”活动在吉林的志愿者。在之后黄海龙、黄浩哲两位烈士的寻亲过程中，是她连续近一个月，无数次地寻找，终于为这两位烈士找到了亲人。“湖南人民，都没有忘记英烈，我作为英烈的后代，理当为烈士寻亲贡献自己力量。”

截至2019年10月，寻亲活动进行了近8个月，活动专题内容关注者超过1000万人次，互动跟帖3000余条，相关报道信息在全网扩散传播数量更加惊人，红网互动中心推出的专题和连续报道至今仍然在通过互动模式进行传播，这些英烈的事迹也随之影响了更多的人群。

感谢在烈士牺牲地默默守护英灵的乡亲们，感谢红网网友和全国各地的志愿者们，感谢报道及专题制作中给予过我们帮助的各级政府相关部门，正是因为大家的共同参与，“衡宝战役牺牲烈士寻亲大型网络公益活动”取得了一定的成绩，而更加难能可贵的是，此次项目得到了大家的情感认同，众多参与者共同完成了一场声势浩大的爱国主义主题宣传。这些，才是本次活动更大的宣传意义。

津云新媒体："新闻扶贫"让天津人爱上网红农产品

2019年是脱贫攻坚的关键之年，新闻界在这场攻坚之战中如何有所作为？2019年7月26日至28日，天津举办的第七届融媒体粉丝狂欢节给出了答案：在由中国记协指导、津云新媒体集团设立的新闻扶贫专区里，3天一共卖了24万多元，商户与企业建立了长期供销关系，还收到劳务输出、人才培训等多个大礼包。甘肃陇南的老乡们，笑容绽放在脸上，喜悦激荡在心中。这就是新闻界的力量，将脱贫攻坚的文章写在津沽大地上，把八方支援的"合力"转化为万众一心的"动力"，打造宣传扶贫的舆论场、搭建消费扶贫的大卖场、锤炼践行"四力"的练兵场、实践媒体融合的检阅场，新闻媒体、行业协会、爱心企业携手吹响集结号、架起连心桥，为甘肃陇南铺就一条长久、坚实的脱贫致富路。

一、打造宣传扶贫的舆论场

营造良好的舆论环境，讲好扶贫故事，以此凝聚人心，树立扶贫信心，是主流媒体的初心与使命。2018年，津云新媒体记者跟踪报道远赴甘肃陇南的天津扶贫干部宋鹏，策划推出了短视频作品《臊子书记》，点击量破亿，成为刷屏朋友圈的爆款产品，也让全国人民对陇南更加印象深刻。在2018年第六届天津融媒体粉丝狂欢节上，天津市民纷纷抢购臊子等一系列陇南农产品，产品供不应求。

脱贫攻坚战，是一场硬仗，打赢这场战役，要看到挑战，更要拿出举措。2019年，津云新媒体集团通过新闻扶贫的方式，把陇南市多个县的131种"网红"农特产品引入天津，尽主流媒体最大力量把优质产品推荐给天津市民，彰显了主流媒体通过宣传助力扶贫的责任与担当，以及凝心聚力的重要作用。

二、搭建消费扶贫的大卖场

截至2019年7月28日16时30分，陇南商户带来的价值24万余元的扶贫产品全部被抢购一空，购买人群中有2018年买过扶贫产品的老顾客，也有扎根天津的甘肃人，还有看到新闻后慕名而来的粉丝。不仅专区内的农特产品全部脱销，陇南商户的网店还收到了不少订单。现场销售与电商订购相结合，为陇南商户日后进一步拓宽销路奠定了基础。新闻扶贫专区内的热度，就连远在甘肃的商户都深有感触。陇南市宕昌县大东山中药材合作社的负责人通过微信告诉津云记者：新闻扶贫，让陇南的优质药材以及农产品展现在天津人民面前。这两天，合作社产品销量不断上升。

脱贫攻坚就是要凝聚各方力量，充分发挥行业、媒体、社会多方面的作用，实现行业扶贫、新闻扶贫、社会扶贫联动，形成全社会广泛参与的格局。粉丝狂欢节开幕当天，津云新媒体集团、陇南电商发展局分别与天津市甘肃商会、天津市餐饮行业协会在消费扶贫、劳务引进、职业教育、项目对接等方面签署了战略合作协议。粉丝狂欢节期间，不仅是新闻扶贫专区的农产品热销，会场外的洽谈合作也在紧锣密鼓进行着，天津市甘肃商会、天津市陇源丰农业科技发展有限公司与文县山哥水妹、康县鸿泰、宕昌陇羌源、成县金麦园等6家陇南企业建立起扶贫产品供销合作。天津市餐饮行业协会下的9家餐饮企业和行业组织也与陇南商户达成长期合作意向，帮助陇南在津开拓每年不低于150万元的新市场。

三、锤炼践行“四力”的练兵场

新时代，主流媒体是记录者。脱贫攻坚作为新时代赋予的历史使命，主流媒体记者更要践行“四力”、锤炼本领，才能为精准扶贫提供信息服务、智力支撑和舆论支持。

“脚上沾有多少泥土，心中就沉淀多少真情。”这句话的内涵和效果在本次新闻扶贫活动中充分显现。2019 年 6 月初，津云新媒体集团就开始策划筹备。50 多天时间里，津云新媒体记者与甘肃陇南商户紧密对接，没有休息，不分昼夜，成千个电话，上万条微信聊天记录，让陇南 14 家大型商户燃起了信心。从最初“路途太远，货卖不出去咋办”的担心，到最后抢争着报名，津云新媒体集团的精心策划和贴心服务，让商户们踏实地踏上了来津的列车。

为了这场必胜的战役，多少个熟睡的黑夜，津云新媒体的办公楼里灯火通明，有不停审阅修改方案的，有反复斟酌活动流程的，有四处洽谈合作对接的，有抱着手绘板修改平面设计的，有扎堆研究如何制作小视频的……陇南商户的 131 种、1000 多箱货品到津时，这些人又全部转换到同一岗位：搬运工。

为了解决陇南商户运送货品的后顾之忧，津云记者们自发组成了“搬运小分队”。搬货的过程中，记者们也了解了物流的辛苦，一托板 40 多箱货，最多的一天收到 7 个托板的货物。只要一来货，所有的记者就会放下手中的工作。不仅记者们搬，海河传媒中心的主播们也帮着搬。

汗水淌在脸上，责任装在心里。成功的信心，始于践行“四力”，源于不忘初心。为了让陇南的货品得到天津市民的认可，津云记者还反复研究 131 种货品的特点，如何与天津市民的饮食口味匹配？如何让天津的餐饮企业将其作为原材料？为此，津云记者走访了多位餐饮行业的专家。醇香四溢的咂杆酒、能直接喝的橄榄油、让你瞬间失去味觉的花椒、来自海拔 1800 米以上的土蜂蜜……这些带有浓郁西北特色的农产品，都要通过鲜活的报道呈现出来。

与此同时，展会期间津云新媒体派出了 20 多位记者采访报道。推出了“主播吆喝系列”和“陇南商户有话说系列”等 65 部微视频作品。炎热的 7 月，天津的平均气温超过 38 摄氏度，梅江会展中心人流量极大，空调开到最大依然汗流浃背。20 多位记者坚守岗位，抓拍了很多暖心的细节。

“香菇 45 一袋，花椒 75 半斤。”海河传媒中心的多位主播吆喝了 3 天，一身臭汗卖了 7000 块钱。主播们还给陇南商户出主意，半斤装的花椒太贵不好卖，大家买了秤和小包装袋，分成 2 两装的。第二天花椒就全卖空了。活动结束后，微信群里全是感谢的话，陇南商户们说：“到处参展，这一次最受感动。”用“心”体验，用“情”感悟，真实的扶贫故事，圆满的扶贫成果，需要善用“脚力、眼力、脑力、笔力”，才能见微知著、水到渠成。

四、实践媒体融合的检阅场

在天津加速推进媒体融合的大背景下，本次新闻扶贫活动又成为一个检阅融合成效的大考场。

活动中，海河传媒中心调动19位当家主播设计、编排预热短视频，不少主播在自己本职直播工作结束后加班撰写脚本，只为如期呈现一段高水准的“人设”短视频。同时，在活动现场，20多位主播在新闻扶贫专区里各显神通，相声主播用说的、音乐主播用唱的、文艺主播用侃的，无一不使出浑身解数，对陇南特产农产品一一进行推介。此外，津云新媒体旗下的多个融媒体工作室也各展才艺，图文、音视、漫画、VR……全息呈现让广大网友感受到媒体融合的强劲爆发力。日报、晚报、广播、电视、网络、客户端等传播矩阵，千龙网、东方网、丝路明珠网、今日头条、新浪微博等网络媒体和商业平台，联手上映一场轰轰烈烈的新闻扶贫大片。粉丝狂欢节举办的3天时间里，该活动的直播、报道共计刊发105篇，全网总点击量突破4300万人次，展现出新闻扶贫活动“连点成面”的传播力量。

贴近实际、贴近生活、贴近群众的新闻作品，能够聆听大地心跳；通过践行“四力”组织活动，可以收获最美的果实。尽管过程充满艰辛，但使命光荣，初心如磐。

主 创 人 员：刘雁军、齐竞竹、闫　征、边志强、王敬怡、张　扬、沙　莎、许　浩、张　宁、潘德军、苗　超、王　欣、贺　川、刘　影、姜晓龙、刘　浩、洪　涛、姚　青、张　倩、陈　楚

本文执笔人：刘雁军、闫　征

融媒力量　救助长臂猿“小平安”回家

“小平安”是一只栖息在云南境内的国家一级重点保护动物、极度濒危物种——西黑冠长臂猿。为避免“小平安”受到人为伤害，帮助其回归适宜的栖息地，融媒体采访组开始了为期3个多月的关注、报道、呼吁和努力，引起了有关部门的高度重视，终于使经受触电、被狗咬伤等磨难的“小平安”平安回归大自然。这也是全国首例长臂猿科物种放归。“小平安”救助报道，是一次云报集团媒体融合的生动实践，是一次云南媒体人增强“四力”的实际行动，也是一次党报媒体热心公益的责任担当。

一、报道概况及其社会反响

“小平安”的新媒体报道是前后方联动、机制创新、优势融合的成果。

昆明到景东有七八个小时的车程。2019年4月至7月，我们由文字、摄影、摄像、直播记者组成的采访组3次深入景东县，全程跟踪了“小平安”流落安召村、受伤后运抵昆明救治、康复后回归景东的整个过程，并多次前往昆明救助地看望“小平安”，采集到大量的一手信息、视频和画面。前方，文字记者精心采写文字稿件，摄影记者精心选图，摄像记者精心剪辑制作视频；后方，新媒体编辑对文、图、视频等素材精心整合、精彩呈现。

我们相继推出了《影像故事：祝你平安！“小平安”！》，救助西黑冠长臂猿“小平安”侧记视频《流落在人间的精灵》，文图通讯报道《村里闯进一只猿叫“小平安”》，图片故事《人猿情未了》，文图视频报道《全国首例长臂猿科物种放归启动——“小平安”回到了家乡》《视界｜西黑冠长臂猿“小平安”放归现场》，短视频报道《视频｜首次为西黑冠长臂猿安装

GPS》《视频｜“小平安”走出过渡笼舍，回到了她的森林》《视频｜“小平安”的放归地植被类型多样　她可以轻松获取食物》等，直观生动地记录呈现了“小平安”救治、放归的整个过程。

云南日报新媒体“两微一端”开设专题专栏，对“小平安”的发现、救治、放归全过程，进行了长达3个月的跟踪报道。融媒体报道微博话题#美丽云南·穿越自然保护区#阅读量达1724.8万人次。云南网、春城晚报·开屏新闻、对外报道平台云桥网等新媒体平台也同频共振，关注报道了“小平安”的救助过程，形成强大的媒体融合宣传声势。

“小平安”的报道推出后，在网络上引起强烈关注，人民网、新华网、腾讯网、新浪网、网易等新媒体平台广泛转载，形成强大的宣传声势和影响。融媒体采访组的及时报道和多方推动，以及报道在媒体上引发的广泛关注，引起了云南省有关部门的高度重视，使“小平安”在与“家人”失散、闯入村寨遭电击打、被狗咬伤后，得到良好救助和康复治疗，并成功放归。

“小平安”的报道引起社会公众的高度关注。在跟踪“小平安”放归后的生存状态中，我们注意到守护“小平安”的护林员们野外露宿，条件极为艰苦，萌生了为他们购置帐篷等野外防护设备的念头。采访组在每人捐款的基础上，还在微信朋友圈表达了这个心愿，很快便得到身边朋友响应，几天时间便筹集到1万余元，全部用于购买相应物资，并发放到护林员手中。云南省无量山哀牢山国家级自然保护区景东管理局为此专门发来了感谢信。

“小平安”的融媒体报道使得社会各界将目光投向西黑冠长臂猿这一濒危物种，聚焦自然保护区和生态文明建设领域，唤醒大众的生态保护意识，在当前生态文明建设主题报道中具有一定的代表性和典型意义，是一次生动而成功的新媒体公益报道实践。

二、策划组织和新闻背后的故事

2017年以来，云南日报报业集团在云南省林业和草原局（原云南省林业厅）支持下，共同策划推出了“美丽云南·穿越自然保护区”大型融媒体采访活动，将其作为云南生态文明排头兵建设的重要观察和展示窗口。而“小平安”的救助报道，其实是“美丽云南·穿越自然保护区”融媒体采访中的“一朵浪花”。

采访组对“小平安”成功救助起到了关键推动作用。亲眼看到“小平安”与人类亲密接触的场景后，我们请教专家得知，“小平安”和人类近距离接触非常不安全。为此，我们与景东县、普洱市有关方面联系，启动对“小平安”的救助程序，希望将其尽快放归适宜的栖息地。

就在景东县启动救助程序的过程中，我们得知“小平安”在村子里不慎触电，后又被狗咬伤，奄奄一息，情况危急。考虑到景东救助条件有限，我们当即向云南省林草局发出书面函，呼吁救助“小平安”。省林草局特事特办，启动紧急救助程序，安排省野生动植物救护繁育中心组织开展有关工作。

2019年4月26日晚，“小平安”被运至昆明，接受全面检查和康复治疗。7月18日，经过近3个月的康复治疗后，受伤的“小平安”身体完全康复，经专家论证，按程序实施了放归。整个过程采访组都进行了跟进报道。

三、创作经验和心得体会

“小平安”的报道是云报集团“美丽云南·穿越自然保护区”融媒体采访组多次磨合基础上，与后方编辑制作力量紧密合作的一次成功实践。

我们感到，好的新媒体报道，需要策划调动各种资源、平台和力量，多角度策划、全方位实施、多平台联动；好的新媒体报道，需要充分发挥摄影、摄像记者的优势，更好地还原现场，更好地适应新媒体时代更加注重视觉感受的需求。“小平安”的新媒体报道充分发挥了视频、图片的优势，为读者奉献了大量无法重现的场景和画面，很好地吸引了大家的关注；好的新媒体报道，需要更加注重文字的吸引力和感染力，引人入胜地讲好故事。“小平安”的新媒体报道我们在文字方面下功夫，在笔尖倾注了浓浓的人文情怀；好的新媒体报道，是“群团作战”的成果，是集体智慧的结晶。“小平安”报道，既有前方融媒体采访组的共同努力，也有后方新媒体编辑成人之美的默默付出。

亿万网民共情传播：致敬扶贫工作者

2019年7月1日，新华社推出情感分享式H5《致奋斗在脱贫战场上的你》，以9张制作精美、饱含情感的祝福卡片为传播点，号召全体网民向奋斗在脱贫攻坚一线的"战士"们送去祝福。报道推出48小时后，后续报道《这是一份绕地球5000圈的祝福！》播发，利用数据可视化的形式深度剖析1050万份祝福卡背后的新闻故事，并放出颇具泪点的一线扶贫干部采访视频。按照中宣部统一部署，7月1日和3日新华社发出报道后，人民日报、央视新闻、光明日报、经济日报、学习强国等200多家中央和地方媒体及时进行转发、转载，掀起了向奋斗在脱贫一线的"战士"送祝福的高潮。

H5产品上线48小时，总浏览量突破1.7亿人次，H5单体参与达到10564157人次——如果把祝福发出者和收到者的距离称作"祝福里程"的话，那么所有的祝福共跨越了21亿公里，"祝福里程"可绕地球赤道5240圈。平均每分钟有3668张祝福卡片被发出，发送最高峰出现在7月1日11时左右，15分钟内发出祝福36万份。配套报道中，在抖音建立的话题"家乡的变化"浏览量接近10亿人次，微博话题"致奋斗在脱贫一线的你"浏览量超过5000万人次。

一、为何这份祝福被传播得如此深远

第一，精兵强将。本组报道是庆祝建党98周年重点产品，由新华社总编室统筹，新媒体中心成立专门工作团队负责落实。通过前期多次"头脑风暴"，主创团队明确产品主题、呈现形式、产品逻辑后分工协作、高效落实，仅用一周时间即完成创意策划、资料收集、开发调试、数据分析、视频制作、文字编辑等工作，并制定了详细的展示推广方案。H5 产品推出后，在中宣部和中央网信办有力支持下，截至 7 月 3 日 17 时，H5 产品覆盖了 1.7 亿网民，超过 1100 万用户用它发送祝福。

第二，文案"走心"。产品设计满足了报道两端多方的情感需求。报道开篇以舒缓温馨的音乐引入，以图文的形式介绍了黄文秀、解良、乐文秋、管延萍 4 位典型人物的感人事迹后，提供了 9 张颇为走心的祝福卡片。文案如："我理解，这世界上有人比我更需要你""因为你在，那片土地每天都有新变化""我不认识你，但我想谢谢你""不忘初心，不负荣光"……这些卡片上的文字切实是从站在一线扶贫人员的家人、朋友及网民的角度来撰写，具有了共情、共鸣。而对于接收方的一线扶贫人员来讲，看到传来的这份祝福，也都颇为感动。在新华社后续视频报道中可以看到，很多人读到卡片时都热泪盈眶。

第三，精准定位。这次报道精准地定位了传播人群，满足了传播者、接受者、第三方的情感需求。产品通过话术引导，让网民了解到，战斗在扶贫一线的并不只有驻村干部，还有支教教师、产业致富带头人、公益人等都在为扶贫攻坚贡献力量。这就为更多人能够参与传递祝福提供了理由，从而扩大了产品的使用范围。同时，每张祝福卡片都有独立的编号。网民在拥有独一无二的卡片同时，也可以看到有多少人正同自己一起做相同的事情。该产品既可以分享海报至朋友圈，也可以点对点传送，满足了网民普遍的"晒炫秀"的心理。

第四，数据背后有"新闻"。项目团队为 H5 中的每一张卡片设定了独立 ID，并基于高德 LBS 位置服务技术，实时调取了发送人、接受人的位置。在后续报道中，1100 多万人参与形成的大量位置数据在可视化处理后产生新亮点："哪个省份接受的祝福最多？""最远的祝福跨越了多少公里？""大家最喜欢的祝福卡片是哪张？"等细节很好地挖掘出报道背后的故事，让网民颇感兴趣。

第五，体验流畅。为了给网友更流畅的体验，项目团队开发时保证业务代码、服务架构设计合理，支持容灾熔断。上线前进行了多机型、多系统、多网络环境及不同端口的测试，并配置好相应的带宽、CDN、负载均衡、WEB 防火墙、基础 DDOS 攻击防护、IP 高防，支持随时扩展服务器部署服务，技术人员24小时监看页面浏览和传播情况，随时做好技术保障工作，保证网民正常打开和浏览。

第六，多媒体融合多工种。新华社此次报道集纳了文字、平面设计、动图、视频剪辑、数据分析、代码开发、技术保障等多个工种共同投入，使得产品形态非常丰富。特别在视觉表现上，美术设计颇为考究，在配色、字体等视觉呈现上下了不少功夫，营造起一个温情的体验氛围。在第二次报道中，数据可视化的动图又成为一大亮点，让众多网民留言点赞。

综上所述，该组报道设计轻巧、把脉精准、感情充沛、技术先进，配合全链条、精准式、多波次传播方式，引起网上强烈反响，形成高潮迭起的“现象级”传播效应，创造了时政类H5产品传播的新纪录，为建党98周年和“不忘初心、牢记使命”主题教育营造了良好舆论氛围。

二、报道带给我们的启示

第一，走心的报道需要抓住情感共鸣点，提升互动性和代入感。总书记报道如何既出新出彩又直抵人心，这是需要长期研究的课题。新华社推出的情感分享式H5《致奋斗在脱贫战场上的你》之所以被网友称赞为“走心”之作，取得超过1100万人参与H5的传播纪录，正在于把握住了与受众的情感共鸣点。无论是产品开头的4张扶贫工作者海报、可供选择的9张极富亲切感的祝福卡片，还是卡片上自动生成的位置信息，这些细节设计都起到了“情感触发”的作用，将脱贫攻坚的宏大主题与普通人之间的情感交流结合起来，为网民提供了一个抒发情感、联络交流的平台，迅速吸引网友参与和分享。此后，新华社还调动分社跟拍扶贫工作者收到祝福卡片后的感受，推出的3分钟微视频更是真切自然，“泪点”频频，展现了脱贫攻坚战场上千千万万人奋力拼搏、无私奉献的生动场景。

第二，探索可视化呈现方式，增强报道吸引力和传播力。情感分享式H5《致奋斗在脱贫战场上的你》另一个亮点在于，H5上线后，主创团队立即对后台数据进行充分收集、挖掘、分析，通过“祝福里程”数、跨

致奋斗在脱贫战场上的你

域最远的祝福、选择最多的卡片、发出祝福卡片最多的省份、发送高峰时段等维度的统计，运用 GIF 动图的方式，将数据可视化动态呈现，推出数据新闻《这是一份绕地球 5000 多圈的祝福！》，也产生了强大的传播效果，受众从不断变化的数据中感受到产品真实的“流动”传播力，激发强烈的认同感。这种通过对产品后台数据的深度挖掘重新设置议题、寻找新闻线索的二次传播方式，值得充分借鉴。

这是一份绕地球 5000 多圈的祝福！

第三，通力协作形成合力是报道取得成功的保障。此次报道之所以取得很好的成效，很重要的原因在于中宣部有力指挥和统筹，全国各级媒体的大力协作。央视、光明日报等多家媒体均制作了优质的独立配合报道内容，建立了丰富的话题生态圈。此外，新华社内部迅速集结起跨部门、多工种的项目组，形成全方位、多层次、立体式的传播矩阵，为报道高效地执行提供了可靠保障。

主创人员：白　林、孙承斌、陈凯星、周　亮、马书平、田朝晖、谭　浩、葛素表、于卫亚、焦旭锋、马发展、曹　阳、关开亮、殷哲伦、梁　恒、范天资、钱　程、李逾男、屈　萌、陶　叶、侯雪静、马　晶、田文杰、王　艳、马　莎、王安浩维

本文执笔人：焦旭锋、马发展

《“垃圾分类”进行时》：新媒体用心助力社会治理

自2019年2月21日起，文汇新媒体在报社指挥下，全面聚焦“垃圾分类”新时尚，持续开展新媒体公益宣传，推出全新专题《“垃圾分类”进行时》系列短视频24部、互动H5作品5个，在新媒体平台发布相关报道100余篇。运用短视频＋图文＋互动H5的创新手段和互联网传播平台，系列化、立体化地详解上海如何破解垃圾分类难题，包括各种新技术、新知识、新经验、新举措，引领广大市民一起投身其中，更富创造性地探索实践，共同打响垃圾分类这场攻坚战。在半年多的时间里，也书写下新媒体人坚持不懈、努力奋斗的进行时。

一、全方位全平台，为“新时尚”打call

蓝色、红色、棕色、黑色——用这些“时尚色”装点的生活垃圾分类收集设施，进入了社区、楼宇、校园……成为这座城市美丽的风景线，也考验着每一位市民。《“垃圾分类”进行时》系列短视频摄制过程中，文汇新媒体团队走进全市居民社区、商务楼宇、校园教室，深入垃圾中转站徐浦基地、末端处置点老港等地采访拍摄，全方位聚焦、全平台发布，为“新时尚”深入人心奋力打call。

24部精心策划的短视频，从源头分类、垃圾运输，到末端处置、学校教育等方方面面，内容丰富，手段活泼，脑洞大开，生动展示了上海在垃圾分类方面的创新实践和优秀做法。包括“破解商务楼宇垃圾分类难，阿拉在行动”“大社区‘五定’全覆盖，‘三色马甲’棒棒哒！”“智能回收预约上门，‘红蓝PK榜’调动积极性”“这个学校的垃圾桶有了‘桶长’”“居民为垃圾分类写快板”“用信息化‘打包’垃圾”“循环产业链‘赋能’末端处置”“3分半短视频带你看完垃圾分类‘全流程’”等。7月1日《上海市生活垃圾管理条例》正式施行当天，短视频“假如垃圾箱也有灵魂……让一个短视频告诉你”用风趣幽默的拟人化表现手法，俏皮地展现了垃圾分类存在于城市的各个角落，提醒市民垃圾分类设施已全面“上岗”。

“湿垃圾”就是湿的垃圾吗？一起get垃圾分类新技能！

这些“宝贝”别乱扔！

5号电池是不是有害垃圾？90%的人都答错了

同时，文汇新媒体精心制作推出5个互动H5，围绕垃圾分类话题中的分类难点，推出问答小游戏，为大家解疑释惑。包括“‘湿垃圾’就是湿的垃圾？”“狗便便是什么垃圾？”“5号电池是有害垃圾吗？”“这些‘宝贝’别乱扔！可回收！”“这些都要学会的垃圾分类冷门知识，让游戏来‘告诉’你！”，用贴近生活的小问答，为用户提供一次垃圾分类“模拟测试”，在有趣的互动问答中掌握湿垃圾、干垃圾、有害垃圾、可回收物的定义、鉴别方法、易混淆内容等，画面生动活泼，互动性、趣味性强。

《“垃圾分类”进行时》在文汇网、文汇客户端、文汇报官方微信、官方微博首发，并在今日头条、百度、腾讯、新浪、网易等第三方平台上发布，形成了立体化的宣传声势。据不完全统计，网上点击量超过100万人次。文汇新媒体还与互联网企业强强联手开展了“寻找身边的垃圾分类达人”线上活动，提升公众知晓度、参与度。

二、践行“四力”，“新时尚”背后脑洞大开

《“垃圾分类”进行时》短视频、H5作品从身边每个人的行动到共同感受到的生活变化，接地气、有烟火气，助推了更多市民加入垃圾分类大军中去。在这背后是新媒体人的努力和汗水、智慧和创意。

从表达方式看，短视频和互动H5的形式突破了传统媒体的局限，适应

了媒介新技术的发展趋势。从组织、策划，到拍摄、制作，再到编辑、发布，参与《“垃圾分类”进行时》的文汇新媒体12人团队，发挥脚力、眼力、脑力、笔力，在半年多时间里，坚持不懈、团结协作、创意迭出。“假如垃圾箱也有灵魂……让一个短视频告诉你”这部拟人化的剧情片，就是一个脑洞大开的作品。

狗狗便便是什么垃圾？答案令人意外

因为不满足于常规的采访拍摄，团队主创提出自编、自导、自演一部短视频，作为7月1日条例实施的主题宣传片。短视频赋予了4只分类垃圾箱“灵魂”，并为他们“人设”：热心的可循环物箱、沉稳的湿垃圾箱、活泼的干垃圾箱、呆萌的有害垃圾箱，这一天，他们都收到了手机微信通知，于是从城市的各处出发，4人集结上岗，和大家一起奋斗，为了共同家园的美好明天！

这些都要学会的垃圾分类冷门知识，让游戏来“告诉”你！

4位记者穿上了4件不同的人形垃圾箱道具服，走上街头拍摄。从车站到公园，从大光明电影院到外滩，6月的上海，暑气袭人，不一会儿，闷热道具服里的小伙伴们已是大汗淋漓。不过令人感动的是，所到之处收获许多支持和市民点赞，大家感受到这项“新时尚”已在申城深入人心。两天的拍摄过程，也成为一次愉快的垃圾分类公益宣传。影片的后期剪辑，也采用了4种不同风格，加上“默剧”等喜剧化效果，更加凸显了4位可爱的垃圾箱人，在大都市里的靓丽身影，一部趣味性、科普性兼具的短视频就这样出炉了。

倒计时1天！这些垃圾分类冷门知识，玩个游戏就全会了！

在系列短视频中，还有两期充满“脚力”的“蹲点报道”——“垃圾分类成了这里居民的开门第八件事！”“村里的垃圾投放点长成了‘果园’！”这是记者赶赴崇明区蹲点3天，深入生态岛新农村的田间地头和新城区，与农民、基层干部等各方交流后的收获。短视频展现了崇明两处典型社区垃圾分类的有益探索，带大家了解美丽新农村建设的成果。

6月30日是条例实施前一天，编辑重新整合了H5小游戏，细致集纳了市民热议的小龙虾、湿纸巾、宠物粪便等垃圾分类热点，再次推出H5分类小游戏的升级版“倒计时1天！这些垃圾分类冷门知识，玩个游戏就全会了！”为全面践行“新时尚”鼓劲加油！

三、用心用情，让公益“新时尚”更有温度

“垃圾分类”进行时

为了使表达内容更多元、更有趣，《“垃圾分类”进行时》系列短视频、H5作品发布时，编辑都会对内容作较详细的文字介绍，配发文字报道和关键画面的截图、动图、表情包等，不仅能提升作品的信息量、可读性，也能更好地匹配用户在差异化场景下的不同的信息接收需求和接收习惯。上海市委宣传部新媒体阅评督查组评价该系列报道：“规整不失灵活　全面且有韧性”“做得用心”。

总结《“垃圾分类”进行时》公益项目的点滴收获，从制作上看，团队的高效协作、专业分工是作品质量的最重要保障。视频编导、摄影、剪辑协同作战，H5设计、美编、文字编辑合力工作，确保每一个画面制作精良、每一个要素准确到位。从传播上看，个性化制作、多平台分发，使系列化短视频和H5作品能最大程度地提升在互联网上的传播力、影响力。

主创人员：王　蔚、陈云峰、陈　龙、张　挺、张伊辰、
祁　骏、王　卓、周俊超、蒋竹云、张　夏、
徐晓斌、钱家跃
本文执笔人：王　蔚

CNMC

2019中国新媒体大会

China New Media Conference

『看见马栏山』

分享盛典

中国新媒体大会“看见马栏山”分享盛典举行

2019 年 11 月 30 日上午，2019 中国新媒体大会“看见马栏山”分享盛典在长沙马栏山视频文创产业园举行。湖南省委常委、长沙市委书记胡衡华出席并见证签约，湖南省副省长吴桂英，长沙市委副书记、市长胡忠雄分别致辞。

吴桂英在致辞中说，湖南历史悠久，人才辈出，省委、省政府坚持认真贯彻落实习近平总书记关于媒体融合发展的重要讲话精神。马栏山视频文创产业园是湖南省创新引领的试验田，建园时间不长但吸引汇聚了众多行业领军企业。湖南将进一步加强与全国媒体的交流与合作，推动湖南新媒体融合发展，为讲好中国故事贡献湖南力量。

胡忠雄对各位嘉宾的到来表示欢迎和感谢，他说，长沙是美丽的山水洲城，是首批国家历史文化名城。长沙以“不叫不到、随叫随到、服务周到、说到做到”营造最优营商环境。希望马栏山能抢抓人工智能万物互联的风口期，紧跟视频文创的风向标，成为国内外知名的视频文创产业“风景线”。

现场，马栏山视频文创产业园与腾讯、华为、爱奇艺、快手、梨视频、北京文化、国家超算长沙中心现场签约。湖南日报、中国移动、华为公司三方达成合作。发布了视频生产、视频消费、广告营销、融合传播 4 项指数，聚焦视频文创产业价值生产到价值产出的核心环节，展示视频文创产业主体价值。

本次盛典围绕“有容乃大，深融致远”的主题，由长沙市人民政府主办，中国（长沙）马栏山视频文创产业园管委会承办。自 2017 年 12 月 20 日成立以来，马栏山视频文创产业园发展步入快车道，“三纵三横一环”的路网骨架全面铺开。下一步，园区将按照“文化 + 科技、内容 + 技术、国际 + 国内、研发 + 制作、视频 + 视听”的发展路径，着力打造“环境最优美、服务最高效、设施最先进、资源最集聚、生态最完整、国际有影响”的中国“V”谷。

创新引领、开放崛起，
打造全国媒体融合新地标

吴桂英

湖南是新中国缔造者毛泽东主席的家乡，地处中国东部沿海地区和中西部地区过渡带，长江开放经济带和沿海开放经济带接合部，总面积 21.18 万平方公里，总人口 7300 万。湖南具有厚重的人文优势，是中华始祖炎帝舜帝的安寝之地，以“心忧天下、敢为人先”为主要特征的湖湘文化，在中国近现代史上扮演了重要角色。近年来，湖南省委、省政府坚持以习近平新时代中国特色社会主义思想为指导，抢抓“一带一路”建设、中部崛起、长江经济带发展机遇，大力实施创新引领、开放崛起战略，加快建设富饶、美丽、幸福新湖南，各项事业取得了明显的成效。2018 年地区生产总值达到了 3.64 万亿元，居全国第 8 位，2019 年前三季度，全省经济运行总体平稳，稳中有升、稳中有进，向高质量发展迈出了坚实的步伐。湖南省委、省政府认真贯彻落实习近平总书记关于媒体融合发展的重要讲话精神，坚持守正创新，加快新媒体发展，积极推进广电出版深化改革，大力发展移动互联网产业，统筹推进县级融媒体中心建设，媒体融合发展取得了明显的成效。马栏山视频文创产业园是湖南实施创新引领、开放崛起战略的重要试验田，对标中关村，着力打造全国媒体融合新地标和中国“V”谷。

马栏山视频文创产业园成立时间虽然不长，但是汇聚了湖南广电、中南出版、中广天择等省内媒体领军企业，吸引了华为、腾讯、新浪、爱奇艺、西瓜视频等头部企业的加入，是湖南新媒体的集聚区。园区各企业将按照此次中国新媒体大会“有容乃大，深融致远”的要求，促进各种媒介资源要素深度有效整合，驱动传统媒体加快转型升级，真正做到融为一体、合而为一。

湖南新媒体事业发展需要继续发扬“敢为人先”的精神，特别是需要中央和省市兄弟、省市各媒体大力的关注和支持，进一步加强与全国媒体的交流与合作，着力打造一流的新型媒体，推动湖南新媒体融合发展取得新的业绩，为讲好中国故事，传播好中国声音，作出湖南新的贡献。

（作者时任湖南省人民政府副省长）

抢抓风口期、紧跟风向标，打造文创风景线

胡忠雄

长沙因为山、水、洲、城而著名。岳麓山，藏之大麓面江开，背倚名山纳楚材，这是表达莘莘学子在千年名山的千年书香；马栏山，相传三国关公战长沙，马栏山处于古城长沙的东大门，当时在这里建马圈养马，称为马栏山。现在长沙讲“山”，除了讲岳麓山以外，还要讲马栏山；长沙的名水——浏阳河，今天大会的位置就是浏阳河中的第八道湾，在这里刚好形成一个V字形，这不仅是自然的造化、历史的遗存，更是当代的使命和担当，要把这里打造成中国“V”谷。

长沙是中国第一批历史文化名城，是联合国授予的世界媒体艺术之都，被评为东亚文化之都，从这几个文化标签、文化标识可以看出长沙这座古城3000年的沧桑走到今天，它的文化厚重，它的历史底蕴。

首先，长沙的营商环境的顶层设计理念是四个到：不叫不到、随叫随到、服务周到、说到做到；四个办：网上办、一次办、就近办、帮代办。判断营商环境好不好的标准是四句话：安不安全，方不方便，赚不赚钱，清不清廉。长沙的营商环境好，就是要安全、要方便、要赚钱、要清廉，打造好营商环境，才能迸发出文创产业的活力。

其次，是我们的愿景、我们的期盼。主要有3个——抢抓风口期、紧跟风向标、打造风景线。什么叫抢抓风口期？视频文创产业发展的技术必须要跟随现代信息技术的发展。习近平总书记在中央政治局关于区块链集体学习

的时候，对新一代信息技术重点讲了5个方面：一是人工智能，二是量子信息，三是移动通信，四是物联网，五是区块链。这五大信息技术是整个新一代信息技术的核心。马栏山视频文创产业园，一要抢抓新一代信息技术给视频文创产业带来的风口期；二要紧跟风向标，什么是风向标？比如马栏山指数，这就是视频文创的风向标，往什么方向发展，发展的路径怎么选择，都要通过马栏山指数，作为我们下一步马栏山视频文创产业园发展的风向标；三要打造风景线，要将文创园打造成长沙、湖南、中国，乃至国际上视频文创产业的风景线。我们在这里聚焦的不仅仅是这场活动，而是一大产业，所以这里15平方公里，今后会在生产、生活、生态上，打造文创产业园的生产基地、生活的高地、生态的余地、生态的绿地，再加上人才高地，这就是长沙马栏山视频文创产业园的风景线。

（作者时任长沙市委副书记、市长，湖南湘江新区党工委书记）

聚合四大优势　贡献媒体融合的“马栏山力量”

邹犇淼

马栏山位于长沙市的东大门，相传三国时期关羽战长沙，在此养马而得名。20 世纪 90 年代，湖南广播电视台移师于此，20 余载的披荆斩棘，打造了享誉全国的广电湘军，铸就了马栏山这一文化地标。为了强抓“互联网 +”发展机遇，加快媒体的创新发展，2016 年，湖南省委、省政府提出了“北有中关村、南有马栏山”的发展战略；2017 年 12 月 20 日，马栏山视频文创产业园正式挂牌成立，园区坐落在美丽的浏阳河畔，面积 15.75 平方公里。当前，马栏山视频文创产业园的发展良好，优势明显。

第一，全省聚力，共同建设。马栏山视频文创产业园是由湖南省委书记杜家毫亲自倡导、亲自谋划、亲自推动的园区，园区成立近两年来，杜家毫书记 5 次进山进行视察、指导。2018 年，成立了以常务副省长为组长，省委常委宣传部部长和分管的副省长为副组长的马栏山建设领导小组；2019 年又建立了岳麓山大学城、马栏山视频文创产业园“两山”联席会议制度，长沙常委、长沙市委书记为顾问，市长为组长的相应机构，4 位省级领导齐抓共管，全省上下鼎力支持，为马栏山的发展提供了坚强保障。

第二，政策叠加，助推发展。园区政策涵盖了国家部委、省、市、区 4 个层面，省市出台了“1+1+6”的政策体系，建成“四奖两补三支持”。“四奖”指的是企业贡献奖、企业发展奖、平台服务奖、人才引进奖，例如对入驻园区的知名视频文创企业，自认定当年起按对省市区财政贡献部分，前3年给予50%的奖励，后两年给予30%的奖励，成功上市的企业给予200万元奖励，对高端人才最高给予200万元的补贴、200平方米的购房补贴和最高1000万元的项目资助，对突出贡献、紧缺人才给予其个税、地方部分80%的奖励；“两补”是指运营补贴和信贷补贴，例如企业开发的新技术、新产品、新工艺的研究，每年最高给予1000万元补助，对在园区开展天使投资的机构，符合条件的给予每年150万元补贴；“三支持”是指资金保障支持、土地供应支持、创新发展支持，设立1亿元的风险奖补资金，为园区授信1500亿元，解决企业的融资难题。创新发展支持，对龙头企业实行“一企一策、一事一例”，湖南省政府和长沙市政府连续5年投入50亿元的兑现政策支持发展。

第三，链条完备，潜力巨大。2018年，马栏山视频文创产业园产值超过了350亿元，实现就业3万余人，拥有芒果传媒、中广天择、电广传媒、中南传媒4家上市公司，其中芒果传媒旗下的芒果TV是全国的传统广电媒体与新兴媒体的排头兵，预计2019年实现营收80亿元，创造视频行业的“芒果TV模式”。近两年时间742家企业新注册入驻，聚集3000余家视频文创企业已经形成了制作分发、播放交易、监管等视频产业全链条。2019年已获中国首家国家级广播电视产业园，获评中国文创和科技融合的示范基地，中国的创业创新典型示范基地。

第四，科技赋能，抢滩未来。园区已初步形成了“224”产业技术底座，即2个平台、2个研究院、4个创新实验室。2个平台，一是超高清视频制作共享云平台，基于人网一体的传输构架，由华为及生态合作伙伴为园区视频制作企业提供视频制作全流程共享的运营能力；二是国家超级计算长沙中心创新应用平台，与超算中心达成战略合作，实现光纤直连、创意分享，提供了多领域的技术服务。2个研究院是区块链技术应用研究院，发展区块链基础服务、视频内容公共服务、版权登记与交易、视频创作与共享等项目的研究；马栏山计算机媒体研究院，研究视频内容的数字化生产，虚拟空间的运算。4个创新实验室，电广传媒高清视频应用实验室、下一代互联网宽带应用国家工程实验室马栏山研究院已经入驻园区，北京大学互联网研究院视频技术研究中心、国家电视技术工程中心马栏山分中心也于近期落户。

站在新时代的发展潮头，我们将深刻领会习近平总书记惟创新者进、惟创新者强、惟创新者胜的讲话精神，在中央、省市各级领导的关心下，在全国媒体朋友的支持下，携手更多优秀企业，中流击水、奋进前行，努力将马栏山视频文创产业园建设成为国内领先、国际知名的内容生产地、技术诞生地、人才会聚地，为中国的媒体融合发展，为中国文化“走出去”，贡献马栏山力量。

［作者为马栏山（长沙）视频文创产业园党工委副书记、管委会主任］

马栏山指数四大风向榜单发布

杨明品

视频文创是新型视频和文创产业相融合的产物，已经成为文创产业发展的前沿阵地和新高地。马栏山视频文创产业园有关领导部门和运营机构与我们在中广索福瑞技术支持下，联合打造马栏山指数，进入这个前沿阵地的观测点和风向标，标志了马栏山在全国视频文创产业园区的领军地位，近期发布的第一个风向榜单就是马栏山指数在具体领域的一个评估产品。本次发布的榜单是对中国影视和视听新媒体上市公司的评估，选择以影视为主营业务的上市公司为评估对象，综合评估营收额、利润率、增长率、净资产等指标，考察行业和个体发展态势。根据上市公司主体类型分为有线网络上市公司榜单、电视剧制作经营上市公司榜单、电影制作发行上市公司榜单、视频新媒体上市公司榜单。本次榜单的数据来源主要是影视上市公司 2019 年上半年年度报告，其中相关数据选择 2019 年 6 月 28 日收盘价格，本次上榜公司总市值占全部样本公司总市值的 75%，总营收的 40%，基本可以反映整个影视行业的发展态势。

有线网络上市公司榜单，从上榜的 5 家广电有线网络公司各项指标看，2019 年面对新兴媒体和业务模式快速发展、不断挤压市场空间的严峻形势，在行业主管部门的大力推动下，广电有线网络公司全面建设智慧化新网络、融合化新媒体和数据化新平台，加快向智慧广电运营商和数字经济发展主体转型，呈现出 5 个方面的发展特点和趋势，智慧、融通、垂直、高清、科创。但我们也看到，新业务增收效果还不明显、不稳定，这就要求有线网络公司做到两点，一是对新兴媒体和新的竞争者要从单纯的竞争防范转为融合、竞合、共建、共享，才是更好的出路。二是进一步加速技术和业务的迭代升级，持续推动体制机制内容平台、渠道产品和服务各方面创新。

电视剧制作经营上市公司榜单，从上榜企业相关指标看，电视剧制作行业呈现以下 4 个方面的发展特点和发展态势。

第一，在政策调控和市场竞争的双重驱动下，制作行业进一步聚焦内容和品质，朝着亮点、自身健康有序的方向高质量发展。

第二，行业竞争进一步加剧，具有优质资源的电视剧制作公司加速布局娱乐生态、快速完善业务板块，采取产业链整合和跨行业整合双管齐下的策略，通过外延发展等方式实现战略目标。

第三，网台同播，先网后台，网络独播情况越来越普遍，网台双平台传播趋于一体化。

第四，版权保护愈加受重视，版权授权愈加细分。各大电视剧制作公司企业普遍建立了版权保护和法务部门，致力于法律保护、规避风险。

电影制作发行上市公司榜单，从上市公司相关数据指标来看，2019 年电影制作发行行业呈现出 5 个方面的特点和态势。

第一，自主进驻电影业越来越理性，电影业产业在逐步转型中实现增量发展，同时新型媒体的进驻进一步带来了竞争的加剧和市场格局的重构。

第二，在上榜的 5 家企业中，除了中国电影，其余 4 家公司都是民营企业，这些民营企业在电影制作发行包括重大题材电影制作发行都开始挑起大梁，成为中国电影产业的中坚力量和主力军。

第三，国内电影市场对高质量国产大片需求旺盛，虽然国产影片取得了长足的进步，但电影市场优质影片数量不足，缺少真正能够赢得口碑、获得好评、全面满足市场需要和观众文化需求的优质影片。

第四，面对激烈的市场竞争，各大电影公司推出各自的电影 + 业务，以电影制作发展为核心，拓展完善产业链条，抓大未来发展根基。

第五，中国电影企业积极探索面向国际市场推出电影产品，中国电影的国际市场增量有望出现局部突破。

视听新媒体上市公司榜单，分析相关数据指数，我们认为新媒体行业有如下两大发展态势。

首先，国有控股新媒体企业已经跻身新兴媒体第一梯队。在五强企业中有三强是国有控股新媒体公司，并且全部来自广电行业，它们有3个共同特点。一是整合资源，形成了1+1>2的资源整合运营力和市场竞争力；二是打造替代业务抢占存量市场；三是不断创新体制机制，打造适应融合竞争需要的市场主体。芒果超媒建立了复合型、可持续、具有高增长性的芒果人才库，包括综合评价体系、人员管理、人才激励等在内的一系列市场化考核机制。制作中心在工作室制作，释放活力和创新源泉，工作室在资源配置节目创意、流程管控、人事财务完全独立，创新风险有平台兜底，为芒果TV孵化新IP提供了强大的持续动力。

其次，做优产品矩阵，开通内容付费模式。根据爱奇艺2019年第二季度财报显示，付费会员数突破1亿人，并且会员规模同步增长50%，虎牙直播第二季度总收入同比增长93.6%，芒果TV的付费用户也大幅增长，日活量有显著的提升。这些公司的经营指标持续增长的原因，主要是付费用户数量以及付费用户平均次数的增加，未来付费市场连带用户、周边、经营，未来是一个无限生机的蓝海。这是我们对影视和新媒体上市公司的一次测量和评估。上市公司已经成为视频文创产业发展的开拓者和主力军。未来我们还将根据实际需要继续编制相关更多的分领域榜单，希望得到各个行业数据公司和在座的各位更多的支持和指导。

（作者为国家广播电视总局发展研究中心副主任）

马栏山指数解读

丁　迈

中国文化有5000多年的历史，但是文化成为产业的时间并没有那么早，2000年，“十五”规划第一次提出文化产业这个概念；2011年，党的十七届六中全会把文化产业上升为一个国家战略；2016年，“十三五”规划中明确提出到2020年要让文化产业成为国家经济的支柱产业。在发达国家，文化产业已经成为国家的支柱产业，众所周知，美国的电影业、日本的动漫业、英国的音乐产业，它们的文化产业的增长值比GDP的总增长值还要高出5%，我们也希望在未来经济下行的环境下，文化产业能够成为中国经济的一个新的增长点。

在视频数据运营中，视频文创产业发展指标体系作为一个高密度、指数化的量化工具，能够动态地反映视频文创行业发展水平；作为发展水平的晴雨表，同时也是洞察产业发展的趋势和空间的风向标，能够为我们研判产业未来的发展提供一个系统化的支持，也是推进整个园区数字视频+数据服务融合的一个重要支撑。

指标体系的构建主要围绕着整个产业链条当中的核心环节来进行体系化构建，对创意、生产、传播和消费的环节实现一个科学客观的评估。指标体系的系统化构建经历了理论的研读、模型的建构、数据收集、试算、校验和专家论证的一系列过程，这套指数具有全面性和可测量的特点。这套指数围绕整个生产过程中的价值发现、价值创造、价值交换、价值分配4个核心环节，考虑到整个文创产业传播过程当中的内容、渠道、终端、用户、营销5个要素构建了12个指数。12个指数包括创意传播指数、投融资指数、产业景气指数、产业竞争指数、视频生产指数、人才发展指数、产业创新指数、版权交易指数、广告营销指数、视频消费指数、视频传播效果指数和融合传播指数。

这套指数聚焦了从产业生产到价值产出的核心环节，能够反映整个视频文创的主体价值，首批发布的 4 个指数包括视频生产指数、视频消费指数、广告营销指数和融合传播指数，这套指数同时也是我们产业竞争、产业创意、版权交易、人才发展评价的价值基础。这套指数多数情况是以 2019 年上半年数据作为报告期，2018 年上半年作为基准期进行比较。其中比较独特的是广告营销指数，因为 2019 年上半年的数据不可得，我们是以 2018 年作为报告期，2017 年作为一个基值期。融合传播指数是以 2019 年 1—8 月为基期，以各个维度的最大值为它的基值进行构建的，整套指数的理论值域是从 0 到正无期之间，如果大家看到的指数 >100，说明跟 2018 年同期相比，整个产业是在提升的过程当中，如果是 <100，恰恰相反。接下来跟大家分享指数的主要结果。

一是视频生产指数 117.5，意味着与 2018 年上半年相比视频生产规模呈现一个增速的特征，同时这 3 个分指数，规模、效率和效益是共趋增长的态势。在这里面规模的增长得益于短视频内容的爆发性增长，以及网络视频对于原创、自主创新内容的增长。

效益的增长主要得益于传统电视节目投资销售的提升。从具体情况来看，包括 3 个分指数，电视生产指数、网络视频生产指数、短视频生产指数。电视生产呈现的特点是生产总量下降，但是有效播出比和投资销售比的提升使得整个电视生产指数呈现一个减量提质的趋势，这个趋势和总局的要求是一致的。网络视频整体的生产规模呈现放缓的状态，得益于创新指数的显著提升，带动了整个网络视频生产指数的趋势，短视频爆发性增长，全面提质提量的过程，生产总量、人员规模、视频有效播出率，比 2018 年同期都处于显著增长的过程。

二是视频消费指数方面，3 个分指数都超过了 100，对总指数呈现正向的提升作用，整个视频消费呈现出视频用户规模和花费持续增长的态势，同时视频消费水平处于上行的通道。在这个过程中，互联网端用户规模的增长实际上是视频用户规模指数超于同期主要的驱动力。同时，互联网用户的花费指数也在上涨，特别是时间花费指数提升比较快，内容付费是一个新的风口，在这样的风口之下，服务接受和内容消费呈现上升的趋势。

从具体的 4 个分指数——电视消费指数、网络视频消费指数、短视频消费指数和直播消费指数来看，电视消费指数呈现下行的趋势，其中用户的规模和用户的消费支出呈现下降的趋势，而短视频不仅是用户时间的收割利器，同时内容付费支出也在不断上升。虽然这几年直播有所降温，但是基于直播打赏这样成熟的付费模式，互联网用户直播打赏付费还是有一定的潜力。

三是视频文创产业广告营销指数是 107.4，从宏观上来看，广告的外部环境运行良好，因为表征宏观经济指标，像国内生产总值、居民可支配收入都还在稳步上涨的过程中。从中观和微观来看，媒体价值还在提升，但是电视广告有缩水的趋势，视频广告传播效果整体呈现下滑趋势。

四是省级新闻融合传播指数、省级电视台的新闻融合传播指数，是以 2019 年 1—8 月为报告的基期，因为这个指数包括了电视大屏和网络端的融合指数。全国省级电视台新闻融合的平均值只有 21.5%，有 14 个省级台在平均值以上。如果只考虑网络端平均值是 16.6%，有 11 个台在平均值以上，省级台的新闻传播水平有待加强，并且台和台之间正在逐渐拉开差距。

在新闻融合传播的过程中，短视频是各台布局的重点，短视频赛道持续升温。对短视频的布局呈现出两个路径，一种路径是借由原有的电视网台新闻栏目做短视频；另外一种路径是打造融媒体的原生品牌，现在大家看到的这些实际上都是在融媒体上的原生品牌。另外一个趋势是省级台自有客户端用户规模虽然在一个稳定的增长过程中，但是整个客户端平台化建设还需要加强。

在视频文创投融资市场方面，呈现这样一些特点：一是政府主导的多元、多层次文化产业投融资体系；二是视频文创企业自主投资模式多元发展，并且在不断创新投融资模式；三是文创金融综合服务新模式逐渐兴起，打通了文化金融服务新的链条；四是资本市场视频文化企业级产业寻求跨界投融资新出路；五是短视频仍是视频文创投资风口，多元经营抢占视频文创的流量入口。

（作者为中国广视索福瑞媒介研究有限责任公司董事、总经理）

CNMC

2019中国新媒体大会

China New Media Conference

媒体报道

服务内容建设　助推融合发展
2019 中国新媒体大会举行

杜若原　何　勇　崔　璨

2019 年 11 月 29 日上午，以“有容乃大　深融致远”为主题的 2019 中国新媒体大会在湖南长沙举行。来自新闻宣传主管部门、新闻媒体、新闻行业组织、新闻教研机构的 800 余名代表就传播内容创新创优、新媒体社会责任等热点话题开展深入研讨。

举办 2019 中国新媒体大会是中国记协落实习近平总书记在中共中央政治局第十二次集体学习时重要讲话精神的重大举措，旨在顺应全媒体时代传播大势，研讨媒体融合发展大计，提高新媒体传播力、引导力、影响力、公信力，扩大主流舆论覆盖面。

本届大会聚焦内容建设，引领媒体以权威信息营造主流舆论；聚焦队伍建设，推动新媒体提升队伍素质，促进新闻工作者不断增强“脚力、眼力、脑力、笔力”；聚焦标杆建设，发挥新闻评奖示范引领作用；聚焦平台建设，展现媒体融合发展成就，推动传统媒体和新兴媒体共同构建全媒体传播体系。

本次大会除开幕式暨主论坛，还设置“融合发展中的内容创新创优”“5G 时代的新媒体变革”等分论坛，举办县级融媒体中心建设与发展研讨等活动，发布《2019 中国新媒体研究报告》等研究成果。本次大会还公布了“庆祝新中国成立 70 周年融合报道十大创新案例”，人民日报社“家国梦”系列融媒体产品等作品入选。

服务内容建设 助推融合发展

2019中国新媒体大会举行

本报长沙11月29日电 （记者**杜若原、何勇、崔璨**）29日上午，以“有容乃大 深融致远”为主题的2019中国新媒体大会在湖南长沙举行。来自新闻宣传主管部门、新闻媒体、新闻行业组织、新闻教研机构的800余名代表就传播内容创新创优、新媒体社会责任等热点话题开展深入研讨。

举办2019中国新媒体大会是中国记协落实习近平总书记在中共中央政治局第十二次集体学习时重要讲话精神的重大举措，旨在顺应全媒体时代传播大势，研讨媒体融合发展大计，提高新媒体传播力、引导力、影响力、公信力，扩大主流舆论覆盖面。

本届大会聚焦内容建设，引领媒体以权威信息营造主流舆论；聚焦队伍建设，推动新媒体提升队伍素质，促进新闻工作者不断增强“脚力、眼力、脑力、笔力”；聚焦标杆建设，发挥新闻评奖示范引领作用；聚焦平台建设，展现媒体融合发展成就，推动传统媒体和新兴媒体共同构建全媒体传播体系。

本次大会除开幕式暨主论坛，还设置“融合发展中的内容创新创优”“5G时代的新媒体变革”等分论坛，举办县级融媒体中心建设与发展研讨等活动，发布《2019中国新媒体研究报告》等研究成果。本次大会还公布了“庆祝新中国成立70周年融合报道十大创新案例”，人民日报社“家国梦”系列融媒体产品等作品入选。

中宣部、中央网信办、国家广电总局、中国记协、湖南省委负责同志出席开幕式并致辞。人民日报社、新华社、中央广播电视总台央视、“学习强国”平台相关负责同志到会作了主题演讲。

中宣部、中央网信办、国家广电总局、中国记协、湖南省委负责同志出席开幕式并致辞。人民日报社、新华社、中央广播电视总台央视、“学习强国”学习平台相关负责同志到会作了主题演讲。

《人民日报》（2019年11月30日）

汇聚优质内容　创造融合精品

——2019 中国新媒体大会综述

周小苑　许　晴　崔　璨　王云娜

2019 年国庆节期间，人民日报社“碰碰词儿”融媒体工作室推出“家国梦”系列融媒体产品，包括公益手游、少儿绘本、互动 H5、系列图文报道等多种形式，一经推出就引爆网络，这款公益手游在国庆节期间超 1000 万人次使用，全网曝光量达 11 亿次。

在 11 月 29 日召开的 2019 中国新媒体大会上，“庆祝新中国成立 70 周年融合报道创新案例”发布，“家国梦”榜上有名。

“无论传统媒体时代还是全媒体时代，优质内容都是不变的刚需。”产品主创团队负责人表示。

2019 中国新媒体大会由中央网络安全和信息化委员会办公室、国家广播电视总局、湖南省人民政府指导，中华全国新闻工作者协会、中共湖南省委宣传部联合主办。

“伴随现代信息和互联网技术的深入发展，媒体传播发生了从‘铅与火’到‘光与电’再到‘微与云’的跨越。”湖南省委书记杜家毫在致辞中说：“新兴媒体正在越来越深刻地改变舆论生态、影响社会生活、驱动产业转型、促进经济发展。”

大会发布的《2019 中国新媒体研究报告》指出，回归内容本质，汲取发展动力，深挖价值功能实现超越，已成为发展共识。依靠内容价值、内容创新，跑赢新媒体建设“马拉松”，也成为与会嘉宾共识。

“我们要扩大主流价值影响力，让党的声音传得更开、传得更广、传得更深入，让正能量更强劲、主旋律更高昂。”国家广播电视总局副局长高建民说。

中宣部新闻局局长张小国认为：“要积极学习借鉴商业传播平台的好经验、好做法，在内容聚合上下功夫、做文章，调动一切积极因素，整合一切可用资源，大力解放和发展新闻生产力。”

“主动创新是一种能力。不创新，有些传播形态和内容是不可能实现的。”中央广播电视总台编务会议成员、央视副台长、亚广联副主席孙玉胜说。

品牌栏目“麻辣财经”、微视频“中国一分钟”、创意互动《幸福照相馆》《父亲·我们·时代》……会场外，优秀新媒体作品的展板吸引不少观众驻足。会场内，与会嘉宾围绕怎么打造新媒体“精品”畅所欲言，“内容定力”和“内容魅力”成为关键词。

“新媒体大会就是要促进新媒体内容建设，引领媒体以权威信息营造主流舆论。”中国记协党组书记、新媒体专业委员会主任委员胡孝汉认为：“引导新媒体工作者练好看家本领，多出融合精品，让新闻报道更快、更活、更新、更优，更加深入人心。”

“种粮微调查”“农民工就业微调查”……2019年两会期间，人民日报社“麻辣财经”融媒体工作室推出了一系列内容接地气的报道，并与人民网联手推出10期视频访谈节目，在114家党媒平台及商业媒体传播，总访问量达1.4亿人次。

内容要有定力，更要有魅力，把“有意义”做得“有意思”，才能真正优化内容供给。

1分钟，农民窦正宝能耕地十来个平方米；1分钟，快递小哥收发7.6万件快递……2018年，为庆祝改革开放40周年，人民日报社新媒体中心推出系列微视频“中国一分钟”。据创作团队介绍，“中国一分钟”线上阅读播放量超24亿人次，线下覆盖用户数超2.5亿人。

酒香也怕巷子深，如何让精品内容直达用户，打通从屏幕到指尖的“最后一厘米”，与会嘉宾各抒己见。

“移动互联网已经成为信息传播主渠道，主流媒体要找准用好商业化、社会化移动传播平台，建好管好自有移动传播平台。”人民日报社副总编辑张首映表示："只有让主流声音在自有平台和商业平台形成合力，在国内舆论场和国际舆论场形成呼应，才能最大限度放大主流价值。"

5G、VR、大数据、算法推荐、人工智能、区块链等新技术层出不穷，主流媒体更加需要抓住新技术变革机遇，以用户思维为导向，搭建平台、畅通渠道，为公众提供更广泛的个性化服务。

"探索跨界融合新模式，做内容生态的'破圈者'。"新华社副社长刘思扬认为，要更注重横向连接，协同多方力量共创内容创新新模式。万物皆媒时代，重视用户思维成为推动媒体跨界融合的关键。

中宣部宣传舆情研究中心主任、"学习强国"学习平台总编辑刘汉俊认为："不是触了网、办了号、扫了码就是融媒体、新媒体、全媒体，标签不等于准入，最重要的是融。"

《人民日报》（2019 年 12 月 3 日）

“技术风口”有容乃大
中国新媒体大会“观潮”

周　楠　苏晓洲　明　星　刘良恒

2019 年 11 月 29 日至 30 日，2019 中国新媒体大会在长沙著名文创基地“马栏山”召开。来自传媒界及相关领域的 800 余名代表，围绕传播内容创新创优、新媒体社会责任等开展了两天“论道”。“技术风口”壮大竞争优势，“深融致远”面向未来，对社会负责强化内容“担当”……新媒体发展的路径日益清晰。

革故鼎新　媒体格局快速重塑

长沙是联合国教科文组织评选的世界“媒体艺术之都”。本届新媒体大会上，5G、短视频、人工智能等传媒新技术成为讨论焦点。

多位专家说，3G 开启图片时代，4G 开启视频时代，而 5G 将开启万物互联时代，给传媒业发展带来前所未有的机遇与挑战。

研究机构年初发布数据显示，过去的一年，短视频的用户使用时长已经全面超越在线视频，加上移动应用、社交媒体、网络直播等新应用新业态不断涌现，媒体格局正被快速重塑。

发展新媒体不是增加机构，而是再造流程。与会专家表示，随着互联网和数字技术迅猛发展，新兴媒体正越来越深刻地改变舆论生态、影响社会生活、驱动产业转型、促进经济发展。

从加到融　真融深融才有前途

有与会专家在发言中提出，在新技术推动下，新闻生产方式正从单纯的采编人员采集素材、编写新闻，向人机协同的数据汇聚、智能标引、算法挖掘、机器生成的新方式逐渐拓展。而用户是媒体传播链条的重要节点，场景是推动媒体融合发展的重要变量，而万物皆媒时代，重视用户思维成为推动媒体跨界融合的关键。

与会专家表示，媒体融合发展是一场以技术创新为引领的媒体变革。要实现从“为我所用”的跟跑，到“自主创新”的领跑，既要注重内容相互融合，又要紧盯5G、大数据、人工智能、区块链等大技术。为此，媒体要主动联手科技机构、商业平台，共同推动关键核心技术不断突破，在坚持正确导向的前提下，实现应融尽融、能融尽融。

去粗存精　对社会负责要“内容担当”

有权威专家在会上表示，研究报告显示，当前新媒体内容建设面临结构性矛盾：内容海量、信息过剩与权威信息稀缺、优质内容不足并存，推进新闻信息生产领域供给侧结构性改革，已经成为媒体深度融合需要下大功夫突破的重大课题。

中国记协新媒体专业委员会在11月30日发布的《中国新媒体社会责任倡议》中呼吁，全国新媒体和广大新媒体工作者应当坚持正确导向，强化行业自律，注重内容建设，聚焦群众需求，深化融合发展，搭建共享平台。

“真正的媒体融合还远未到来，到来的只是信风。”很多与会者表示，信息纷繁，“优质内容”永远是稀缺资源；人声鼎沸，“一锤定音”永远是刚性需求。

与会专家认为，在万物皆媒的时代，主流媒体要守正创新，站在技术变革的“风口”；需强化“内容担当”，在内容创新创优方面就必须“有所为有所不为”；做壮大主流舆论的“领头雁”，凭内容优势赢得发展优势。

新华社长沙2019年11月30日电

中国新媒体社会责任倡议发布
倡导“把社会效益放在首位”

刘芳洲　张晓迎

2019中国新媒体大会“中国新媒体社会责任”研讨会11月30日在长沙召开。会上发布了《中国新媒体社会责任倡议》，倡导广大新媒体及新媒体工作者把社会效益放在首位，唱响主旋律，弘扬正能量，更好履行社会责任，促进新媒体健康发展。

中国记协书记处书记冯海青介绍，倡议共6项，倡导全国新媒体和新媒体工作者坚持正确导向，忠实履行新使命；强化行业自律，展示自身新形象；注重内容建设，积极创造新传播；聚焦群众需求，强化媒体新服务；深化融合发展，顺应时代新趋势；搭建共享平台，推动社会新发展。

研讨会上，中国记协新媒体专业委员会发布了“2019中国新媒体公益十大优秀案例”“2019中国新媒体公益优秀案例提名”。

新华社长沙2019年11月30日电

2019 中国新媒体大会在长沙开幕

扫描二维码观看报道

央视联播快讯（2019 年 11 月 29 日）

2019 中国新媒体大会
《中国新媒体研究报告 2019》发布

扫描二维码观看报道

央视《新闻直播间》（2019 年 11 月 30 日）

2019中国新媒体大会
助力县级融媒体中心建设可持续发展

扫描二维码观看报道

央视《朝闻天下》(2019年12月1日)

登高望远，续写光荣与梦想

2019年11月29日，2019中国新媒体大会在长沙开幕，“媒体艺术之都”再度成为全国焦点。在“有容乃大　深融致远”的聚光灯下，专家“大咖”、领军人物汇聚一堂，把脉媒体融合进程，探路新媒体发展前景。

近年来，全国各地认真落实习近平总书记关于媒体融合和全媒体建设的重要讲话精神，媒体融合和主流新媒体发展呈现出生机勃勃的局面。以湖南为例，新湖南、芒果TV、红网快速发展，地域覆盖面、人群覆盖面、内容覆盖面不断扩大；互联网岳麓峰会影响力日益提升，“冬有乌镇，春有岳麓”成为业界佳话；马栏山视频文创产业园成功升级为国家级园区，“北有中关村、南有马栏山”广为流传。2018年湖南省数字经济总量达8970亿元，移动互联网和新媒体越来越成为高质量发展的重要驱动力。

“真正的媒体融合还远未到来，到来的只是信风。”业界专家如是看待媒体融合的现状：虽有过亿的现象级产品，但优质内容仍供给不足；有的融合还是“物理捆绑”，尚未产生“化学反应”；有的媒体人还停留在舒适区，没按下“全媒人”的转型键……

信息芜杂，“硬核”的优质内容仍然是稀缺资源；人声鼎沸，“定心”的主流声音依旧是刚性需求。新中国成立70周年宣传报道中，《七十韶华》等众多作品以新颖的呈现方式讲述70年沧桑巨变；2019年全国两会期间，围绕习近平总书记六下团组的重要讲话，湖南日报社推出“融产品”《学习夜评》系列评论，单篇全网点击量均超过100万人次。在多元中立主导、在多样中谋共识，不断扩大党的声音、主流价值和传统文化的影响力版图，正是新媒体的职责所在、使命所系。

拿起手机会拍Vlog，用户互动有“几把刷子”，媒介技术每前进一步，对媒体人的技能要求就抬高一阶。面向“万物互联”的未来，面对即将来临的5G时代，坚持创新引领，媒体需要具备更强的技术敏感，实现从“为我所用”的跟跑向“自主创新”的领跑。中国“V”谷从单一的湖南卫视出发，向全要素、全周期、全链条的马栏山媒体大生态进军。依托马栏山视频文创产业园建设优质视频内容供应基地，开启企业、人才、资金共创未来的“马栏山时间”，打造永不落幕的文化创意基地，是湖南构建新型主流媒体的重要发力点。

新媒体不是机构重建，而是流程优化、平台再造；媒体融合，要有安全屏障，但不能搞平台壁垒。应对新媒体变革的最新趋势，需要深化开放合作，用好内生与外拓的力量，有效整合各种媒介资源、生产要素，实现各类媒体共融互通。顺应构建全媒体传播格局的发展大势，湖南省坚持融合发展，突出移动优先，将着力建好湖南日报、湖南广电、红网等新型主流媒体，合力抓好县级融媒体中心建设，实现应融尽融、能融尽融，加快打造在国内具有重要影响力的新媒体高地。

居高声自远。2天的马栏山“论道”，800余名业界学界代表，在乐观与忧患的交织中，在回顾与展望的共鸣中，铺陈出明晰的未来融合之路，站上彼此的“巨人肩膀”，必将携手续写主流新媒体的光荣与梦想。

《湖南日报》（2019年11月30日）

2019 中国新媒体大会
打造马栏山媒体融合新地标

扫描二维码观看报道

湖南卫视《新闻联播》（2019 年 11 月 29 日）

“新媒体扶贫联合公益行动”启动
探索新媒体携手扶贫新模式

郭薇灿　张金东　李　璐

2019 年 11 月 30 日，由中国记协新媒体专业委员会主办，湖南红网新媒体集团承办的“中国新媒体社会责任”研讨会在长沙马栏山视频文创产业园举办。会上，中国记协新媒体专业委员会在研讨会上启动“新媒体扶贫联合公益行动”，探索新媒体携手扶贫新模式，为精准扶贫、精准脱贫提供更多信息服务、智力支撑、舆论支持，助力 2020 年全面打赢脱贫攻坚战。中国记协书记处书记冯海青，人民网总编辑罗华，湖南出版集团党委委员、湖南红网新媒体集团党委书记、董事长舒斌等嘉宾参加启动仪式。

红网时刻（2019 年 11 月 30 日）

1919→2019 长沙新媒体从实验走向盛宴

李 卓

2019 年 11 月 29 日至 30 日，由中国记协、湖南省委宣传部共同主办的中国新媒体大会在长沙举行。

巧得很的是，100 年前的 1919 年，另一件新媒体大事也在长沙发生：26 岁的青年毛泽东，办了一份不属于任何组织机构的刊物《湘江评论》，写稿、编校甚至叫卖，都是他自己；其他媒体人还在文绉绉地写稿，他大胆用白话文呐喊；而且敢“蹭”热点，从呼吁妇女解放，到叫板反动军阀张敬尧，引起陈独秀、李大钊、胡适一众“大 V”点赞。这场一个人的新媒体实验，引发“长沙纸贵”。

历史有如一个 8 字，兜转往复之后，阔步向前。当年“新媒体达人”毛泽东的实验，如今已然迎来一席盛宴：

长沙新媒体阵营兵强马壮，以长沙晚报为代表的主流传统媒体华丽转身，掌上长沙客户端上线 3 年下载量突破 1000 万 +，在人民网中国媒体融合传播指数报告中名列湖南第一。

长沙新媒体内容创新精彩迭出，在融媒宣传中建构“长沙场景”，以长沙发布为代表的两微一抖等新媒体平台打造“网红长沙”。

长沙新媒体产业异军突起，马栏山视频文创产业园 2019 年预计实现营收 350 亿元，完成全口径税收 22 亿元，让全球首个跨国数字娱乐盛会长期绽放长沙。

华丽转身
湖南首个自主知识产权中央厨房抢占新媒体阵地

习近平总书记指出，宣传思想工作是做人的工作的，人在哪儿重点就应该在哪儿。抖音号、头条号、微信公众号等新媒体平台当下已成为网民集聚、交流表达的“麦克风”，长沙敏锐把握这一趋势变化，积极入驻各类新媒体平台，让“新声代”为长沙代言。

2016年3月，在长沙晚报之际，掌上长沙客户端上线“搞大路”：很快，3年实现下载量破1000万+，2019年人民网发布全国媒体融合指数报告，掌上长沙名列湖南第一，同时摘下“中国报业深度融合创新发展奖”、中国新媒体发展年会“全国主流媒体新锐十佳客户端”等系列殊荣。

2018年9月，随着湖南首个拥有自主技术知识产权的媒体集团中央厨房在长沙晚报上线，作为长沙市委机关报，长沙晚报再次华丽转身，新闻内容生产由“分灶炒菜”，变为“一体策划、一次采集，多种生成、多元发布，全天滚动、全域覆盖”。

长沙广电近年来积极推进媒体融合战略，日前，自有新媒体平台包括官方微信公众号33个、官方微博账号24个，开通的各类微视频、头条号、抖音号、企鹅号等共计179个。依托“中央厨房”，长沙广电整合资源，成功策划推出了近百次全媒体大直播。通过广播、电视、“二微一端”、移动公交、地铁、磁浮等10多个平台，辐射不同的受众人群，放大主流新闻的传播效果。

星辰在线运维的“长沙发布”新媒体矩阵平台，积极探索新媒体融合发展，直接运营了60多家政务新媒体。仅“长沙发布”两微一抖的粉丝量就超过200万人，其中抖音号粉丝数89.9万人，总播放量达8.6亿人次，推出了“38秒生死救援”“最帅舅舅：终身不娶又如何”等深受网民喜爱的现象级作品，抖音热搜榜全国第一名，一批百万、千万乃至亿级的短视频刷爆网络。“长沙发布”获评2018年度“全国最具影响力政务抖音号”，原创短视频《长沙的“未来警察”，Pick一下？》以1.7亿人次的播放量名列“全国城市形象榜”第一，并获得“2018最佳政务抖音短视频奖”。

值得一提的是，长沙市政务新媒体建设蓬勃发展，目前已开通政务“两微一端”、抖音号、头条号、百家号、一点号、企鹅号、澎湃号等新媒体平台近千个，建成全省最大的政务新媒体矩阵。如何对其进行科学管理？长沙市委网信办联合长沙晚报自主研发了湖南省网信系统首个基于大数据的政务新媒体管理平台——长沙政务新媒体巡查系统，该系统可以监看包括“两微一端”、抖音号、头条号等在内的长沙政务新媒体矩阵，及时发现在内容发布、栏目设置上存在的问题，筛查文字差错以及意识形态领域的差错，统计各政务新媒体的传播力、影响力，为全市的政务新媒体监管提供了科学依据。

内容创新
融媒宣传建构“长沙场景”打造“网红长沙”

在2019年的一系列重大主题活动中，长沙市委网信办融合各类活动建构“长沙场景”，引发舆论长期高度聚焦。以庆祝新中国成立70周年作为主题主线，组织“表白祖国·长沙有我”长沙发布抖音大赛活动，策划“长沙新样，什么young”主题活动，播放量及相关话题阅读量达2.7亿人次。国庆期间，长沙庆祝新中国成立70周年相关报道刷屏网络，点击量达3.7亿人次，燃爆了市民爱国热情。围绕“产业项目建设年”“营商环境优化年”“岳麓峰会”、“一带一路”媒体艺术节暨青年创意与遗产论坛、国际工程机械展、中非经贸博览会等组织系列新媒体宣传，“冬有乌镇，春有岳麓”“智造之城”“工程机械之都”等成为网络热词。市委网信办联动央视网推出由长沙晚报掌上长沙拍摄的短视频《人民记忆　70年70城·记住长沙》，点击量破3000万人次，在“侠客岛”“观潮的螃蟹”“瞭望智库”等自媒体推出一批爆款产品，《我和我的祖国》橘洲快闪活动网上传播量破7亿人次，“追求高质量发展的长沙辩证法”“长沙着急了”等热文刷屏网络。系列主题鲜明、形式新颖的新媒体宣传助力长沙跻身知名“网红城市”，一时间，形成了各类网络平台集中推送长沙重大题材和主旋律引领移动传播的新气象。

围绕长沙产业项目建设年暨营商环境优化年等中心工作，长沙晚报、掌上长沙融媒“融”出精彩，推出“追梦中国　奋进长沙——深入推进长沙

‘两个年’工作访谈录”，将各区县（市）委书记、国家级园区、市直主要职能部门“一把手”请进融媒体中央厨房新闻会客室，录制17场精彩视频专访，为长沙“两个年”工作鼓劲加油。

58同城CEO姚劲波、蓝思科技集团董事长周群飞等一众知名企业大咖，在掌上长沙宣传片中化身招商大使，“港洽周”上点赞推介长沙；一条H5《嗨！我是给习主席写过信的汉娜，我在美丽的长沙等你》，在2019长沙媒体艺术节期间燃爆网络……掌上长沙整合报道资源，创新叙事方式，2019年重点打造的直播、H5、新闻可视化、视频等，将重要的时政、经济、文化等领域的报道题材，转化为富有新媒体创意的“网红”产品，直观、有趣、有效地传达给受众。

“原来主旋律片也可以这么接地气！”最近，一部直击一线公安民警工作生活的纪录片《守护解放西》火遍全网，引起网友惊呼。主旋律大片也“网红”，正是长沙广电近年来积极实施融媒体内容创新的缩影。长沙广电旗下中广天择专注生产“小正大”（小成本、正能量、大情怀）节目，与央视联合制作的《朗读者》获得“星光奖”，《守护解放西》等重点节目紧扣社会主义核心价值观、精准扶贫主题，强势登陆一线卫视，多次被总局评为创新创优节目。

星辰在线积极引进“虚拟主播”“自动播报”等移动互联网前沿新技术，重点打造“动听长沙”频道、视频频道，《文化长沙》在法国巴黎布隆尼亚宫举办的“感知中国——湖南文化走进法国”系列活动中进行展播。

产业雄起
马栏山海拔不高产业高营收350亿元

2019年11月24日，全球首个跨国数字娱乐盛会——2019IEF湖南·马栏山国际数字娱乐嘉年华在马栏山视频文创产业园圆满收官，来自中国、韩国、日本、新加坡、波兰等12个国家的148名选手马栏山论剑，角逐《英雄联盟》《王者荣耀》《FIFA Online 4》的比赛。

一群游戏迷的狂欢，为何如此兴师动众、引人关注？因为，游戏电竞能赚大钱，能带动一条长长的产业链，让大家一起赚大钱！《2018年中国游戏

总裁王娟展望未来，认为5G将对媒体产业带来的全新机遇。“每次通信技术升级都会带来媒体产业新机遇，期待媒体行业与产业上下游伙伴携手，共同探索技术赋能内容的更多可能性。”

“5G高速度、低延时的技术创新将引领万物皆媒介、一切皆平台的变革，不同终端的内容呈现形式也会不同。”映客直播创始人兼CEO奉佑生说，只要手机在手，人人都是内容的制造者和传播的参与者，5G时代信息传播更多维，作为音视频产业中台也需抢抓机遇进行创新及变革。

圆桌论坛环节，与会嘉宾还就“5G时代国内IP开发培育新趋势”这一主题进行了深入探讨。本次论坛由中华全国新闻工作者协会、中国网络社会组织联合会指导，中共湖南省委网信办、湖南省广播电视局主办，湖南广播电视台及芒果TV承办。

大公网（2019年12月2日）

全国视频文创产业马栏山指数发布
短视频平台增长强劲

何 雯

2019 中国新媒体大会 11 月 29 日在长沙举行，会上发布了《全国视频文创产业发展指标评估体系（马栏山指数）研究成果》，系统化、多维度呈现中国视频文创行业整体态势。

在国家广播电视总局和湖南省政府的部省共建合作协议框架下，总局发展研究中心受邀编制全国视频文创产业发展指标评估体系相关成果，并在马栏山发布，简称马栏山指数。

马栏山指数共包含 12 个分指数，统一设计，分步实施。首批推出视频生产、视频消费、融合传播、广告营销 4 个分指数，及中国影视和视听新媒体上市公司榜单。指数总体上以 2019 年上半年为报告期，2018 年上半年数据为基期值，采集视频文创领域多层面、多角度数据，系统化、多维度反映中国视频文创行业整体态势，透视前沿动向。

通过马栏山指数发现视频文创产业发展的七大新亮点。

第一，电视视频生产稳中有升。传统视频行业由规模数量增长为主，向质量效益提升为主转型效果显现，新一轮产业升级大幕开启。

第二，网络视频平台内容原创能力大幅提升，创新规模指数高达 155.6。网络视频平台更加重视在创新创优上下功夫，正以自主原创重塑网络视频质量和竞争格局。

第三，短视频平台增长强劲。大量的 MCN 机构成为短视频孵化的重要平台和生产力，集聚了相当数量的从业人员，强力助推短视频行业在规模量级和专业质量上发力。

第四，视频行业整体用户规模和用户花费持续增长。特别是互联网视频时间花费上涨明显，消费活跃。未来，随着用户规模窄幅上升，各大视频主体的用户战略正由数量战术向有效用户积累转移，着力注重服务能力提升和增值消费供给。

第五，电视媒体表现出结构性调整，产业正从用户规模依赖，向更深层次的产业升级转型。与此同时，网络视频行业广告收入逆势上扬，但广告曝光量和点击量有所下滑，应进一步开发视频广告新业态、提升视频广告有效传播，推动广告价值高效稳定发展。

第六，省级台新闻融合传播实力高差性分层，东部经济较发达地区电视台整体表现优于西部。短视频正成为新闻融合传播的重要突破口，很多省级台正借助短视频实现深度融合和转型突围。

第七，视频文创投融资谨慎前行、上下求索，以多元化投资赢得先机，以协同合作分散风险，以文创金融撬动产业。以北京、上海、杭州为代表的文创金融模式，正产生新一轮投融资刺激，企业融资效率提升，效果逐渐显现。

国家广播电视总局发展研究中心主任祝燕南表示，视频文创产业发展呈现三大新趋势。第一，视频消费意愿将继续增强，沉淀用户、升级视频消费水平将成为竞争方向；第二，近年来，传统媒体正由运营内容变成运营平台，随着新媒体形态不断演变，传统媒体利用新型媒体重构媒体生态，向新型中心化回归的趋势显现；第三，文创 + 科技 + 金融将成为拉动视频文创产业发展的重要引擎。

香港商报网（2019 年 11 月 30 日）